JEFF PHILLIPS

AMERICAN SMOKER

Know-how und Rezepte

FROM THE HOME OF BBQ

HEEL

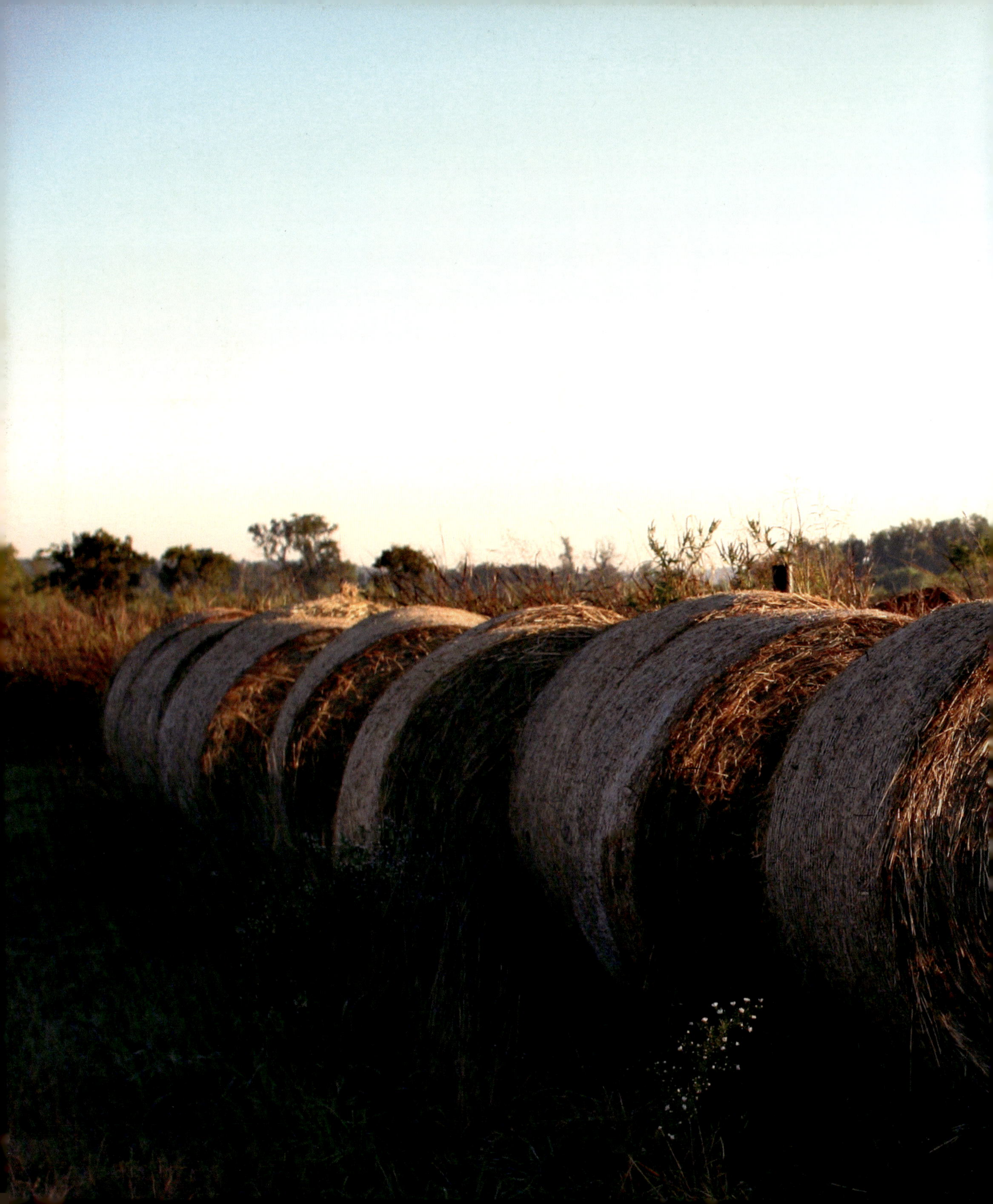

AMERICAN SMOKER

Know-how und Rezepte

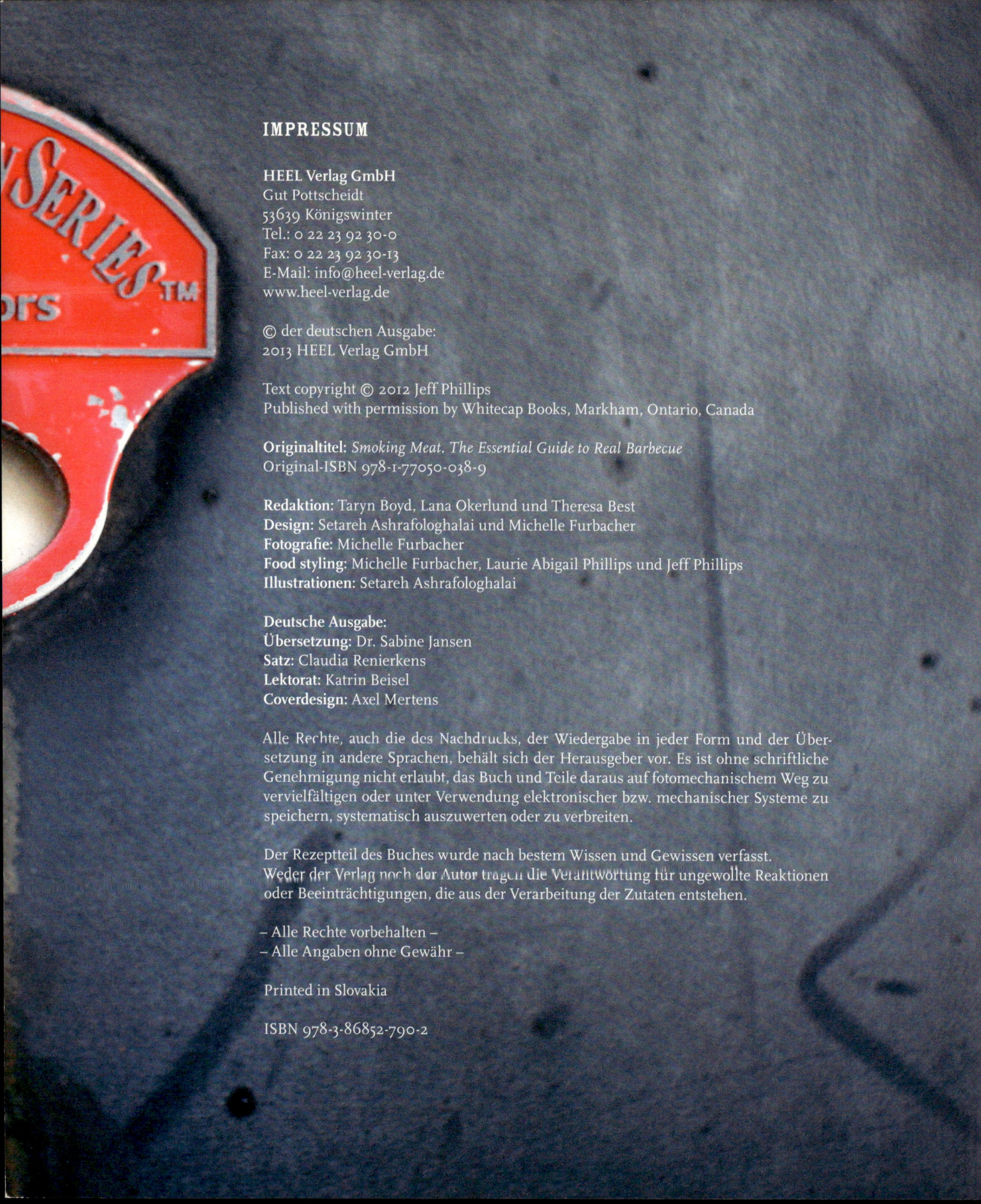

IMPRESSUM

HEEL Verlag GmbH
Gut Pottscheidt
53639 Königswinter
Tel.: 0 22 23 92 30-0
Fax: 0 22 23 92 30-13
E-Mail: info@heel-verlag.de
www.heel-verlag.de

© der deutschen Ausgabe:
2013 HEEL Verlag GmbH

Text copyright © 2012 Jeff Phillips
Published with permission by Whitecap Books, Markham, Ontario, Canada

Originaltitel: *Smoking Meat. The Essential Guide to Real Barbecue*
Original-ISBN 978-1-77050-038-9

Redaktion: Taryn Boyd, Lana Okerlund und Theresa Best
Design: Setareh Ashrafologhalai und Michelle Furbacher
Fotografie: Michelle Furbacher
Food styling: Michelle Furbacher, Laurie Abigail Phillips und Jeff Phillips
Illustrationen: Setareh Ashrafologhalai

Deutsche Ausgabe:
Übersetzung: Dr. Sabine Jansen
Satz: Claudia Renierkens
Lektorat: Katrin Beisel
Coverdesign: Axel Mertens

Printed in Slovakia

ISBN 978-3-86852-790-2

INHALT

EINLEITUNG

GEBOREN WURDE ICH IN CONCORD,

North Carolina, aber aufgewachsen bin ich überall in den Vereinigten Staaten, denn mein Vater liebte es zu reisen. Schon immer hatte ich große Freude am Essen und am Kochen. Direkt nach der High School und während meiner Collegezeit war es für mich nicht ungewöhnlich, meine Freunde und Familie mit den Speisen zu verwöhnen, die ich auf meinem kleinen Hibachi gekocht oder gegrillt hatte.

Nur wenige Jahre nach meiner Heirat bekam ich einen kleinen Brinkmann-Smoker – der aussieht wie R2-D2 – und machte mich daran herauszufinden, wie man ihn benutzt. Ich war fest entschlossen, das Beste aus diesem Smoker herauszuholen, egal, wie viele Leute behaupteten, er sei billig und schwer zu handhaben. Das hat in mir die Liebe für gesmoketes Fleisch und eine Leidenschaft für Barbecue-Utensilien und -Techniken entfacht. In diesem Buch teile ich mit Ihnen die gesammelten, schmackhaften Abenteuer, die folgen sollten.

Ich las jedes Buch über Barbecue aus unserer Stadtbibliothek und alles andere, was ich zu diesem Thema finden konnte. Ich fand selbst heraus, wie ich das wohlschmeckendste Fleisch zubereiten konnte. Ich kochte für jeden, der mich nur ließ, und ich erfand jeden Vorwand für ein Treffen, nur damit ich mit einer neuen Fleischsorte experimentieren und das Ergebnis an arglosen Testobjekten ausprobieren konnte. Es dauerte nicht lange und man bat mich, auf Jubiläumsfeiern, Partys und Kirchenfesten zu kochen. Besonders liebte ich das Kochen für meine Verwandten in den Ferien.

Einige Jahre und viele Erfahrungen später ermutigte mich meine Frau Abi gemeinsam mit anderen Mitgliedern meiner Familie, mein ganzes Wissen über eine Webseite mit anderen zu teilen. Je mehr ich darüber nachdachte, desto sinnvoller erschien mir diese Idee. Nach einem mageren Anfang ist meine Webseite www.smoking-meat.com auf über 300 Seiten mit Informationen zu diesem Thema

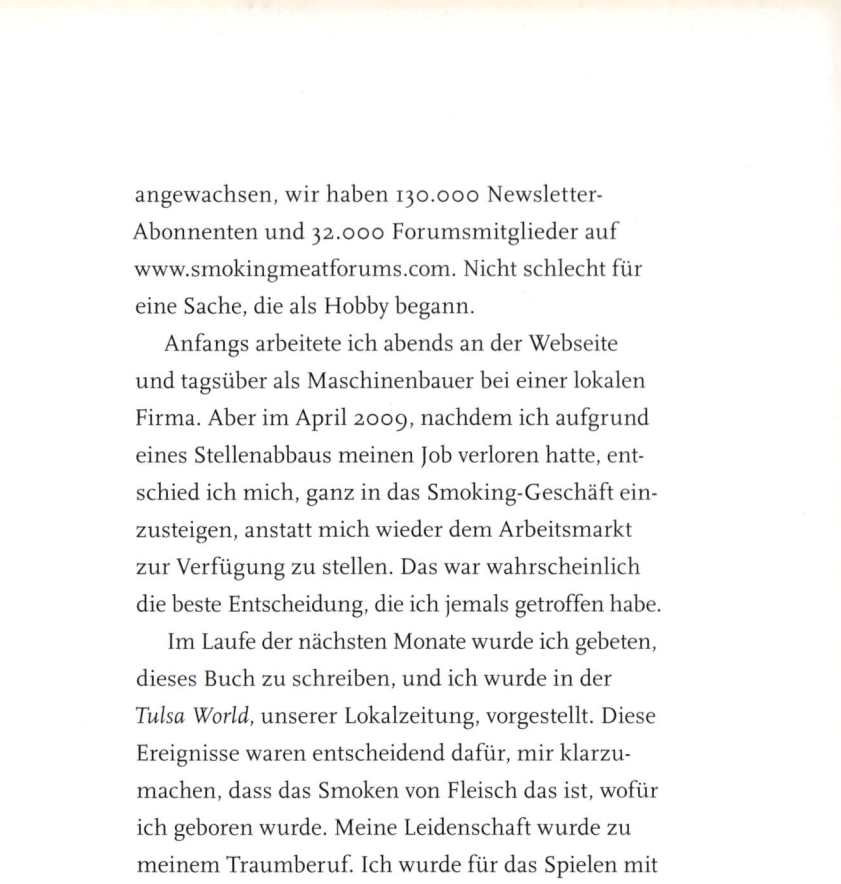

angewachsen, wir haben 130.000 Newsletter-Abonnenten und 32.000 Forumsmitglieder auf www.smokingmeatforums.com. Nicht schlecht für eine Sache, die als Hobby begann.

Anfangs arbeitete ich abends an der Webseite und tagsüber als Maschinenbauer bei einer lokalen Firma. Aber im April 2009, nachdem ich aufgrund eines Stellenabbaus meinen Job verloren hatte, entschied ich mich, ganz in das Smoking-Geschäft einzusteigen, anstatt mich wieder dem Arbeitsmarkt zur Verfügung zu stellen. Das war wahrscheinlich die beste Entscheidung, die ich jemals getroffen habe.

Im Laufe der nächsten Monate wurde ich gebeten, dieses Buch zu schreiben, und ich wurde in der *Tulsa World*, unserer Lokalzeitung, vorgestellt. Diese Ereignisse waren entscheidend dafür, mir klarzumachen, dass das Smoken von Fleisch das ist, wofür ich geboren wurde. Meine Leidenschaft wurde zu meinem Traumberuf. Ich wurde für das Spielen mit Feuer bezahlt.

Dieses Buch soll Sie mit dem grundlegenden Wissen ausrüsten, das Sie brauchen, um saftige, langsam gesmokete Speisen über heißen Kohlen und heißem Holz in Ihrem eigenen Garten zuzubereiten. Es ist für jeden geschrieben, der mehr über das Smoken von Fleisch lernen möchte, ungeachtet dessen, ob er Anfänger oder Smokemeister ist. Es wird Ihnen helfen, Speisen zuzubereiten, die Sie zur Legende in Ihrer Nachbarschaft werden lassen und vielleicht sogar in Ihrer Stadt.

Einige meiner Methoden mögen konventionell sein, andere wiederum stehen puristischen Überzeugungen entgegen. Ich schreibe über alles, was funktioniert, auch wenn es so noch nie gemacht worden ist. Diese Seiten sollen sowohl in Ihnen als auch in Ihrem Smoker ein Feuer entfachen und sie sollen Ihnen helfen, der beste Smokemeister zu werden, der Sie sein können.

Appréciez le voyage! (Genießen Sie die Reise!)

Wenn Sie an das Smoken von Fleisch denken, stellen Sie sich möglicherweise alte Methoden des Räucherns vor, bei denen das Fleisch tage- oder gar wochenlang kalt geräuchert wird, sodass es ohne Kühlung haltbar ist. Davon handelt dieses Buch nicht. Was ich tue, nennt sich „heißes Smoken": Die Methode des gleichzeitigen Garens und Räucherns von Fleisch (oder anderen Nahrungsmitteln) bei Temperaturen von ca. 90–125 °C, in der Regel in weniger als 24 Stunden. Von nun an, wenn ich die Kurzform „Smoken" verwende, meine ich das heiße Smoken. Auch wenn ich kurz auf das Kalträuchern eingehe (siehe Seite 56–57) und einige Rezepte für das Kalträuchern von Käse und anderen Nahrungsmitteln ab Seite 214 vorstelle, bietet das Thema des Kalträucherns und Räucherns von Fleisch genug Stoff für ein eigenes Buch.

SMOKEOLOGIE –
DIE WISSENSCHAFT DES SMOKENS

Rauchrohrklappe offen/geschlossen

Kamin

Thermometer

Garkammer

Feuerbox

Hier dringt die Hitze in die Gar-kammer

Grillrost

Lüftungsklappe

Kohlerost

HORIZONTALER OFFSET-SMOKER (FÜR KOHLE UND/ODER HOLZ)

WAS ALSO IST SMOKEN und warum wird das entsprechende Gerät so treffend als Smoker bezeichnet? Um es einfach zu sagen: Heutzutage versteht man unter „Smoken" das Garen von Speisen unter Verwendung mäßiger Hitze und echtem Holzrauch. So erhalten Sie den angenehm rauchigen Geschmack, den viele von uns so lieben. Es gab Zeiten, in denen die Menschen ihre gesamte Nahrung über einem Holzfeuer garten. Das Raucharoma war ein Nebenprodukt dieser Kochmethode. Heute haben wir die Möglichkeit, das Essen auf dem Herd oder in der Mikrowelle zu kochen oder auf dem Grill etc. zuzubereiten – wenn wir es wünschen, ohne jeden Rauch. Um Raucharomen zu erhalten, müssen wir unsere üblichen Methoden des Kochens verändern und Methoden nutzen, die den Rauch einer bestimmten Holzsorte einbeziehen. Die Geräte, die

diese Methode einfacher und effizienter werden lassen, nennt man Smoker.

Im Folgenden werde ich Ihnen die verschiedenen Smoker-Typen und ihre Funktionsweise vorstellen. Alle Smoker gleichen sich insofern, als sie eine mit Holz, Kohle, Gas oder Strom befeuerte Hitzequelle besitzen. Außerdem bieten sie – mit Ausnahme der mit Holzreisig beheizten Smoker – die Möglichkeit, richtigen Rauch zu erzeugen, indem man Holzchips oder -chunks über die Hitze oder sogar direkt auf die Kohlen gibt. Smoker haben gezielt angebrachte Lüftungsklappen oder Öffnungen, um einen ausreichenden Zug zu erzeugen, sodass die Luft in den Bereich des Smokers strömt, in dem die Hitzequelle oder die Feuerbox sitzt, sich dort mit dem Rauch mischt, in und um die Speisen in der Garkammer strömt und diese „zärtlich küsst", bevor sie an der anderen Seite wieder durch den Kamin und die Rauchrohrklappe ausströmt. Die Lüftungsklappen sind in der Regel verstellbar, um die Temperatur des Smokers und/oder die Zuggeschwindigkeit und das Volumen der Luft-Smoke-Mischung zu kontrollieren. Sobald Sie Ihren Smoker in Gebrauch nehmen und mit seinen individuellen Launen vertraut sind, werden auch Sie in der Lage sein, die richtige Temperatur zu halten und den Smoke so zu leiten, wie Sie es möchten. Indem Sie der Hitze erlauben, Ihr Fleisch bei sehr niedrigen Temperaturen zu garen und zulassen, dass der Rauch das Fleisch über mehrere Stunden aromatisiert, werden Sie am Ende das zarteste, saftigste und geschmackvollste Fleisch auf Erden erhalten.

Viele von Ihnen fragen sich wahrscheinlich, warum Sie einen Smoker brauchen, wenn Sie einen Grill haben. Immerhin, man kann durch das Grillen einen ganz passablen Geschmack erzielen, insbesondere, wenn Sie Holzchips zur Kohle oder auf den Gasgrill geben. Aber beim Smoken wird Geschmack zur Religion. Das Geheimnis des Smokens sind die vielen Stunden, in denen das Fleisch dem Holzrauch ausgesetzt ist. Um diese langen Stunden zu nutzen, nehmen wir uns einen Drink, einen Stuhl und gute Musik und warten ab, wissend, dass das Ergebnis es wert sein wird. Ich werde Ihnen in späteren Kapiteln auch erklären, wie Sie Ihren Grill als Smoker benutzen können, aber wenn es ums Outdoor-Kochen geht, müssen Sie Ihr Denken ändern!

Auf den folgenden Seiten werde ich Ihnen erläutern, was ein Smoker ist und wie Smoken wirklich funktioniert, sodass Sie selbst herausfinden werden, ob Smoken für Sie lediglich ein unbedeutender Zeitvertreib ist oder Ihr größtes Hobby werden könnte.

Wenn es um das Smoken geht, gibt es für mich keine Regeln. Ich werde Ihnen ein paar Richtlinien geben, um Ihnen am Anfang zu helfen, aber ich ermuntere Sie und erwarte sogar, dass Sie experimentieren, wann immer Ihnen danach ist, und dass

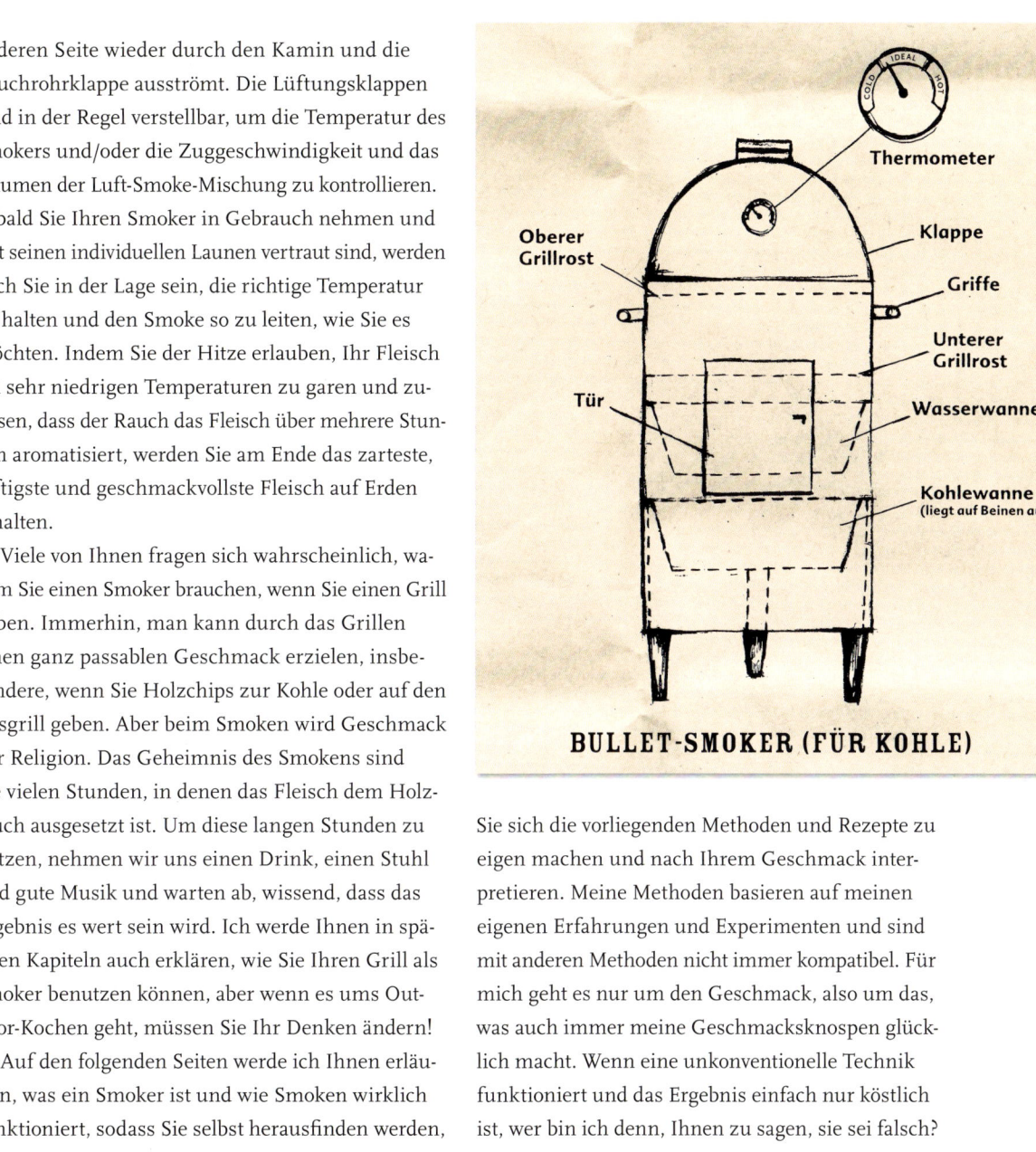

BULLET-SMOKER (FÜR KOHLE)

Sie sich die vorliegenden Methoden und Rezepte zu eigen machen und nach Ihrem Geschmack interpretieren. Meine Methoden basieren auf meinen eigenen Erfahrungen und Experimenten und sind mit anderen Methoden nicht immer kompatibel. Für mich geht es nur um den Geschmack, also um das, was auch immer meine Geschmacksknospen glücklich macht. Wenn eine unkonventionelle Technik funktioniert und das Ergebnis einfach nur köstlich ist, wer bin ich denn, Ihnen zu sagen, sie sei falsch?

SMOKER-TYPEN

Bevor wir uns mit den verschiedenen Fleischsorten befassen, über das beste Öl nachdenken oder das Holz zum Aromatisieren aussuchen, stelle ich Ihnen die verschiedenen Smoker-Modelle vor, sodass Sie entscheiden können, welcher am besten zu Ihnen

Weber 22 ½-Inch Smokey
Mountain Cooker-Smoker

Char-Broil Silver-Smoker,
Barbecue und Grill

Brinkmann Cook'n Ca'jun II
Kohle-Smoker und Grill

Lang 60-Inch
Original-Smoker

passt. Ich habe eine gewaltige Sammlung dieser
Dinger in meiner Scheune, weshalb meine Frau nur
mit den Augen rollt. In ihrem grenzenlosen Unver-
ständnis fragt sie oft: „Wozu brauchst du all diese
Smoker?" Ich muss ihr (immer wieder) erklären, dass
ich diese verschiedenen Geräte brauche, damit ich
Kritiken über sie schreiben und anderen Leuten erklären kann, wie sie am besten funktionieren. Ich
bin mir nicht sicher, ob sie mir das so abkauft, aber
mal ehrlich, es gibt so viele Smoker-Typen wie es
Tage im Jahr gibt. Glücklicherweise haben viele von
Ihnen vergleichbare Eigenschaften, was es mir erlaubt, sie in Kategorien einzuteilen.

Kohle-Smoker

Die gebräuchlichsten Smoker-Typen werden mit Holzkohle befeuert. Für das Aroma werden gewöhnlich
Holzchips oder -chunks auf die Kohle gegeben. Obwohl es verschiedene Varianten gibt, möchte ich die
zwei populärsten Upright-Bullet-Modelle besprechen
sowie den Do-It-Yourself-Bullet und den Horizontalen Offset-Smoker.

Brinkmann Bullet Kohle-Smoker

Der schlichteste Kohle-Smoker ist der Brinkmann
Bullet-Smoker. Wegen seiner geringen Anschaffungs-
kosten von vielen seiner Besitzer auch liebevoll ECB
oder „El Cheapo Brinkmann" genannt, kann man
mit diesem Smoker dennoch ein schmackhaftes
Barbecue zustande bringen. Auch wenn der ECB

sehr empfindlich ist und viel Aufmerksamkeit
braucht – wenn Sie die Herausforderung lieben,
werden Sie Ihre Freude mit ihm haben.

Der ECB besteht aus einer 18-Zoll-Tonne mit drei
Beinen, zwei Wannen und zwei Feuerrosten. Die
Bodenwanne ist für die Kohle vorgesehen und die
obere Wanne für Wasser oder andere Flüssigkeiten.
Mithilfe des Wasserdampfes kann man die Hitze
innerhalb des Gerätes regulieren. Wasser kocht bei
100 °C und wenn die Oberfläche des Wassers heiß
wird, beginnt es zu dampfen. Der Dampf mischt
sich mit der heißen Luft innerhalb des Smokers und
bewirkt, dass sich die Umgebungstemperatur im
Smoker bei 100 °C einpendelt.

Auf die zwei Grillroste direkt über der Wasserwanne gibt man das Fleisch. Ich war berühmt dafür,
auf diesem kleinen Smoker genug für zehn Leute
zuzubereiten, also unterschätzen Sie seine Fähigkeiten nicht – Ihre Familie und Ihre Gäste werden
sicherlich satt werden. Und um Sie noch mehr in
Erstaunen zu versetzen, sage ich Ihnen, dass es bei
den Wettkämpfen Teams gibt, die ausschließlich
mit einem ECB teilnehmen. Sie gewinnen ebenso
leicht wie jeder andere auch.

Dieser Smoker erfordert jedoch einige Modifikationen, damit er gut arbeitet. Aber diese Veränderun-
gen sind relativ simpel und können mit einfachem
Werkzeug und selbst geringen handwerklichen
Fähigkeiten durchgeführt werden. Folgende Modifikationen sind empfehlenswert:

Brinkmann Gourmet
Kohle-Smoker

Brinkmann Smoke 'n Pit
Kohle-Smoker und Grill

Traeger Texas Grill

Landmann 36-Inch Great
Outdoors Smokey Mountain
Gas-Smoker

- Entfernen Sie die Beine von der Innenseite der Tonne und bringen Sie diese an der Außenseite an. Benutzen Sie dabei die gleichen Löcher und Schrauben. Dadurch kann der gesamte Körper des Smokers während des Kochens über die Kohlewanne gehoben werden. Die Kohlewanne muss auf Ziegel- oder Pflastersteinen aufsitzen, die unter den Smoker platziert werden, damit er richtig arbeitet.

- Bohren Sie Löcher in die Seiten der Kohlewanne, damit mehr Luft an die Kohle gelangt. Ich empfehle acht kreisförmig angelegte Bohrlöcher in den zwei gegenüberliegenden Seiten der Wanne mit einem Durchmesser von gut einem halben Zentimeter. Beachten Sie, dass dadurch nicht nur die Garantie Ihres Smokers verfällt, sondern dieser auch vorzeitig rostet. Wie auch immer, der Vorteil ist, dass er dann einwandfrei arbeitet. Wenn Sie versuchen, ihn so in Betrieb zu nehmen, wie er geliefert wird, werden Sie wahrscheinlich zu dem Schluss kommen, dass er sich eher zu Übungen fürs Zielschießen eignet als zum Kochen.

- Legen Sie einen Rost (etwa 30 Zentimeter im Durchmesser) auf den Boden der Kohlewanne. Er sollte zweieinhalb bis fünf Zentimeter Abstand vom Boden haben, damit die Asche hindurchfallen kann. Sollten Sie keinen entsprechenden Rost zur Hand haben, können Sie auch zwei oder drei Lagen Kaninchendraht nehmen. Auf den Rost wird die Kohle gegeben.

Ein weiterer Trick beim Kochen mit diesem Smoker ist, so viel Kohle wie möglich in die Feuerbox zu geben, um eine Temperatur von 105–115 °C aufrechterhalten zu können. Sollte der Smoker zu heiß werden, können Sie ganz einfach etwas Kohle mit einer Zange und einem Paar guter, hitzeresistenter Handschuhe herausnehmen. Legen Sie die Kohlestücke, die Sie herausnehmen, in einen Metalleimer und stellen Sie diesen abseits an einen sicheren Ort; vielleicht brauchen Sie die Kohle später noch.

Weber Smokey Mountain Cooker

Dem ECB sehr ähnlich ist der Weber Smokey Mountain Cooker (WSM). Er hat den gleichen Basisaufbau, wurde aber mit wesentlich mehr Verstand und Sinn für das Design konstruiert. Tatsächlich können Sie den WSM stundenlang allein lassen, während Ihr Essen darin gart. Dies macht ihn perfekt für jene langen Smoking-Sessions (etwa bei Brisket und Schweineschulter), bei denen der Smoker über Nacht laufen muss, wenn das Essen am Abend des nächsten Tages fertig sein soll. Der WSM wird auch von verschiedenen Teams bei Wettkämpfen verwendet. Diese Teams sind daran gewöhnt, den Sieg einzufahren und jene Teams mit den extravaganten Geräten mit langen Gesichtern zurückzulassen.

Der Preisunterschied zwischen dem ECB und dem WSM ist signifikant, weshalb viele Leute mit einem Brinkmann anfangen. Doch je mehr Sie Ihre Fähigkeiten verfeinern und je mehr Sie sich mit dem Smoken

Temperaturanzeige bei einem Weber Kohle-Smoker

Tür zum unteren Grillrost, Wasser- und Kohlewanne

beschäftigen, desto eher werden Sie zu dem besseren, aber teureren Weber Smokey Mountain tendieren. Die meisten Nutzer des wsm werden schließlich zu Hardcore-Fans dieses Smokers und wollen von anderen Geräten nichts mehr wissen. Das spricht für Weber und den offensichtlichen Einsatz für Forschung, Design und Bedienerfreundlichkeit.

Der wsm kann so in Gebrauch genommen werden, wie er ist. Der eingefügte untere Teil (der aussieht wie der Boden eines Eies) ist der Bereich für die Kohle. Der Kohlerost befindet sich im unteren Bereich. Darauf sitzt eine runde, hohe Schelle mit großen Löchern.

Für eine lange Smoking-Session richtet man den Smoker am besten nach der Minion-Methode ein, die auf Seite 35 beschrieben wird. Befüllen Sie die Schelle komplett mit trockenen, unangezündeten Kohlestücken. Platzieren Sie einen Anzündkamin (siehe Seite 34), der zur Hälfte mit angezündeter Kohle gefüllt ist, auf die unangezündete Kohle und warten Sie fünf Minuten, bevor Sie den mittleren Teil installieren (den sogenannten Smoker-Body).

Bringen Sie nun den Smoker-Body vorsichtig auf dem unteren Teil an. Setzen Sie die Wasserwanne ein und füllen Sie diese mit Wasser. Ich empfehle im Winter warmes bis heißes Wasser zu nehmen und kaltes bis warmes in der Sommersaison. Was am besten funktioniert, werden Sie im Laufe der Zeit selbst herausfinden.

Setzen Sie nun die beiden Grillroste ein und schließen Sie den Deckel, damit der Smoker auf die gewünschte Temperatur hochheizen kann. Vergewissern Sie sich, dass die unteren Ventile halb und das obere Ventil vollständig geöffnet sind.

Sobald der Smoker ca. 95 °C erreicht hat, schließen Sie die unteren Ventile bis auf ein Viertel und lassen Sie die Temperatur langsam auf etwa 105 °C ansteigen. Es empfiehlt sich, die Temperatur zu Beginn nicht zu schnell ansteigen zu lassen. Falls nötig, können Sie später immer noch durch das Öffnen der Ventile mehr Luft zugeben, um die Temperatur zu erhöhen.

Ich habe festgestellt, dass die Temperaturanzeige an der Klappe etwa 10 °C mehr anzeigt als tatsächlich im Garbereich herrschen. Ich empfehle Ihnen daher, dass Sie das bei Ihrem eigenen Smoker mittels eines weiteren Thermometers testen und ein Gefühl dafür entwickeln, wie Sie die Temperatur am besten regulieren können.

Winde an einem selbstgebastelten Kohle-Smoker, um den Grillrost anzuheben oder herunterzulassen

Selbstgebastelter Kohle-Drum-Smoker

Sobald der Smoker einmal die gewünschte Temperatur erreicht hat, legen Sie das Fleisch zügig auf den Rost und schließen die Klappe schnell, sodass so wenig Hitze wie möglich verloren geht. Nach meiner Erfahrung führt das Öffnen der Klappe zu einem schlagartigen Eindringen kalter Luft in den Smoker. Die Hitze baut sich dann jedoch wieder auf und stabilisiert sich, sobald die Klappe wieder geschlossen ist.

Für den Rauch verwende ich am liebsten kleine Holzscheite (etwa 30 Zentimeter lang und fünf bis acht Zentimeter im Durchmesser), die ich auf die

Kohle gebe, um Rauch zu erzeugen. Sie können aber auch Chunks aus trockenem Holz verwenden. Nach meiner Erfahrung produzieren sechs etwa fünf Zentimeter große Holzchunks die perfekte Menge an Rauch für diesen Smoker. Alternativ können Sie auch kleine Chunks oder Chips Ihres Lieblingsholzes schon mit der noch unangezündeten Kohle vermischen, sodass Sie sicher sein können, die ganze Zeit über Rauch zu produzieren.

Achten Sie darauf, dass die Wasserwanne immer gefüllt ist. Öffnen Sie die Klappe nur, wenn es unbedingt notwendig ist (wenn Sie beispielsweise das Fleisch einpinseln müssen). Entfernen Sie nie die Klappe, nur um nach dem Fleisch zu schauen! Dieser Smoker erblüht, wenn Sie ihn in Ruhe lassen und ihm erlauben, das zu tun, was er am besten kann. Geduld ist hier der Schlüssel.

Eigenbauten
Es gibt viele Variationen selbstgebastelter Bullet-Charcoal-Smoker. Manche fertigen sie aus Metallkanistern oder Stahlfässern an. Ich möchte gar nicht darauf eingehen, wie das geht. Es reicht zu sagen, dass das vertikale Basisdesign gut funktioniert. Wenn Sie mehr über diese wunderbaren selbstgemachten Apparate erfahren möchten, schauen Sie

auch bei www.smokingmeatforums.com oder www.grillsportverein.de nach, dort finden Sie wertvolle Informationen zu diesem Thema und auch, wo Sie geeignete Stahlfässer und weitere Materialien erhalten. Ausgerüstet mit einigen dieser Tricks werden Sie nicht nur die leckerste gesmokete Mahlzeit zaubern, die Sie je gekostet haben, Sie werden auch bei Ihren Nachbarn berühmt.

Horizontale Offset-Smoker

Ein weiteres sehr populäres Modell eines Kohle-Smokers ist der Horizontale Offset-Smoker. Der Char-Broil Silver und der Brinkmann Smoke 'n Pit sind beide sehr bekannt, aber es gibt noch unzählige andere Marken und Modelle, die grundsätzlich auf die gleiche Weise funktionieren, mit nur kleinen Unterschieden bezüglich der Metalldicke und der Größe.

Das Design ist denkbar einfach: ein großes horizontal platziertes, der Länge nach aufgeschnittenes Fass. Die obere Hälfte dient als Klappe und die untere Hälfte als Garkammer, wo der Rost sitzt und das Essen zubereitet wird. Ein kleineres Fass, auch Feuerbox genannt, ist seitlich, etwas unterhalb der Gar-

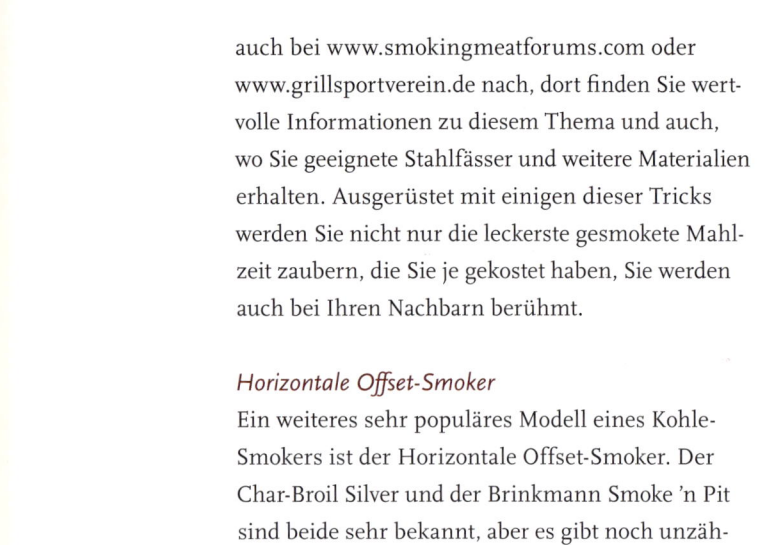

kammer angebracht. Ein Durchlass zwischen den beiden Fässern lässt die Hitze in die Garkammer strömen. Durch eine Klappe an der Feuerbox kann diese mit Kohle und Holz befüllt werden und durch verstellbare Lüftungsventile strömt die für das Feuer benötigte Luft ein. Die größere Smoke-Kammer hat in der Regel einen 30–40 Zentimeter hohen Kamin mit einem Durchmesser von 7½–10 Zentimetern.

Die Bauweise erfordert, dass ausreichend Luft in die Feuerbox gelangt, zügig den Smoker durchströmt und am anderen Ende der Garkammer durch den Kamin wieder austritt. Der rasche Luftstrom verhindert, dass der Smoke abgestanden ist und sich Rückstände auf dem Fleisch oder den Innenwänden des Smokers ablagern.

Auch wenn dieser Smoker einige Mängel aufweist (z. B. die instabile Hitze), können Sie, wie auch beim Upright-Bullet-Smoker, einige einfache Verbesserungen vornehmen, damit er besser arbeitet. Eine dieser Modifikationen ist, eine Wasserwanne neben der Öffnung auf dem Rost zu platzieren, durch die die Hitze in die Garkammer strömt. Dadurch entsteht Dampf, mit dessen Hilfe sich die Temperatur besser kontrollieren lässt. Eine andere nützliche Veränderung ist es, wenn Sie das Kaminrohr innerhalb der Garkammer auf das Niveau des Rostes oder etwas darunter verlängern.

Wenn Sie den Smoker in Betrieb nehmen, empfehle ich Ihnen, einen Anzündkamin (siehe Seite 34) mit Kohlestücken zu befüllen, anzuzünden und die Kohle dann direkt in die Feuerbox zu schütten. Lassen Sie für zwei Minuten sowohl die Klappe der Feuerbox als auch die der Garkammer geöffnet, damit sich genug Hitze aufbauen kann. Schließen Sie dann beide Klappen, sodass sich die Hitze in der Garkammer stabilisiert. Sollte nach 15 Minuten die Temperatur noch nicht hoch genug sein, können Sie

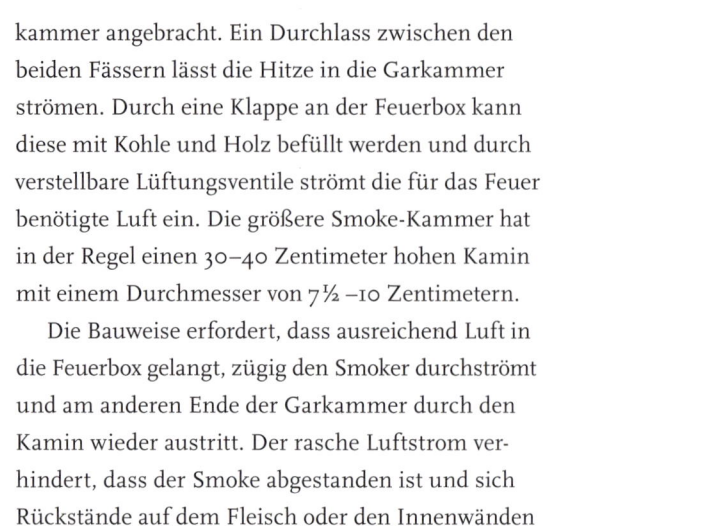

LINKS Brinkmann Smoke 'n Pit Kohle-Smoker und Grill
NÄCHSTE SEITE Bradley Digital Four-Rack-Smoker

Bradley Digital Four-Rack-Smoker

Brinkmann Gourmet Electric-Smoker

Masterbuilt 30-Inch Electric-Smoker

Cajun Injector Electric-Smoker

noch etwas Kohle nachfüllen, bis der Smoker die gewünschte Temperatur erreicht hat.

Sobald die Temperatur konstant ist, geben Sie das Fleisch auf den Rost und schließen zügig die Klappe der Garkammer, damit so wenig Hitze wie möglich entweichen kann. Legen Sie nun ein etwa 25–30 Zentimeter langes und 5–7 ½ Zentimeter dickes Holzstück auf die Kohle. Alternativ können Sie auch vier bis sechs faustgroße Holzchunks auflegen.

Elektrische Smoker

Wenn Sie es wirklich einfach haben möchten oder keine Interesse daran haben, sich um ein Feuer zu kümmern oder heiße Kohlen zu managen, um eine konstante Temperatur im Smoker aufrechtzuerhalten, dann gibt es Hoffnung für Sie: Der elektrische Smoker ist das einfachste, was es gibt. Einige können Sie einfach nur einstöpseln und anschließend sich selbst überlassen, andere verfügen darüber hinaus über einen analogen oder digitalen Temperaturregler.

Brinkmann Bullet Electric-Smoker

Das Basismodell unter den elektrischen Smokern für Anfänger im Outdoor-Kochen ist der Brinkmann Bullet-Smoker mit einem elektrischen Bauteil. Wie das mit Kohle zu beheizende Gegenstück besteht er aus einem 18-Zoll-Fass mit einer Wasserwanne und zwei Grillrosten. Anstelle einer Kohlewanne befinden sich unten im Fass ein Heizelement sowie ein Lavastein. Um Smoke-Aroma zu erzeugen,

werden rund um das Heizelement Holzchunks verteilt. Die Hitze des Heizelementes erwärmt das Wasser in der Wanne darüber und durch den entstehenden Wasserdampf wird die Temperatur innerhalb des Smokers reguliert. Darüber hinaus verfügt dieser Smoker nicht über einen Temperaturregler. Er ist so konstruiert, dass er konstant eine Temperatur von 120 °C aufrechterhält.

Ich kann nichts Nachteiliges über diesen Smoker sagen. Das, wofür er konstruiert wurde, macht er sehr gut und für das Über-Nacht-Smoken von großen Fleischstücken, die über viele Stunden Hitze und Rauch benötigen, ist er ideal.

Weil dieser Smoker so einfach zu handhaben ist, wie es nur möglich ist, möchte ich auf viele Details gar nicht eingehen. Nur eines lege ich Ihnen ans Herz: Halten Sie ein wachsames Auge auf die Wasserwanne. Die Temperatur von 120 °C bleibt nur so lange konstant, wie die Wasserwanne gefüllt ist.

ON/OFF
SMOKER

SMOKER
TIMER
SET

>>>
WOOD

DIGITAL SMOKE GENERATOR

ON/OFF
OVEN

OVEN
TIMER
SET

OVEN
TEMP
SET

°C/F

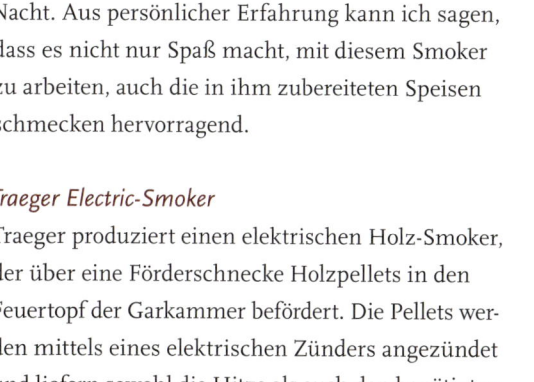

OBEN Automatische Brikett-Befüllung bei einem Bradley Digital-Smoker
VORHERIGE SEITE Kontrollanzeige bei einem Bradley Digital-Smoker

Wenn Sie das Wasser verdampfen lassen, wird die Hitze ansteigen (und zwar ordentlich), was sich mit unserem „Low and Slow" gar nicht verträgt. Ansonsten können Sie sich entspannen und den Rauch genießen.

Cabinet-Style Electric-Smoker

Ein weiterer Typ eines elektrischen Smokers ist das Cabinet-Style-Modell, wie zum Beispiel der Masterbuilt Electric Digital Smokehouse, in der Regel MES genannt, und der Cajun Injector-Smoker, die beide ihrem Aussehen nach an einen Kühlschrank erinnern. Der Deckel sowie die Seitenwände sind gedämmt. Beide haben einen digitalen Regler, mit dem Sie die Temperatur von Hand einstellen können. Das Heizelement schaltet sich ein und aus, um die eingestellte Temperatur zu halten. Manche Modelle haben sogar eine Zeitschaltuhr und andere eine praktische Schüttrinne an der Außenseite, sodass Sie Holzchips einfüllen können, ohne die Tür öffnen zu müssen.

Um den gewünschten Rauch zu erhalten, muss man etwa alle 30 Minuten Chips nachfüllen. Das sollten Sie etwa über die Hälfte der Garzeit lang tun, je nachdem, wie viel Smoke-Aroma Sie möchten. Wenn Sie zum Beispiel ein ganzes Hühnchen smoken, was bei ca. 150 °C etwa vier Stunden dauert, legen Sie in den ersten beiden Stunden alle 30 Minuten Holzchips nach. Danach wird das Hühnchen nur noch durch die Hitze gegart.

Ein anderer bekannter Cabinet-Style Electric-Smoker ist das Modell von Bradley. Dieser Smoker erzeugt mithilfe eines Smoke-Generators Rauch von Holzbriketts, die aussehen wie ein Eishockey-Puck. Weil der Bradley über zwei separate Heizelemente verfügt – ein kleines für die Verbrennung der Holzbriketts und ein größeres für die eigentliche Hitze – können Sie ihn auch zum Kalträuchern von zum Beispiel Käse und Fisch verwenden, indem Sie das größere Heizelement entfernen (mehr zum Kalträuchern auf Seite 56–57). Jedes Holzbrikett raucht 20 Minuten lang, danach wird es in die Wasserwanne geschoben und durch ein neues ersetzt.

Dieser leicht zu handhabende, vollautomatische Smoker eignet sich vor allem für das Smoken über Nacht. Aus persönlicher Erfahrung kann ich sagen, dass es nicht nur Spaß macht, mit diesem Smoker zu arbeiten, auch die in ihm zubereiteten Speisen schmecken hervorragend.

Traeger Electric-Smoker

Traeger produziert einen elektrischen Holz-Smoker, der über eine Förderschnecke Holzpellets in den Feuertopf der Garkammer befördert. Die Pellets werden mittels eines elektrischen Zünders angezündet und liefern sowohl die Hitze als auch den benötigten

Rauch. Auch dieses Gerät eignet sich besonders gut für lange Garzeiten, da es einen einstellbaren Thermostat besitzt und die gewünschte Temperatur konstant aufrecht hält. Ich kenne eine Menge Leute, die den Smoker morgens anwerfen, bevor sie zur Arbeit gehen, und das Abendessen garen lassen, während sie den ganzen Tag unterwegs sind.

Gas-Smoker

Ebenfalls sehr gebräuchlich sind die Gas-Smoker. Das Konzept dahinter ist denkbar einfach: Anstelle eines Holz- oder Kohlefeuers oder eines elektrischen Heizelementes ist an einem Ventil und einem Brenner ein Gastank oder eine Gasflasche angebracht. Sobald der Brenner entzündet ist, werden Holzchunks oder -chips in eine Metallbox über der Flamme platziert. Die Hitze liefert die Brennflamme, den Geschmack liefert der Rauch des Holzes. Abhängig vom Modell sitzt die Wasserwanne in der Regel direkt über der Box mit den Holzchips. Diese fungiert als Barriere zwischen der Flamme und den Speisen und sorgt darüber hinaus für die notwendige Luftfeuchtigkeit.

Great Outdoors Smoky Mountain

Einer meiner Favoriten unter den Gas-Smokern ist Landmanns Great Outdoors Smoky Mountain (auch bekannt als GOSM). Er ist großartig, denn er ist leicht zu handhaben und das Fleisch schmeckt, als wäre es in einem mit Holz befeuerten Smoker zubereitet worden. Ähnliche Gas-Smoker Modelle werden von Brinkmann, Cajun Injector, Masterbuilt und Char-Broil hergestellt.

Bevor Sie mit der Smoking-Session beginnen, stellen Sie sicher, dass Ihre Gasflasche voll ist. Ich empfehle Ihnen, darüber hinaus eine Reserveflasche bereitzuhalten. Es gibt nichts Schlimmeres, als einen Truthahn in den Smoker zu legen, nur um eine Stunde später festzustellen, dass das Feuer ausgegangen ist, weil kein Gas mehr im Tank ist und kein Ersatztank mehr in der Scheune steht. Machen Sie das mal an

NÄCHSTE SEITE Landmanns Great Outdoors Smoky Mountain Gas-Smoker

Weihnachten! Sie werden gezwungen sein, den Truthahn in Ihrem Backofen fertig zu garen und Ihren Spaß haben, es Ihren vielen hungrigen Gästen zu erklären, die fest davon ausgegangen sind, wieder diesen wunderbaren, mit Rauch aromatisierten Vogel vorgesetzt zu bekommen. Das habe ich alles schon durchgemacht! Für einen Truthahn sollten Sie übrigens 30 Stunden Garzeit einplanen, wofür Sie etwa eine 11-Kilogramm-Propangasflasche benötigen.

Jeff's erweiterte Gebrauchsanweisung für Gas-Smoker
Als ich mir meine erste Big-Block-Version des Great Outdoors Smoky Mountain Gas-Smokers zulegte (die einen wesentlich umfangreicheren Korpus hat als das Standardmodell), musste ich feststellen, dass die mitgelieferte Gebrauchsanweisung eine Menge zu wünschen übrig ließ. Aufgrund der Beliebtheit dieses Smokers und der Unmengen an Fragen, die ich diesbezüglich im Laufe der Jahre erhalten habe, habe ich eine verbesserte Gebrauchsanweisung verfasst, die Ihnen die Handhabung dieses Smokers erleichtern wird:

1. Haken Sie die Propangasflasche ein und stellen Sie sicher, dass sie fest sitzt. Propangasflaschen haben üblicherweise ein Linksgewinde.
2. Öffnen Sie die Klappe des Smokers, indem Sie das Gewinde 90 Grad im Uhrzeigersinn drehen. Entfernen Sie die Feuerbox und füllen Sie diese bis zum oberen Rand mit trockenen Holzchips oder -chunks. Setzen Sie den Deckel wieder auf und platzieren Sie die Box wieder an der ursprünglichen Position.
3. Legen Sie die Wasserwanne mit einem großen Stück stabiler Alufolie aus. Machen Sie sich das zur Gewohnheit – Sie werden eine Menge Zeit sparen. Anstatt die Wasserwanne von der Schmiere zu säubern, die sich über die Zeit dort

ablagert, können Sie die Folie einfach entfernen, wegwerfen und durch frische ersetzen.

4. Füllen Sie 2 Liter heißes Wasser in einen Krug. Gießen Sie das Wasser in die mit Folie ausgeschlagene Wanne.

5. Nun zum lustigen Teil! Drehen Sie den großen Knauf auf der linken Seite für einige Klicks, bis er Funken schlägt. Wenn kein Zündfunke entsteht, nehmen Sie ihre Hand vom Knauf und fühlen Sie unter dem Kontrollbereich (das ist der Bereich direkt unter den zwei Knäufen) nach einem Draht. Überprüfen Sie, ob dieser korrekt befestigt ist und drehen Sie dann erneut den Knauf. WICHTIG: Berühren Sie nicht den Draht, während Sie den Knauf drehen, sonst steht Ihnen möglicherweise ein unschönes Erlebnis bevor! Wenn der Brenner korrekt zündet, drehen Sie den rechten Knauf voll auf und sofort den linken Knauf für einige Klicks, um den Propangasbrenner zu zünden.

6. Während sich der Smoker aufheizt, sollten Sie prüfen, ob die Ventile korrekt eingestellt sind. Sollten Sie das Modell mit zwei tiefer liegenden Ventilen haben, schließen Sie sie so weit wie es Ihnen die Tab Stops erlauben (das ist der „GOSM Way", Ihnen zu helfen, nicht den Fehler zu begehen, die Ventile die ganze Zeit geschlossen zu halten), bringen Sie dann das obere Ventil in die gleiche Position. Ich kenne einige Leute, die herausgefunden haben, dass sie mit milderen Hölzern mehr Smoke-Geschmack erzielen, wenn sie die Stops zur Seite biegen, sodass sie die Ventile etwas weiter schließen können. Vorerst rate ich Ihnen jedoch, auf der sicheren Seite zu bleiben. WICHTIG: In Bezug auf jeden Smoker ist es äußerst wichtig, dass die Ventile richtig eingestellt sind, damit die Luft korrekt in und aus dem Smoker strömen kann. So kann Ihr Feuer richtig brennen und der Rauch kann Ihr Fleisch „küssen", anstatt sich darauf niederzulassen und Kreosot zu hinterlassen.

7. Lassen Sie den Smoker für etwa eine Minute bei hoher Temperatur brennen, drehen Sie dann den Knauf zwischen die Einstellungen „niedrig" und „mittel", bis sich die Temperatur bei etwa 105 °C eingependelt hat.

8. Innerhalb von vier bis fünf Minuten, vielleicht auch früher, beginnt das Holz zu rauchen. Legen Sie nun zügig das Fleisch in den Smoker. Wenn ich nur eine kleine Menge smoke, benutze ich den Rost auf Höhe des Thermometers, so kann ich immer sehen, welche Temperatur im Bereich des Fleisches herrscht. Wenn ich größere Mengen smoke, sehe ich zu, dass immer etwas Platz zwischen den einzelnen Fleischstücken bleibt, sodass der Rauch sie von allen Seiten umströmen kann.

9. Sobald das Fleisch im Smoker ist, schließen Sie die Klappe und verriegeln sie durch Drehen des Griffes um 90 Grad im Uhrzeigersinn.

10. Machen Sie es sich jetzt für etwa eine Stunde mit Ihrem Lieblingsgetränk bequem, kontrollieren Sie ab und an den Smoker, ob er noch die gewünschte Temperatur hält, oder nehmen Sie kleine Korrekturen an den Einstellungen vor. Sie werden merken, dass es manchmal zwei oder drei Minuten dauert, bis sich die Temperatur ändert, nachdem Sie etwas an den Einstellungen verändert haben, also nehmen Sie nur kleine Korrekturen vor und warten zunächst ab, was passiert. Mit der Zeit werden Sie genau wissen, in welche Position Sie den Knauf bringen müssen, um die gewünschte Temperatur zu erreichen. Sie werden auch feststellen, dass es einen Unterschied macht, je nachdem wie viel Fleisch Sie in den Smoker legen – ein Smoker mit einer großen Menge kalten Fleisches braucht mehr Hitze, um die gewünschte Temperatur zu erreichen und zu halten als ein Smoker, der nur mit einer Schweineschulter gefüllt ist.

11. Nach etwa 90 Minuten werden Sie wahrscheinlich noch mehr Holzchips oder -chunks nachfüllen müssen. (Ein Anzeichen dafür, Holz nachzufüllen, ist, wenn der Smoker stärker als gewöhnlich raucht.) Öffnen Sie zügig, aber vorsichtig die Klappe und ziehen Sie die Chipbox-Halterung mit einem hitzebeständigen Handschuh und einer stabilen Zange heraus. Entfernen Sie die Klappe und dann die Chipbox mit der Zange und setzen Sie diese auf den Boden. Schließen und verriegeln Sie schnell die Tür, sodass die Temperatur im Smoker stabil bleibt, während Sie die Holzchips beziehungsweise -chunks nachfüllen.

12. Leeren Sie die Asche und die Kohlereste in einen Metallbehälter und achten Sie darauf, dass nichts Entflammbares in der Nähe ist.

13. Füllen Sie die Chipbox mit Chunks oder Chips auf und platzieren Sie sie wieder in der Chipbox-Halterung. Gehen Sie auch dabei wieder möglichst zügig vor, damit der Smoker so wenig Hitze wie möglich verliert. Falls Sie Ribs oder Geflügel zubereiten, reicht es wahrscheinlich, wenn Sie die Chipbox nur zweimal befüllen, doch bei größeren Fleischstücken wie Brisket oder Schweineschulter werden Sie sie wohl mindestens dreimal nachfüllen müssen. Eine brauchbare Faustregel ist, die Box immer wieder aufzufüllen, bis die interne Temperatur des Fleisches 60 °C erreicht hat.

14. Sobald das Fleisch fast gar ist – das können Sie mithilfe eines digitalen Kernthermometers (siehe die Tabelle zu Smokezeiten und -temperaturen auf Seite 58–60) oder eines Zartheitstests (siehe nebenstehenden Kasten) feststellen – nehmen Sie sich noch einen Drink und lungern Sie beim Smoker herum, sodass Sie jederzeit bereit sind, das Fleisch im perfekten Moment herauszunehmen.

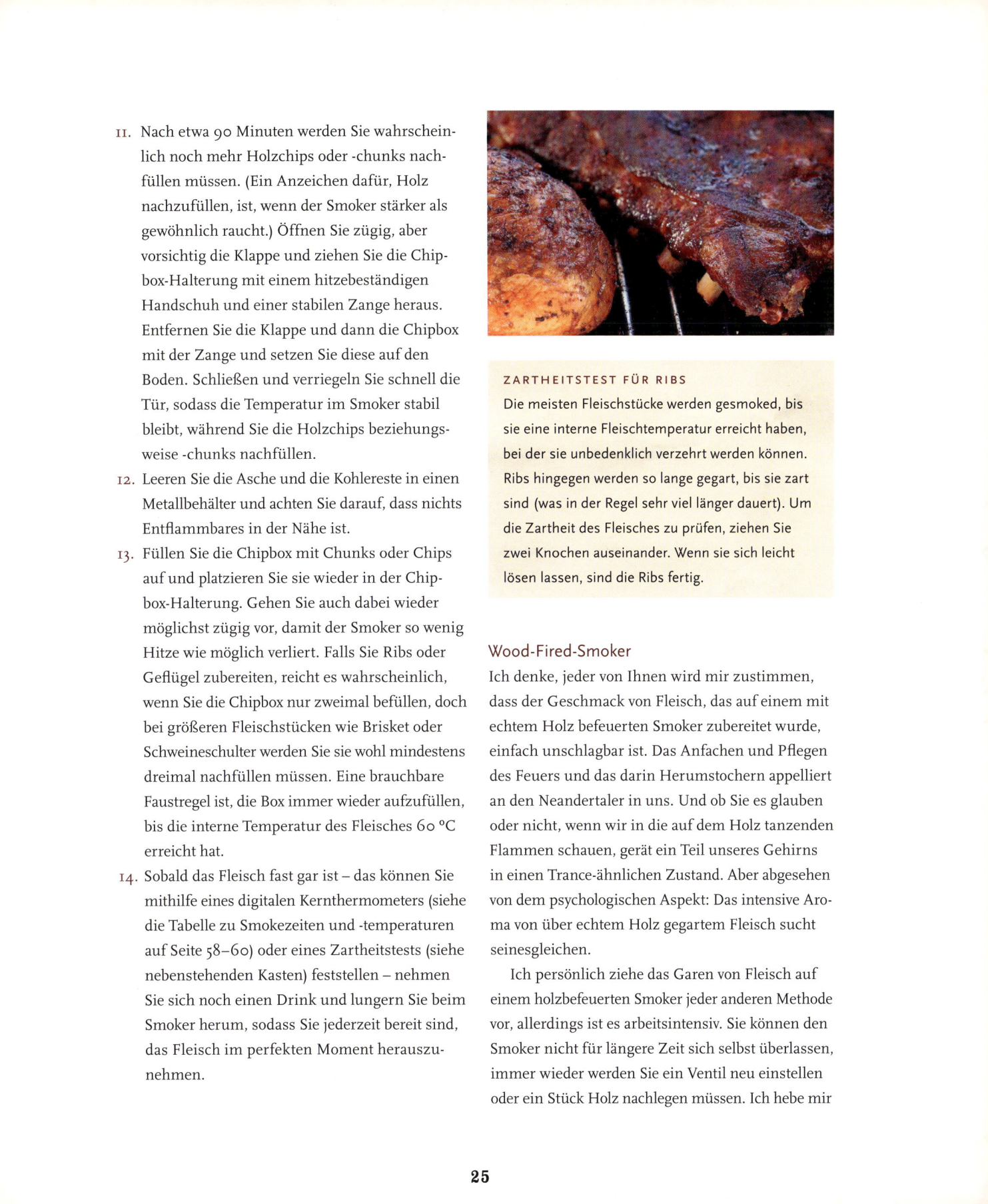

ZARTHEITSTEST FÜR RIBS

Die meisten Fleischstücke werden gsmoked, bis sie eine interne Fleischtemperatur erreicht haben, bei der sie unbedenklich verzehrt werden können. Ribs hingegen werden so lange gegart, bis sie zart sind (was in der Regel sehr viel länger dauert). Um die Zartheit des Fleisches zu prüfen, ziehen Sie zwei Knochen auseinander. Wenn sie sich leicht lösen lassen, sind die Ribs fertig.

Wood-Fired-Smoker

Ich denke, jeder von Ihnen wird mir zustimmen, dass der Geschmack von Fleisch, das auf einem mit echtem Holz befeuerten Smoker zubereitet wurde, einfach unschlagbar ist. Das Anfachen und Pflegen des Feuers und das darin Herumstochern appelliert an den Neandertaler in uns. Und ob Sie es glauben oder nicht, wenn wir in die auf dem Holz tanzenden Flammen schauen, gerät ein Teil unseres Gehirns in einen Trance-ähnlichen Zustand. Aber abgesehen von dem psychologischen Aspekt: Das intensive Aroma von über echtem Holz gegartem Fleisch sucht seinesgleichen.

Ich persönlich ziehe das Garen von Fleisch auf einem holzbefeuerten Smoker jeder anderen Methode vor, allerdings ist es arbeitsintensiv. Sie können den Smoker nicht für längere Zeit sich selbst überlassen, immer wieder werden Sie ein Ventil neu einstellen oder ein Stück Holz nachlegen müssen. Ich hebe mir das Kochen mit meinem Holz-Smoker für die Tage auf, an denen das Wetter gut ist und andere Dinge draußen in der Nähe des Smokers zu erledigen sind – es kann allerdings auch eine wunderbare Ausrede sein, sich einen Drink und einen Liegestuhl zu schnappen und völlig zu entspannen.

Die meisten holzbefeuerten Smoker sind ähnlich gebaut wie die Horizontalen Offset-Charcoal-Smoker, mit einer großen Garkammer für das Fleisch und einer etwas kleineren Feuerbox an der Seite. Durch ein Ventil strömt Luft in die Feuerbox und durch einen an der Garkammer angebrachten Kamin tritt das Luft-Smoke-Gemisch wieder nach außen.

Es gibt zwei Typen der holzbefeuerten Smoker, die in der Horizontal-Offset-Manier gebaut sind: das Directflow-System und das Reverseflow-System. Bei dem Directflow-System strömen die Hitze und der Rauch von der Feuerbox durch eine halbrunde Öffnung direkt in die Garkammer. Der Rauch strömt unmittelbar zu dem Rost, auf dem das Fleisch liegt. Einige Smoker haben eine Art Ablenkplatte (Convection Plate), die die Hitze und den Rauch unter den Grillrost leitet.

Ich habe allerdings die Erfahrung gemacht, dass bei einem Directflow-Smoker die Temperatur nicht so gut ausbalanciert ist wie bei einem Reverseflow-Smoker. Letzterer hat seinen Namen daher, dass die Hitze und damit auch der Rauch aus der Feuerbox unterhalb des Garrostes in die Garkammer strömt, am hinteren Ende aufsteigt und oberhalb des Rostes zurückströmt und durch einen Kamin seitlich an der Feuerbox wieder austritt. Möglich gemacht wird das durch eine direkt unter dem Rost angeschweißte schwere Stahlplatte, die die Hitze und den Rauch bis zum hinteren Ende des Smokers unten hält. Die Stahlplatte hält auch einiges an Hitze ab, sodass sowohl die Temperatur innerhalb der Garkammer als auch der Luftstrom durch den Smoker besser ausbalanciert sind. Viele Fans des Reverseflow-Systems sind der Meinung, dass eine gleichmäßige Temperatur am wichtigsten ist, um großartige Speisen zuzubereiten, egal ob zu Hause oder bei Wettbewerben.

Auch wenn ich den Reverseflow-Smoker bevorzuge, ich verwende beide Modelle und auf beiden lässt sich schmackhaftes und köstliches Fleisch zubereiten.

Smoken auf einem Grill

Gut, Sie haben keinen Smoker, aber Sie haben einen Grill und Sie fragen sich, ob Sie nicht doch vielleicht, möglicherweise ... Ich kann Ihre Gedanken lesen und meine Antwort ist ein ausdrückliches „Ja"! Mit einigen einfachen Techniken können Sie Ihren Gas- oder Kohlegrill als Smoker verwenden. Sie müssen allerdings eines begreifen: Das Smoken von Fleisch bedeutet *low and slow*. Fürs Erste reicht es, wenn Sie wissen, dass das Smoken das Garen von Fleisch bei mäßiger und indirekter Hitze ist.

Indirekte Hitze bei einem Grill heißt, dass das Fleisch auf der einen Seite des Grills liegt, während sich die Hitzequelle auf der anderen Seite befindet. Bei einem Gasgrill benutzen Sie zum Beispiel den linken Brenner und platzieren das Fleisch auf der rechten Seite des Rostes. Sie können auch zunächst alle Brenner voll aufdrehen, um den Grill richtig aufzuheizen, dann drehen Sie alle Brenner bis auf einen wieder zu. Oder, wenn Sie einen Gasgrill mit drei Brennern haben, drehen Sie den mittleren Brenner zu und platzieren Sie das Fleisch in der Mitte des Rostes.

Um Smoke-Aroma zu erhalten, wickeln Sie einige Holzchips in Alufolie und platzieren das Ganze über einem der Brenner. Damit der Rauch austreten kann, stechen Sie einfach einige Löcher in die Folie. Alternativ können Sie sich für die Holzchips auch eine Smokerbox besorgen.

Bei einem Gasgrill kann es 15 bis 20 Minuten dauern, bis die Holzchips richtig zu rauchen beginnen, aber ich habe dafür eine spezielle Technik entwickelt: Platzieren Sie die Holzchips in der Alufolie beziehungsweise die gefüllte Smokerbox direkt über dem Brenner. Drehen Sie diesen bei geöffnetem Grilldeckel voll auf und warten Sie, bis Sie Rauch sehen. Jetzt können Sie das Fleisch auf der anderen Seite des Grillrostes auflegen, den Deckel schließen und den Brenner auf die mittlere Stufe stellen, um eine Temperatur von 105–115 °C aufrechtzuerhalten.

Sollten Sie mehr Rauch benötigen, nehmen Sie zwei Pakete mit Holzchips bzw. zwei Smokerboxen statt einer und gehen wie oben beschrieben vor. Befeuchten Sie das Holz nicht – das gibt am Anfang zwar eine Menge Rauch, aber es dauert länger, bis sich richtiges Smoke-Aroma entwickelt.

Haben Sie es eilig? Ich bin dafür bekannt, dass ich die Folienpakete oder die Smokerbox direkt auf meinen Seitenbrenner lege, damit es schneller geht. Wenn ich dann sehe, dass es gut raucht, nehme ich die Grillzangen und platziere das Paket mit den Holzchips direkt über dem Brenner des Grills.

Um Fleisch auf einem Holzkohlegrill zu smoken (etwa auf dem berühmten Weber-Grill), können Sie die metallene Abtropfschale in die Mitte des Grills unter dem Rost platzieren und die heiße Kohle darum herum verteilen. Das Fleisch geben Sie dann auf den Rost über der Metallwanne. Bei längeren Sessions sollten Sie Wasser in die Wanne füllen, damit die Temperatur innerhalb des Grills stabil bleibt und Fettspritzer nicht Feuer fangen. Für das Smoke-Aroma geben Sie Holzchips oder -chunks direkt auf die Kohlen.

Welcher Smoker ist der Richtige für Sie?

Es gibt viele Firmen, die eine Vielzahl von Smokern herstellen. Alle funktionieren ähnlich wie die Beschriebenen. Auf www.smokingmeatforums.com finden Sie in der Smokers & More-Abteilung Berichte und Bewertungen zu verschiedenen Smokern und Zubehör. Der Vorteil ist, dass hier die Berichte und Bewertungen ausschließlich von Forumsmitgliedern geschrieben wurden. Das Gleiche gilt für die Rezensionen und Testberichte unter www.grillsportverein.de.

Für welchen Smoker Sie sich entscheiden, ist allein Ihre Sache, aber Sie sollten sich vorher überlegen, wie viele Personen Sie bekochen möchten, ob Sie in einem Haus oder einer Wohnung leben und wie viel Zeit Sie erübrigen können. Jemand mit einem vollen Terminkalender sollte sich eher überlegen, einen elektrischen „Set-it-and-forget-it"-Smoker anzuschaffen,

wie zum Beispiel die Cabinet-Modelle von Bradley oder Masterbuilt, ebenso wie jemand, der in einem Wohnkomplex lebt, wo das Grillen verboten ist. Andere wiederum haben mehrere Möglichkeiten. Mein Ratschlag ist, überlegen Sie sich vorher, welche Möglichkeiten Sie haben und was Ihnen wichtig ist, bevor Sie eine Kaufentscheidung treffen.

BRENNSTOFFE:
KOHLE, GAS ODER HOLZ?
Kohle

Kohle ist nicht gleich Kohle. Selbst Packungen mit gleicher Bezeichnung der beiden gängigsten Formen – Holzkohle oder Briketts – sind unterschiedlich bezüglich der Brenndauer, der Brennqualität, dem Feuchtigkeitsgehalt und der Qualität. Ein höherer Preis oder ein Markenname bedeuten nicht zwingend bessere Kohle. Es lohnt sich, Erfahrungsberichte zu lesen und selbst auszuprobieren, was am besten funktioniert.

Ich selbst bin kein großer Fan von Kohlebriketts – es ist bekannt, dass diese oft aus fragwürdigen Inhaltsstoffen hergestellt sind. Ich will nicht sagen, dass ich nie Briketts benutze, aber es kommt äußerst selten vor. Briketts verwende ich in der Regel dann, wenn ich über längere Zeit eine stabile Temperatur brauche, zum Beispiel wenn ich nach der Minion-

Methode (siehe Seite 35) vorgehe und keine Zeit habe, für meinen Smoker den Babysitter zu spielen.

Holzkohle hat leider den Nachteil, dass sie nicht so konstant brennt wie die gleichförmigen Briketts. Aber abgesehen davon ist Holzkohle alles in allem die bessere Wahl. Es ist einfach Holz, das langsam in einer sauerstoffarmen oder -freien Umgebung verbrannt ist. Einige sagen, dass Holzkohle heißer und schneller brennt, ich kann das aber nicht bestätigen. Einer der Vorteile von Holzkohle ist, dass sie schlicht aus Holz hergestellt wird und keine Füllstoffe oder chemischen Zusatzstoffe enthält wie Briketts. Beim Verbrennen von Holzkohle entsteht auch deutlich weniger Asche, die tendenziell das Feuer bei langen Brennzeiten eher erstickt. Wenn Sie keine Holzkohle benutzen, müssen Sie sich etwas einfallen lassen, damit die Asche unter die Kohle fallen kann. Die Nachteile von Holzkohle sind, dass sie deutlich teurer ist als Briketts, dass die einzelnen Kohlestücke unterschiedlich groß sind und dass sie Funken sprüht, wenn man Sie in die Kohlepfanne oder die Feuerbox einfüllt.

Gas

Sowohl Propan- als auch Erdgas sind optimale Brennstoffe für das Smoken von Fleisch. Beide verbrennen sehr sauber und sind leicht erhältlich. Propangasflaschen kann man in jedem Baumarkt erwerben. Nach meiner Erfahrung brauchen Sie für gut 30 Stunden Smokezeit eine 11-Kilo-Flasche Propangasflasche. Vielleicht haben Sie aber auch wie ich einen knapp 2.000 Liter fassenden Propangastank im Garten, den Sie direkt anzapfen können.

Nicht nur in den Vereinigten Staaten fließt Erdgas durch eine Pipeline direkt zu den einzelnen Haushalten. Ein entsprechender Anschluss für Ihren Gas-Smoker kann von Fachleuten installiert werden, sodass Sie immer ausreichend Brennstoff zur Verfügung haben. Da ich jedoch meinen Smoker nicht mit Erdgas befeuere, kann ich bezüglich der entsprechenden Smoker-Modelle nicht mitreden.

Holz

Fleisch, das mit Holz, und zwar nur mit Holz, ge-smoked wurde, ist mit nichts zu vergleichen, was Sie schon einmal probiert haben. Wenn Sie die Möglichkeit haben, nur mit Holz zu Smoken, dann sind Sie ein wahrer Glückspilz. Nicht alle können nur mit Holz Smoken, und zwar aus folgenden Gründen:

- Viele Smoker sind einfach zu klein und nicht dafür konstruiert, nur mit Holz befeuert zu werden.
- Holz ist vielleicht nicht verfügbar, zu teuer oder schwierig zu transportieren.

- In Ihrer Wohngegend oder Ihrem Wohnkomplex ist das Lagern von Holz und/oder offenes Feuer verboten

Aber lässt man diese Gründe beiseite, dann sind reine Holz-Smoker ihr Geld auf jeden Fall wert.

Holz zum Smoken

Welches Holz Sie beschaffen können, hängt auch davon ab, wo Sie wohnen. Allgemein gilt die Regel, wenn ein Baum Nüsse oder Früchte trägt und zum Hartholz zählt, kann sein Holz unbedenklich zum Smoken verwendet werden (was nicht garantiert, dass Sie persönlich dieses Aroma mögen oder es zum entsprechenden Fleisch passt).

Zurzeit verwende ich besonders gern Kirsche, und zwar für nahezu alles. Meine bevorzugten Holzsorten sind:

- Kirsche
- Eiche
- Mesquite
- Pekan

Auf der nächsten Seite folgt eine Liste mit einigen persönlichen Anmerkungen zu Hölzern, die ich schon zum Smoken verwendet habe. Ich empfehle Ihnen aber dringend, sich Ihre eigenen Notizen zu dem Holz machen, das Sie benutzt haben und ob Ihnen das Aroma zugesagt hat oder nicht.

ZUM SMOKEN GEEIGNETE HOLZARTEN

Holzart	Bemerkung
Ahorn	Süßliches Aroma mit einer Speck-Note, sehr gut für Schweinefleisch
Apfel	Sehr mildes Aroma
Aprikose	Süß und fruchtig
Eiche	Mittelkräftiges Aroma, sehr gut als Basisholz zu verwenden, wenn Sie vor allem Hitze produzieren möchten
Erle	Sehr mildes Aroma, sehr gut zum Smoken von Fisch
Hickory	Bekannt als König unter den Smokehölzern, kräftig, scharfes Aroma
Kirsche	Gutes, deftiges Aroma, aber nicht zu dominant, mein Lieblings-Smokeholz
Mesquite	Sehr kräftiges, erdiges Aroma, sehr gut für Rindfleisch, sparsam verwenden
Olive	Riecht und schmeckt wie Olivenöl, sehr gut für Hähnchen und Schweinefleisch
Orange	Süß und fruchtig, sehr gut für Hähnchen und Schwein
Pekan	Gutes, solides Aroma, ähnlich wie Hickory, aber nicht so scharf
Pfirsich	Süß und fruchtig, sehr gut für Schweinefleisch
Pflaume	Süß und fruchtig, etwas mild, versuchen Sie es mal mit Truthahn
Walnuss	Kann sehr streng sein, mit Vorsicht zu verwenden

WEITERE GEEIGNETE HÖLZER FÜR DAS SMOKEN

- Akazie
- Birke
- Birne
- Buche
- Butternuss
- Dattel
- Esche
- Feige
- Flieder
- Grapefruit
- Guavenbaum
- Holzapfel
- Kastanie
- Lorbeer
- Mandel
- Maulbeere
- Nektarine
- Pappel
- Pimentbaum
- Traubenkirsche
- Traubenkirsche (Spätblühend)
- Weide
- Wein
- Zitrone

Ich bin auf diesem Gebiet kein Experte, aber der gesunde Menschenverstand sagt mir, dass harzige Hölzer ein ätzendes Aroma produzieren und krank machen können. Wenn Sie harzige Hölzer bereits verwendet haben und nicht krank geworden sind, bitte schön, aber ich habe nicht vor, mein Fleisch zu ruinieren oder irgendjemandem Schaden zuzufügen.

UNGEEIGNETE HÖLZER

Die folgenden Hölzer besitzen viel Harz und sollten **nicht** zum Smoken verwendet werden:

- Amberbaum (Liquid Amber)
- Eukalyptus
- Fichte
- Kiefer
- Pinie
- Platane
- Tanne
- Ulme

Viele behaupten, Zeder sollte man nicht zum Smoken verwenden, obwohl es häufig in Form von getränkten Brettern, auf die man das Fleisch im

Kirsche   Pekan   Aprikose   Eiche

Smoker legt, verwendet wird. Tatsache ist, dass ein vor dem Gebrauch über viele Stunden in Wasser eingeweichtes Zedernbrett nicht verbrennt, sondern nur leicht raucht. Meinen Recherchen zufolge ist die Rauchzusammensetzung von brennendem Holz eine andere als bei Holz, das über dem Feuer nur leicht raucht. Ich bin kein Wissenschaftler und behaupte auch nicht, ein Experte auf diesem Gebiet zu sein, insofern überlasse ich Ihnen die Entscheidung. Ich habe E-Mails von Menschen erhalten, die Zeder in ihrem Smoker verwenden, ich möchte Ihnen nur raten, wenn Sie vorhaben das Gleiche zu tun, seien Sie vorsichtig.

Verwenden Sie bitte auch kein Bauholz oder etwa Schienenschwellen oder Zaunpfähle, da diese in der Regel mit Chemikalien behandelt wurden.

Das passende Holz finden

Ich werde oft gefragt, wie man an das beste Holz kommt. Da ich diese Frage nicht generell beantworten kann, sage ich Ihnen, wie ich es mache (und ich habe einen nahezu unerschöpflichen Holzvorrat, der kaum von meinem vier Hektar großen Grundstück mit Pekanbäumen allein stammt). Und das Sahnehäubchen ist, dass mit den meisten meiner Vorschläge das Wörtchen „umsonst" verbunden ist. Aber bedenken Sie, dass Sie frisches Holz (also „grünes") erst einmal für vier bis sechs Monate trocken lagern müssen, bevor Sie es zum Smoken

verwenden können, etwa in einer Scheune, einem Schuppen oder unter einer Plane.

FREUNDE UND NACHBARN. Fragen Sie Ihre Freunde, Nachbarn oder sogar Ihre Arbeitskollegen, ob sie jemanden kennen, der Holz zu verschenken oder für kleines Geld abzugeben hat. Dadurch erfahren alle, was Sie suchen, auch wenn es nicht auf Anhieb klappt, erinnern sich die Leute und melden sich, wenn Sie etwas für Sie haben.

KLEINANZEIGEN, ZEITUNGSANNONCEN, LOKALE WERBEBLÄTTER. Es gibt immer Leute, die Holz zu einem geringen Preis verkaufen. Aber fragen Sie unbedingt, um welche Art Holz es sich handelt, woher es stammt und ob es frisch oder gelagert ist. Die Holzsorte ist besonders wichtig, denn Sie können nur Hartholz gebrauchen. Koniferenhölzer wie Pinie oder Fichte sind nicht für die Zubereitung von Lebensmitteln geeignet und sogar gesundheitsschädlich. Falls Verkäufer keine Ahnung haben, welche Art Holz sie da anbieten, lassen Sie es bleiben.

Sie können auch selbst eine Anzeige in der Zeitung aufgeben oder einen Aushang in Ihren Supermarkt hängen. Geben Sie an, für welche Holzsorten Sie sich interessieren und dass Sie umgefallene Bäume und abgebrochene Äste aus Gärten herausholen und entsorgen.

Viele Leute fragen mich, ob sie die Rinde vor dem Smoken entfernen sollen. Die allgemeine Ansicht, wenn man sich im Internet umschaut, ist die, dass Rinde einen bitteren Geschmack im Fleisch hinterlasse, aber aufgrund meiner eigenen Erfahrungen kann ich diese Ansicht nicht bestätigen. Ich entferne die Rinde nur, wenn sie sich bereits löst, modrig ist, krank aussieht oder sich Pilze, Moos oder Insekten darauf befinden. Aber im Großen und Ganzen stört mich die Rinde nicht.

OBSTPLANTAGEN. Wenn Sie an einer Obstplantage vorbeikommen, sollten Sie unbedingt anhalten und nach Holz fragen. Ehe Sie es sich versehen, fahren Sie mit einer Wagenladung guten Stoffs davon, denn in Gärtnereien werden laufend die Bäume gestutzt. Und wenn diese gerade mal nichts für Sie haben, lassen Sie Ihre Nummer da, damit man Sie benachrichtigen kann.

ANHALTEN UND FRAGEN. Besonders nach einem Sturm sollten Sie mal durch Ihre Nachbarschaft fahren und nach umgefallenen Bäumen Ausschau halten. Seien Sie mutig und klopfen Sie an der Tür und fragen die Bewohner, ob Sie das Holz haben können. Das Schlimmste, was Ihnen passieren kann, ist, dass jemand „Nein" sagt, das Risiko ist also überschaubar. Als ich einmal mit einem Nachbarn sprach, erwähnte er, dass die Biber seine ganzen Pekanbäume rundherum zerstörten und er plane, alles abzuholzen und das Holz zu verbrennen. Das war mein Stichwort und ich fragte ihn, ob ich ihm diese Arbeit abnehmen dürfe. Natürlich hat er freudestrahlend zugestimmt, und nun bin ich stolzer Besitzer von gut abgelagerten Pekanholzscheiten, die perfekt in meinen Smoker passen. Sie kennen das Sprichwort: Des einen Leid ist des anderen Freud.

EIN FEUER ENTFACHEN UND UNTERHALTEN
Holzfeuer

Pfadfinder sind richtig gut darin, auf die Schnelle ein Feuer zu entfachen, und auch wenn ihre Methode todsicher funktioniert, so gibt es doch viele andere Möglichkeiten, die ebenso gut funktionieren. Im Folgenden werde ich Ihnen einige dieser Methoden vorstellen und Sie können dann selbst entscheiden, welche Ihnen zusagt, oder sogar Ihre eigene ganz spezielle Methode entwickeln.

Es ist noch nicht lange her, da ging ich nach einer ähnlichen Methode wie die Pfadfinder vor – trockenes Anmachholz mit Papier darunter und darum herum und dann immer größere Holzscheite darüber geschichtet. Heutzutage gehe ich nach verschiedenen Methoden vor, abhängig davon, was ich vorhabe und ob ich meinen großen oder einen kleineren Holz-Smoker verwende oder ein Lagerfeuer machen will.

Die Pfadfindermethode

1. Beginnen Sie mit einer großen Handvoll Reisig, das können kleine Holzspäne, Piniennadeln oder kleine Zweige sein. Ich sehe es jetzt schon

vor mir: Einige von Ihnen werden sich am Kopf kratzen und sich fragen, was „eine große Handvoll" ist. Nun, es ist eine so große Handvoll, dass es Ihnen aus der Hand fallen wird.

2. Arrangieren Sie das Anmachholz wie ein Tipi. Wenn Sie das Glück haben, lange, trockene Holzspäne zur Hand zu haben, legen Sie einige trockene Piniennadeln oder trockenes Gras darunter und rund herum. Da wir nicht draußen im Wald sind, können Sie auch Zeitungspapier nehmen und etwas Olivenöl auf das Papier geben, damit es besser und länger brennt.

3. Entzünden Sie das Anmachholz. Sobald es richtig brennt, legen Sie einige etwas größere Holzstücke darauf, ohne die Tipi-Form zu zerstören. Fahren Sie so fort, mit immer größeren Holzscheiten, bis das Feuer die benötigte Größe erreicht hat, um Ihren Smoker richtig anzuheizen.

Die traditionelle Methode

1. Legen Sie zwei Holzscheite (nicht größer als zwölf Zentimeter im Durchmesser) parallel im Abstand von etwa 20 Zentimetern zueinander in die Feuerbox Ihres Smokers.

2. Legen Sie zwei etwas kleinere Scheite quer auf die untersten Scheite. Fahren Sie so fort, bis Sie vier Lagen Holz in der Feuerbox haben, wobei die Scheite einer Lage immer etwas kleiner als die unmittelbar darunter liegenden sein sollten. Die Holzscheite bilden somit eine Art Kamin mit circa 20 Zentimetern im Durchmesser.

3. Geben Sie Anzündholz, Papier und Grillanzünder in den freien Raum in der Mitte.

4. Zünden Sie das Anmachmaterial an. Mit dieser Methode erhalten Sie schneller ein größeres Feuer als mit der Pfadfindermethode.

Die Upside-Down-Methode

Diese Methode verlangt, dass Sie alles vergessen, was Sie bislang über das Feuermachen zu wissen

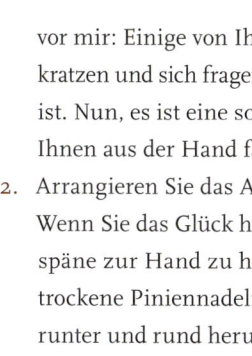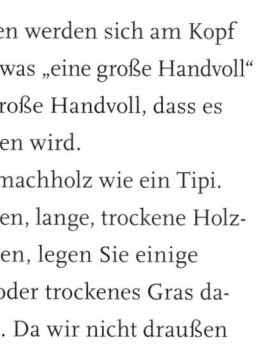

glaubten, wird dabei doch alles genau umgekehrt gemacht.

1. Legen Sie vier etwa zwölf Zentimeter dicke Holzscheite so dicht wie möglich nebeneinander in die Feuerbox.

2. Legen sie vier oder fünf etwas kleinere Scheite quer darüber, ebenfalls dicht nebeneinander.

3. Quer auf diese Lage legen Sie so viel kleines Anmachholz wie möglich.

4. Falten Sie einige Seiten Zeitungspapier zweimal und legen Sie sie flach auf den Holzstapel. Damit es besser brennt, können Sie noch etwas Olivenöl darüber gießen.

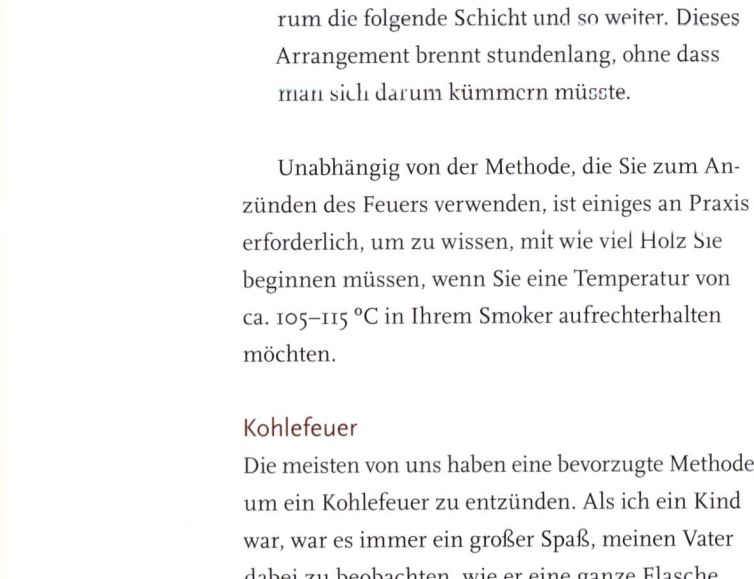

Propangasbrenner

flüssigen Grillanzünder über die Kohlen goss, ein Streichholz anzündete und auf den Grill schnippte. Er musste immer sehr schnell zurückspringen, um nicht für die nächsten Wochen ohne Augenbrauen, Bart und Armbehaarung zu sein.

Auch wenn diese Methode des Grillanzündens sehr verbreitet ist – und den inneren Pyromanen in uns allen hervorbringt –, ist sie nicht wirklich die beste und garantiert nicht die sicherste Art, die Kohle zum Brennen zu bringen. Die folgenden Tipps sollen Ihnen dabei helfen, ein Kohlefeuer sehr viel zuverlässiger und sicherer zu entfachen.

5. Häufen Sie etwas Anmachmaterial auf den Stapel, entzünden Sie das Zeitungspapier und warten Sie, was geschieht. Zuerst brennt das Papier und entzündet sehr bald darauf das oben liegende Anzündmaterial. Nach fünf Minuten brennt das Anmachmaterial vollständig und Ihr Job ist erledigt. Ich weiß nicht genau, warum es funktioniert, aber das Anzündmaterial entzündet das Holz unmittelbar darunter und dieses wiederum die folgende Schicht und so weiter. Dieses Arrangement brennt stundenlang, ohne dass man sich darum kümmern müsste.

Unabhängig von der Methode, die Sie zum Anzünden des Feuers verwenden, ist einiges an Praxis erforderlich, um zu wissen, mit wie viel Holz Sie beginnen müssen, wenn Sie eine Temperatur von ca. 105–115 °C in Ihrem Smoker aufrechterhalten möchten.

Kohlefeuer

Die meisten von uns haben eine bevorzugte Methode, um ein Kohlefeuer zu entzünden. Als ich ein Kind war, war es immer ein großer Spaß, meinen Vater dabei zu beobachten, wie er eine ganze Flasche

Anzündkamin

Ein Anzündkamin ist ein Metallzylinder, der einer Kaffeekanne mit einem großen Henkel ähnelt. Unten gibt man Papier hinein und darauf die Kohle. Sobald das Papier brennt, entzündet es die Kohle. Innerhalb von Minuten ist die Kohle weiß glühend und kann in die Feuerbox geschüttet werden.

Auch wenn diese Methode einfach ist und immer funktioniert, wenn Sie einen Gasgrill mit einem Seitenbrenner haben, gibt es einen noch einfacheren Weg: Füllen Sie den Anzündkamin mit Kohle, setzen ihn auf die Gasflamme und schalten diese aus, sobald die Kohle entzündet ist. So haben Sie innerhalb kürzester Zeit eine Menge Kohle zur Hand.

Wachsanzünder

Wachsanzünder sind kleine Würfel bzw. Tafeln aus Wachs, gemischt mit Holzspänen und -fasern. Es gibt verschiedene Sorten und Größen und sie werden angezündet unter oder neben die Kohle gegeben. Die Anzünder brennen etwa zehn bis fünfzehn Minuten und damit ausreichend lange, um die Kohle anzuzünden. Achten Sie darauf, dass die Anzünder, die Sie verwenden, für Barbecue geeignet sind, denn manche sind nur für den Kamin gedacht und enthalten Chemikalien oder andere Zusätze. Lesen Sie vor dem Kauf also die Information auf der Verpackung.

Propangasbrenner

Dieses kleine Ding ist einfach ein langer Neopren-Schlauch, der an einem Ende mit einem Propangastank verbunden ist und am anderen Ende eine Düse besitzt. Einmal entzündet, schießt aus der Düse eine Flamme, geeignet, um damit Unkraut zu verbrennen, Ameisenhügel zu vernichten und Kohle anzuzünden. Ich denke, gerade Männer werden mit diesem Spielzeug vielleicht zu viel Spaß haben, aber es ist bestens dafür geeignet, Kohle binnen Minuten zu entzünden.

Die Minion-Methode

Es war Jim Minion, der durch eine plötzliche Inspiration diese eindrucksvolle Methode erfunden hat, einen Kohle-Smoker stundenlang heiß zu halten. Diese Methode ist einfach genial – Jim wird in der Smoker-Szene auf ewig eine Legende bleiben.

Kurz gesagt, ein mit brennender Kohle gefüllter Anzündkamin (siehe vorherige Seite) wird auf einen großen Haufen unangezündeter Kohle gegeben. Mit der Zeit entzündet die obere Kohle die untere Schicht. Mit dieser Methode, richtig angewendet, können Sie die Hitze über 16 Stunden in Ihrem Smoker konstant halten und sich während einer langen Smoking-Session beruhigt schlafen legen.

Einige wesentliche Dinge sind bei dieser Methode jedoch zu beachten, damit sie funktioniert. Die unangezündete Kohle muss von unten und an den Seiten gut belüftet sein. Deswegen verwenden viele Leute einen Kohlerost, an dem Beine befestigt werden, sodass der Rost mindestens acht Zentimeter über dem Smokerboden sitzt.

Denken Sie daran, dass jeder Smoker anders ist und es etwas Übung braucht, bis Sie herausfinden, wie viel angezündete und unangezündete Kohle nötig ist, um die gewünschte Temperatur im Smoker für einige Stunden konstant zu halten. Doch mit etwas Geduld, Beharrlichkeit und Achtsamkeit ist die Minion-Methode perfekt, um den Smoker auch ein-

Anzündkamin

mal unbeaufsichtigt zu lassen, etwa während Sie sich schlafen legen oder sich mit anderen Dingen beschäftigen. Besonders gut geeignet für diese Methode ist der Weber Smokey Mountain Cooker.

WERKZEUG UND ZUBEHÖR

Es gibt mehr Smoker-Zubehör auf dem Markt, als ich jemals in einem einzigen Buch erwähnen könnte. Im Folgenden habe ich einige Dinge ausgewählt, die ich als Basisausstattung für durchaus sinnvoll halte. Mit der Zeit werden Sie wahrscheinlich Ihre Ausrüstung erweitern wollen. Glauben Sie mir, wenn ich sage: Das kann süchtig machen.

Thermometer und Temperaturkontrolle

Ich kenne sehr viele Köche, die es vehement ablehnen, die Fleischtemperatur mit einem Thermometer zu messen. Stattdessen haben sie gelernt, die Tempera-

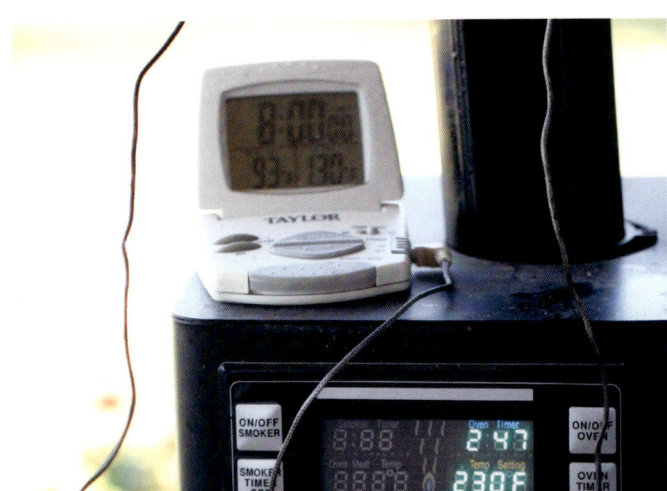

Kontrollanzeige bei einem Bradley Digital-Smoker
mit digitalem Kernthermometer

seiner Haptik bestimmen zu können, dann sind Sie zu beneiden, aber da die meisten von uns dazu nicht in der Lage sind, empfehle ich Ihnen wärmstens, ein digitales Kernthermometer zu verwenden.

Digitale Kernthermometer sind erschwinglich (ab zehn Euro) und können in nahezu jedem Laden erworben werden, in dem es Küchenutensilien gibt. Empfehlenswerter, aber auch teurer, sind Thermometer, die die Messdaten an ein mobiles Display senden, sodass Sie die Temperatur jederzeit ablesen können, ohne den Smoker öffnen zu müssen.

Stecken Sie das Thermometer zu einem frühen Zeitpunkt in das Fleisch und lassen es dort während des gesamten Garvorgangs. Das geflochtene Metallkabel kann man durch ein Loch oder Ventil nach außen führen. Die Sonde selbst sollte nicht mit Metall in Berührung kommen, das könnte zu einem Kurzschluss führen, sodass die Sonde nicht mehr funktioniert. Mit etwas Umsicht können Thermometer über viele Jahre halten. Ich habe insgesamt sechs und alle arbeiten noch wie am ersten Tag.

Die Sonde können Sie auch zum Messen der internen Smokertemperatur verwenden. Stecken Sie dafür die Sonde soweit durch eine Kartoffel, dass sie etwa fünf bis acht Zentimeter auf der anderen Seite wieder herausschaut. Legen Sie die Kartoffel zusammen mit dem Fleisch auf den Grillrost und Sie haben immer eine genaue Angabe der Smokertemperatur im Bereich des Fleisches.

Viele Anfänger verwenden einfache analoge oder digitale Einstichthermometer, die ins Fleisch gesteckt werden, um die Temperatur während des Smokens zu messen. Der Nachteil ist, dass diese Thermometer nicht im Fleisch bleiben können. Außerdem tritt jedes Mal, wenn Sie ein Objekt in das heiße Fleisch stecken, der leckere Fleischsaft aus. Deswegen empfehle ich ein digitales Kernthermometer wie oben beschrieben, das nach der Hälfte der Garzeit ins Fleisch gesteckt wird und dort verbleibt, bis das Fleisch gar ist und für 15 bis

tur des Fleisches daran zu erkennen, wie es aussieht und sich anfühlt. Ich habe nichts gegen diese Methode, aber sie ist nicht unbedingt sehr genau. Ich ziehe die wissenschaftliche Herangehensweise vor, bei der die Technik zum Einsatz kommt und mir exakt sagt, welche interne Fleischtemperatur diese Schweinelende hat, jener Thanksgiving-Truthahn oder welches Fleischstück ich auch immer gerade zubereite. Verstehen Sie mich nicht falsch. Wenn Sie die Fähigkeit besitzen, die genaue Temperatur des Fleisches nur aufgrund seines Aussehens und

30 Minuten geruht hat. Die Poren um den Fühler schließen sich, der köstliche Fleischsaft verbleibt im Fleisch und Sie haben die Kerntemperatur jederzeit im Blick.

Thermometer und Lebensmittelsicherheit

Und da wir gerade von Thermometern sprechen, hier noch ein kleiner Tipp zur Lebensmittelsicherheit: Früher habe ich empfohlen, das Thermometer direkt zu Beginn des Smokens in das Fleisch zu stecken. Doch neuere Studien zu bakteriellen Infektionen und Lebensmittelvergiftungen legen nahe, dass, wenn sich Bakterien auf der Oberfläche des rohen Fleisches befinden und ein Thermometer oder anderes Objekt in das Fleisch eingeführt wird, die Bakterien tief in das Fleisch eindringen können, was zu einer ernsthaften Gesundheitsgefahr werden kann.

Nach meinem Kenntnisstand muss das Fleisch bis etwa einen Zentimeter unter der Oberfläche innerhalb der ersten vier Stunden Garzeit eine Temperatur von 60 °C erreicht haben, um unbedenklich verzehrt werden zu können. Aufgrund meiner Erfahrung ist das nach vier Stunden Garzeit bei ca. 105–110 °C der Fall, weswegen ich das Einführen des Thermometers nach der Hälfte der Garzeit empfehle.

Jetzt fragen Sie sich wahrscheinlich schon, ob man aus diesem Grund mit der Injektion von Marinaden oder anderen Flüssigkeiten in das Fleisch (siehe Seite 46–47) warten sollte, bis die Fleischtemperatur die empfohlenen 60 °C erreicht hat. Aber ich will es nicht übertreiben, ich injiziere oft rohes Fleisch und manchmal stecke ich das Thermometer auch schon zu Beginn einer Smoking-Session in das Fleisch. Doch ich wollte Ihnen diese Information nicht vorenthalten, wenn Sie auf jeden Fall auf der sicheren Seite sein möchten.

Stoker Power Draft System

Vor einiger Zeit habe ich von einer elektrischen

Apparatur gehört, die ein Gebläse an Ihren Kohle- oder Holz-Smoker anbringt, um die interne Temperatur zu kontrollieren und konstant zu halten. Ich nahm Kontakt mit der Firma auf und sie sendeten mir prompt ein Testgerät für meinen 22 ½-Inch Weber Smokey Mountain Cooker.

Dieses Ding ist wirklich klasse. Es kommt mit allem erwarteten Drum und Dran. Sie können es auch an Ihren PC anschließen und dann sowohl die interne Smokertemperatur als auch die Fleischtemperatur online überwachen! Für meinen ersten Test habe ich den Smoker auf 105–110 °C angeheizt und dann den Stoker auf die entsprechende Temperatur eingestellt. Über eine Stunde habe ich wie gebannt den Ventilator beobachtet, wie er sich immer wieder an- und ausschaltete, und tatsächlich blieb die Temperatur konstant. Dann habe ich mich für die nächsten Stunden mit anderen Dingen beschäftigt, um schließlich zu den besten Ribs zurückzukehren, die ich bis dahin je gegessen hatte. Das einzige, was ich in diesem Moment dachte, war: „Ich könnte mich daran gewöhnen!"

Ich bin von diesem Zubehör begeistert. Auch wenn es zweifelsohne andere Geräte gibt, die einen ähnli-

chen Job machen, von diesem Teil spricht jeder, und die Firma war die einzige, die mir die Zusendung eines Testmodells angeboten hat. Wenn Sie mehr über diesen Stoker erfahren möchten, dann besuchen Sie Rock's Bar-B-Que's Webseite.
www.rocksbarbque.com

Kochutensilien

Jeder Gartenkoch braucht einige gute Kochutensilien. Es muss kein teures Set sein, aber es sollte stabil genug sein, um einiges aushalten zu können. Neulich bekam ich ein Set hochbelastbarer Edelstahl-Werkzeuge geschenkt, aber ich bevorzuge immer noch die Billigvariante, die ich schon seit Jahren benutze. Es geht im Grunde nicht um den Preis oder aus welchem Material die Utensilien gefertigt sind. Es geht allein um ihre Handhabbarkeit und das ist eine persönliche Sache. Womit ich am besten zurechtkomme, mag für Sie noch lange nicht das Richtige sein.

Zangen

Das nützlichste Werkzeug beim Smoken ist für mich meine Zange. Ich benutze sie, um das Fleisch zu wenden, es auf den Rost zu legen, einen Holzchunk zu positionieren, Kohle hinzuzufugen oder zu entfernen, den Rost zu bewegen, wenn er heiß ist – die Liste ist unendlich. Ich glaube wirklich, dass ich ohne meine Zange nicht kochen könnte. Achten Sie aber darauf, dass die Zange an der Spitze richtig schließt.

Wender

Ein weiteres wunderbares Gerät und ein Muss beim Outdoor-Kochen ist ein stabiler Wender. Er muss robust genug sein, um damit ein schweres Stück Fleisch – wie zum Beispiel Brisket – wenden zu können, ohne dass er durchbiegt. Ich verwende meinen Wender immer zusammen mit meiner Zange, um Brisket zu wenden und/oder, um es aus dem Smoker zu nehmen, wenn es gar ist.

Pinsel und Kasserolle

Es wäre nachlässig von mir, wenn ich nicht den Pinsel und seine Begleitung, die 350-ml-Kasserolle erwähnen würde. Die besten Pinsel haben Borsten aus Silikon, an denen die Sauce auf dem Weg vom Topf zum Fleisch haften bleibt. Die Kasserolle sollte aus Edelstahl sein. Sowohl den Pinsel als auch den Topf können Sie in die Spülmaschine geben. Sie können auch einen Saucen-Mopp verwenden – einige sehen aus wie ein normaler Pinsel, andere wie ein Wischmopp. Probieren Sie einfach aus, welcher Ihnen am ehesten zusagt.

Messer

Ich bin mir nicht sicher, ob Messer als Kochutensilien gelten, aber ich fasse sie mal darunter und empfehle Ihnen, sich einen Satz guter Messer zuzulegen, zusammen mit einem Messerschleifer. Ich selbst verwende unterschiedliche Messer, je nachdem, ob ich Ribs oder Brisket schneide, Geflügel entbeine oder Gemüse hacke.

Wenn mich die Leute fragen, welche Messer die besten seien, lautet meine Antwort: „scharfe". Das ist in der Tat die beste Antwort. Die Qualität der Messer hängt zwar von der Marke ab, aber ein billiges Messer, das scharf ist, ist besser als ein teures, das stumpf ist. Unabhängig davon, welche Messer Sie auswählen, lernen Sie, wie man sie richtig schärft und halten Sie sie scharf. Bedenken Sie: Die meisten Profi-Köche schärfen Ihre Messer vor jedem Gebrauch.

Grillbürste und Kratzer

Unter Ihren Barbecue-Utensilien sollten auch eine Grillbürste und ein Kratzer nicht fehlen, lässt sich doch mit einem von beiden die Schmiere auf dem Grillrost leicht entfernen. Ich erneuere meine mehrmals im Jahr beziehungsweise so oft wie nötig. Nach jeder Smoking-Session sollten Sie den Rost damit reinigen und anschließend für den nächsten Gebrauch mit etwas Öl einsprühen.

Sprühflasche

Ein weiteres Muss ist eine Sprühflasche. Mit dieser lässt sich das Fleisch während des Smokens sehr einfach mit den verschiedenen Flüssigkeiten besprühen, zum Beispiel Ribs mit Apfelsaft oder Truthahn mit geschmolzener Butter. Die Verwendungsmöglichkeiten sind endlos und Sie werden sie immer wieder brauchen.

Ich habe einige kleinere Sprühflaschen aus der Drogerieabteilung unseres Supermarktes. Ich kaufe mir immer mehrere in verschiedenen Farben, die ich dann für die verschiedenen Flüssigkeiten verwende. Sie können aber auch die Flaschen beschriften, damit Sie wissen, welche Flüssigkeiten sie enthalten.

Handschuhe und Schürzen

Wenn Sie mit heißer Kohle, brennendem Holz und heißem Fleisch hantieren, sollten Sie Ihre Hände und Ihre Kleidung unbedingt schützen. Da man auch ohne diese Dinge Fleisch garen und smoken kann, gehören sie eher in die „schön-sie-zu-haben"-Kategorie, aber ich empfehle Ihnen zumindest, sich ein Paar gute, hitzebeständige Handschuhe (die bis zum Ellenbogen reichen) und eine Schürze zuzulegen, die Ihre Kleidung vor Fett- und Essensspritzern schützt. Ich ziehe immer eine Schürze mit vielen Taschen vor, in denen ich Thermometer, Grillutensilien, Stifte und Gewürze verstauen kann.

Ich liebe die langen, dicken, hitzebeständigen Handschuhe und robusten Ganzkörper-Schürzen von Weber, geschmückt mit dem stylischen Firmen-Logo. Allerdings habe ich auch ein paar preiswerte hitzebeständige Silikonfäustlinge, die ich anziehe, wenn ich das Fleisch wende oder aus dem Smoker nehme. Vergleichen Sie die Preise und legen Sie sich das Beste zu, was Sie sich leisten können – Ihre Hände und Ihre Kleidung werden es Ihnen danken.

Aromatisierte Chunks, Chips und Pellets

Wenn Sie einen Kohle-, Elektro- oder Gas-Smoker verwenden, müssen Sie noch Holz dazugeben, um das Fleisch zu aromatisieren. Und hier kommen Holzchunks und -chips ins Spiel. Diese gibt es in allen möglichen Größen und aus allen möglichen Holzarten hergestellt nahezu überall, wo Smoker und Grills verkauft werden. Die häufigsten Sorten sind Hickory und Mesquite, nach Apfel, Kirsche, Eiche oder Pekan müssen Sie unter Umständen etwas suchen. Auf den Seiten 29 bis 31 gehe ich auf die verschiedenen Hölzer genauer ein. Wenn Sie in Ihrer Umgebung nicht die Holzsorte finden, die Sie gerne möchten, können Sie sich auch bei Internetanbietern umschauen.

Elektrik-Smoker wie der Bradley oder Traeger brauchen aus Sägemehl gepresste Holzpellets oder -briketts. Diese können in der Regel direkt beim Hersteller, in Spezialgeschäften oder im Internet geordert werden.

TIPPS UND TECHNIKEN
Das Einbrennen eines Smokers

Alle neuen Smoker müssen zunächst eingebrannt werden. Öle, Farben und andere Chemikalien, die während des Produktionsprozesses verwendet wurden, hinterlassen Rückstände auf dem Metall. Wenn Sie Ihren Smoker nicht einbrennen (die Rückstände also nicht entfernen), werden Ihre Speisen nach etwas riechen, wonach sie nicht riechen sollten, und Sie würden Stoffe aufnehmen, die gesundheitsgefährdend sind. Sie sollten Ihren Smoker auch einbrennen, wenn Sie ihn länger als zwei Jahre nicht mehr verwendet haben, ebenso nach jeder gründlichen Reinigung mit Seife oder Chemikalien (siehe unten: Das Reinigen des Smokers).

Um einen Smoker einzubrennen, sprühen Sie etwas Kochöl auf alle Oberflächen innerhalb des Smokers. Heizen Sie den Smoker auf ca. 105–110 °C an und verwenden Sie Ihr Lieblingsholz für den Rauch. Das Einbrennen sollte etwa zwei Stunden dauern, danach ist er für das Smoken von Fleisch einsatzbereit.

Das Reinigen des Smokers

Es gibt einige Dinge, die Sie tun können, um Ihren Smoker zwischen den einzelnen Sessions sauber zu halten. Auch hier gilt, dass der Grillrost sehr sauber sein sollte. Um lose Rückstände zu entfernen, empfehle ich zusammengeknüllte Alufolie oder eine Stahlbürste. Legen Sie dann den Rost in die Spülmaschine und stellen diese auf das Programm für Töpfe und Pfannen ein. In der Regel wird er blitzblank wieder herauskommen. Wenn es schon eine Weile her ist, dass Sie den Rost gereinigt haben und

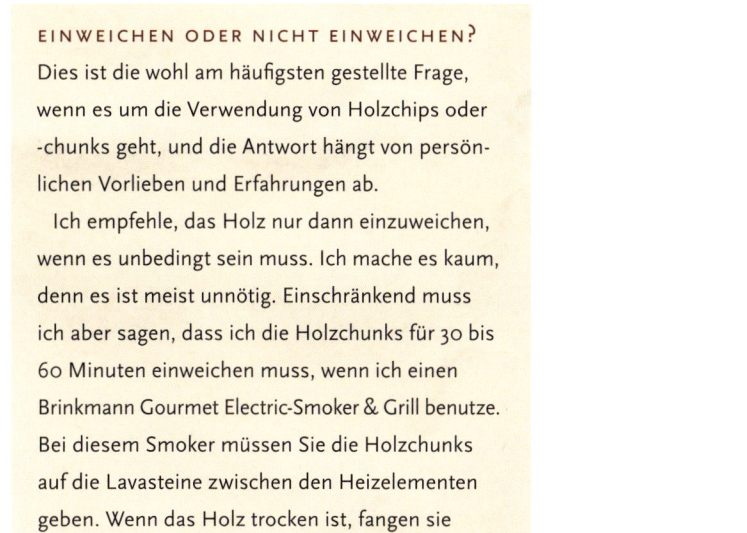

EINWEICHEN ODER NICHT EINWEICHEN?
Dies ist die wohl am häufigsten gestellte Frage, wenn es um die Verwendung von Holzchips oder -chunks geht, und die Antwort hängt von persönlichen Vorlieben und Erfahrungen ab.

Ich empfehle, das Holz nur dann einzuweichen, wenn es unbedingt sein muss. Ich mache es kaum, denn es ist meist unnötig. Einschränkend muss ich aber sagen, dass ich die Holzchunks für 30 bis 60 Minuten einweichen muss, wenn ich einen Brinkmann Gourmet Electric-Smoker & Grill benutze. Bei diesem Smoker müssen Sie die Holzchunks auf die Lavasteine zwischen den Heizelementen geben. Wenn das Holz trocken ist, fangen sie innerhalb von Minuten Feuer. Wenn Sie sie aber einweichen, erhalten Sie für 45 bis 60 Minuten exzellenten Rauch.

dieser voller hartnäckiger Rückstände ist und Sie über einen Backofen mit Selbstreinigungsfunktion (also Pyrolysefunktion) verfügen, dann geben Sie den Rost in den Backofen und schalten die Selbstreinigungsfunktion an. Der Backofen heizt auf bis zu 500 °C, dadurch werden die Rückstände verbrannt und der Rost sollte anschließend wieder sauber sein und glänzen.

Ich empfehle Ihnen eine gründliche Reinigung des Smokers einmal im Jahr. Verwenden Sie ein fettlösendes Reinigungsmittel und eine Nylonbürste, um so viel Fett und Schmutz wie möglich von den Wänden des Smokers zu entfernen. Für den besonders hartnäckigen Schmutz müssen Sie unter Umständen auf einen Plastikspachtel zurückgreifen. Wenn dann wieder alles blitzt und blinkt und Sie mit klarem Wasser alle Putzmittelrückstände abgespült haben, müssen Sie den Smoker wieder einbrennen (siehe vorherige Seite: Das Einbrennen eines Smokers).

Wie man einen Smoker und einen Grill zusammen verwendet

Die meisten Menschen, die sich für das Niedriggaren von Fleisch interessieren, sind bereits begeisterte Griller. Das kann insofern von Vorteil sein, als viele Handgriffe beim Smoken denen beim Grillen ähneln.

Das erste, was einem in den Sinn kommt, wenn man ans Grillen denkt, ist gegrilltes Hähnchen. Ganze Hähnchen kann man auch sehr gut im Smoker zubereiten, aber die Low-and-Slow-Methode führt zu einer gummiartigen Haut. Daher empfehle ich Ihnen, das Hähnchen 15 Minuten vor Ende der Garzeit aus dem Smoker zu nehmen und auf einem Grill knusprig zu rösten. Auf diese Weise bekommen Sie das beste Ergebnis aus beiden Methoden: ein langsam gesmoketes, saftig-zartes Hähnchen mit einer leckeren, knusprigen Haut.

Sie können den Grill auch dafür benutzen, Gemüse oder Beilagen vorzubereiten, die zum Hauptgang serviert werden sollen – zum Beispiel kurz gebratenes Gemüse in der Pfanne oder in einem Stück Folie zubereitet, oder mit Olivenöl und Basilikum bestrichene Tomaten, die direkt auf den Rost gegeben werden. Es gibt Lebensmittel, die man besser auf dem Grill zubereitet und solche, die besser mit der Low-and-Slow-Methode gegart werden.

Wenn Ihr Grill über einen Seitenbrenner verfügt, dann ist das genau der richtige Platz, um Barbecue-Bohnen vorzubereiten oder Saucen oder

Marinaden anzuwärmen, die kurz vor Ende der Garzeit über das Fleisch gegeben werden. Es gibt so viele Möglichkeiten – Sie müssen nur kreativ sein und herausfinden, wie viele Speisen Sie draußen zubereiten können. Nicht nur, dass an der frischen Luft zubereitetes Essen besser schmeckt, auch Ihre Küche bleibt sauber und Sie können draußen bei Ihrem Smoker sein, wo Sie wahrscheinlich sowieso am liebsten sind.

Das Protokollieren Ihrer Smoking-Sessions

Jeder, der mich kennt, weiß, dass ich mir gerne meine Notizen mache. Vielleicht werden Sie sagen: „Ich kann mir das merken", aber das wird nicht der Fall sein. Am nächsten Tag werden Sie sich kaum noch erinnern können, Ihre Festplatte wird mit anderen Informationen überschrieben sein, die wichtiger und neuer sind.

Sie kennen wahrscheinlich den Spruch: „Wenn Du das tust, was Du schon immer getan hast, wirst Du immer das kriegen, was Du schon immer bekommen hast." Auch wenn dieser Spruch gerne verwendet wird, um Menschen zu einer Veränderung in ihrem Leben zu bewegen, sei an dieser Stelle etwas zur Beständigkeit gesagt. Was, wenn Ihnen das Fleisch bei einer Smoking-Session besonders gut gelungen ist? Wie wollen Sie diese perfekte Session wiederholen, wenn Sie sich nicht mehr genau erinnern, was Sie getan haben?

Führen Sie ein Notizbuch, in das Sie die Temperatur, die Holzart, das Wetter, die Kohlemenge, die Länge der Session etc. eintragen. So können Sie auf Grundlage der Notizen entweder diese Session wiederholen oder Änderungen vornehmen. Aus diesem Grund habe ich eine Tabelle angelegt. Ich lege Kopien dieser Tabelle in einen Ringordner und trage die entsprechenden Informationen während des Smokens ein.

Ihre Notizen müssen nicht komplex sein, Sie können auch einfach nur ein paar Stichworte auf ein Blatt Papier werfen. Wie Sie Ihre Notizen führen, ist Ihre Sache, ich empfehle nur, es überhaupt zu tun. Ich schaue immer wieder in den Notizen bezüglich der Garzeiten und der Temperaturen nach, auch wenn die Smoking-Session Jahre zurückliegt. Besonders bei Gerichten, die ich nicht häufig zubereite, waren diese Aufzeichnungen immer sehr hilfreich.

Pfannen und Alufolie

Meist wird das Fleisch zum Smoken direkt auf den Grillrost gegeben. Dadurch wird das Fleisch optimal von allen Seiten gesmoked und bekommt eine exzellente, feste und schmackhafte Kruste. Also warum es anders machen?

Fleisch in der Folie Smoken

Diese Technik ist als „Texas Crutch" bekannt und immer mehr Menschen wenden sie an. Das Fleisch wird in Alufolie gewickelt, damit es zarter und saftiger wird. Puristen beharren darauf, dass dies nicht die richtige Art ist, Fleisch zu smoken, aber viele andere sind der Meinung, dass es bei der Low-and-Slow-Methode des Kochens auch um den Spaß am Experimentieren geht.

Ich gebe zu, dass ich nicht sehr häufig Fleisch in der Folie zubereite. Vielleicht bin ich träge und ein Gewohnheitstier, aber ich habe festgestellt, dass ich es am liebsten mag, wenn die Speisen während der ganzen Garzeit direkt auf dem Grillrost aufliegen.

Richtig angewendet kann Alufolie aber durchaus ein gutes Hilfsmittel sein. In meinem Rezept für 3-2-1-Ribs (siehe Seite 95) garen die Ribs für drei Stunden direkt auf dem Rost, dann werden sie für weitere zwei Stunden Garzeit in Folie gewickelt, dann wieder ausgewickelt und nochmals eine Stunde ohne Folie auf den Grillrost gelegt. Durch die Zeit in der Folie werden die Ribs so zart, dass sich das Fleisch wunderbar vom Knochen löst.

Da der Rauch das Fleisch leichter durchdringt, wenn es roh und die Poren offen sind, sollte es zunächst unbedeckt gesmoked und erst am Schluss in Folie gewickelt werden, wenn es eine recht hohe Innentemperatur von etwa 75 °C erreicht hat.

Aber ich muss Sie warnen, nicht jede Folie ist gleich. Ich empfehle Ihnen, eine qualitativ hochwertige und stabile Alufolie zu kaufen. Ich habe immer wieder einmal preiswerte Folie gekauft und ohne Ausnahme meine Entscheidung bereut, sobald ich versuchte, damit zu kochen. No-Name-Produkte können mit Markenfolien nicht mithalten und die höheren Ausgaben hierfür sind den Ärger, den Sie sich sparen, wert.

Fleisch in der Pfanne smoken

Hin und wieder smoke ich Fleisch aus verschiedenen Gründen in der Pfanne. Erstens fange ich so den Fleischsaft auf, den ich für eine Sauce verwenden kann. Zweitens wird es zarter und saftiger, da das Fleisch im eigenen Saft gart.

Der Nachteil ist, dass dadurch auch die Oberfläche des Fleisches weich und saftig bleibt und keine feste Kruste erhält. Mittlerweile bevorzuge ich das Smoken von großen Fleischstücken wie Schweineschulter und Brisket in der Pfanne, da dadurch ein Geschmack und eine Zartheit entstehen, die unvergleichlich sind. Ich empfehle Ihnen, das Fleisch während der ersten Hälfte der Smoking-Session alle zwei Stunden zu wenden, damit der Rauch gleichmäßig eindringen kann.

Das Smoken mehrerer Fleischstücke

Ich habe immer das Bedürfnis, meinen Smoker mit Fleischstücken auszulasten, um ja keine Hitze, Rauch und Zeit ungenutzt zu lassen. Vielleicht kommt da meine sparsame Seite zum Vorschein oder vielleicht ist es nur eine Ausrede für ein möglichst fleischiges Barbecue, aber für mich macht es Sinn, kein Fleckchen des Grillrosts ungenutzt zu lassen, wenn es doch noch ein weiteres Rippenstück oder ein schönes Stück Schweineschulter oder Brisket beheimaten könnte.

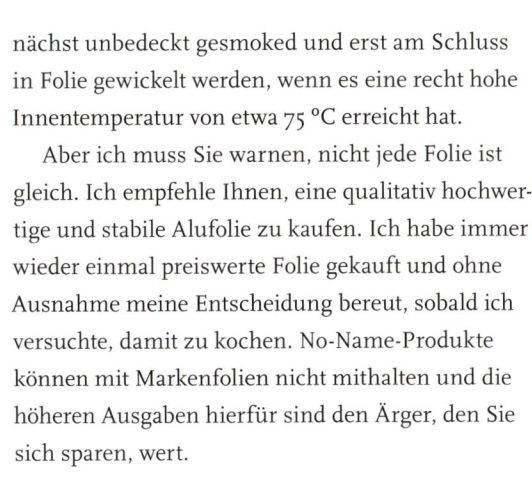

Mehrere Fleischstücke brauchen eine genauso lange Garzeit wie ein einzelnes Stück. Der Smoker wird aufgrund der vielen kalten Fleischstücke allerdings etwas mehr Zeit brauchen, um die gewünschte Temperatur zu erreichen, doch das macht keinen großen Unterschied, solange Sie dafür sorgen, dass genügend Platz zwischen den einzelnen Stücken ist, damit sich der Rauch gleichmäßig verteilen kann. Am besten geben Sie so viel Fleisch wie möglich in Ihren Smoker, ohne ihn zu überladen und öffnen die Klappe nur so oft wie unbedingt nötig.

Ebenso kann man auch verschiedene Fleischsorten gleichzeitig smoken. Das verlangt nur ein wenig Planung, denn hierbei kommt es auf das Timing an. Legen Sie zunächst die Garzeit der unterschiedlichen Fleischstücke fest. Wenn das Fleisch um 20 Uhr gar sein soll, dann rechnen Sie einfach zurück und legen das Fleisch in der entsprechenden Reihenfolge in den Smoker.

MUSTERPLAN FÜR DAS SMOKEN VERSCHIEDENER FLEISCHSORTEN

Fleischsorte	Größe/Gewicht	Essenszeit (E)	Zubereitungszeit (Z)	Startzeit (S)
Brisket	4,5 kg	20 Uhr	15 Stunden	5 Uhr
Ribs	ein Strang	20 Uhr	6 Stunden	14 Uhr
Hähnchen	ein ganzes Hähnchen	20 Uhr	4 Stunden	16 Uhr

Die obenstehende Tabelle ist ein Musterplan für ein Abendessen um 20 Uhr, bestehend aus Brisket, Ribs und Hähnchen bei einer Durchschnittstemperatur von 105–115 °C. MEINE FORMEL: **Essenszeit (E) – Zubereitungszeit (Z) = Startzeit (S).**

Es ist nicht so kompliziert, wie es aussieht. Damit die verschiedenen Fleischstücke alle zur gleichen Zeit fertig sind, müssen Sie lediglich gut organisiert sein und logisch vorgehen. Wenn Sie das ein paar Mal gemacht haben, können Sie einen solchen Speiseplan erstellen, ohne ihn vorher schriftlich fixieren zu müssen.

DAS AROMATISIEREN VON FLEISCH
Rubs, Marinaden, Mopps und Saucen

Soweit ich mich zurückerinnere, wollte ich immer Steaksauce auf meinem Steak, viel Salz und Ketchup auf die Fritten, eine extra Portion Sauce auf dem Salat … Sie wissen, worauf ich hinaus will. Ich liebe es, ein Extra an Würze an mein Essen zu geben, das gilt auch für gesmoketes Fleisch. Auch wenn ich den Eigengeschmack des Fleisches durchschmecken will, möchte ich auch etwas dazugeben, das diesen Geschmack noch besser zur Geltung bringt. Hier kommen nun die Rubs, Mopps und Saucen ins Spiel. Alle geben dem gesmoketen Fleisch ein zusätzliches Aroma, auch wenn sie auf unterschiedliche Weise verwendet werden.

Rubs

Ein Rub ist eine Mischung aus getrockneten Kräutern und Gewürzen, mit denen das Fleisch bestreut oder eingerieben wird. Ein Rub kann man eine Nacht vor dem Smoken oder kurz vorher applizieren. Während manche Menschen der Meinung sind, dass das Fleisch einige Stunden vor dem Smoken mit dem Rub eingerieben werden sollte, habe ich noch keinen Unterschied schmecken können, wenn ich den Rub nun einige Zeit vorher oder erst kurz vor dem Smoken auftrage.

Ein Rub kann aus einer beliebigen Anzahl von Zutaten bestehen, aber bedenken Sie, dass Rubs immer viel Salz enthalten – dadurch kann das Fleisch zu salzig werden oder austrocknen. Rubs können direkt auf das Fleisch gegebenen werden, oder Sie reiben das Fleisch vorher mit Senf ein, sodass der Rub besser haftet. Der Senf verliert während des Smokens seine Schärfe, sorgt aber für eine wunderbare Kruste.

Marinaden

Eine Marinade ist eine flüssige Mischung aus Gewürzen, Öl und in der Regel Essig, worin man das Fleisch 12 bis 24 Stunden vor dem Smoken ziehen lässt, damit es die Aromen annimmt und zarter wird. Eine Marinade kann ein einfaches Italienisches Dressing sein oder eine komplexere Angelegenheit. Marinaden werden manchmal auch dazu verwendet, das Fleisch während des Garens zu „moppen" (siehe unten). Dadurch erhält das Fleisch ein zusätzliches Aroma und die Außenseite bleibt weich und saftig.

Mopps

Ein Mopp ist eine Flüssigkeit wie Apfelsaft, Cidre

oder eine Marinade, die während des Smokens auf das Fleisch gepinselt oder gesprüht wird, um das Fleisch zu aromatisieren und die Oberfläche weich und saftig zu halten.

Einige Menschen sind der Meinung, man sollte während des Garens gar keine Flüssigkeiten auf das Fleisch aufbringen. Sie sagen, dadurch werde die Oberfläche zu weich, es werde auch kein zusätzliches Aroma hinzugefügt und man müsse die Smokerklappe viel zu häufig öffnen, sodass wertvolle Hitze verloren gehe und sich die Garzeit erheblich verlängere.

Ich kann sagen, ich habe beides ausprobiert – moppen und nicht moppen – und manchmal macht das Moppen einen Unterschied und manchmal eben nicht. Hähnchen oder Ribs moppe ich mindestens ein paar Mal während des Smokens, da sie sonst austrocknen. Bei Brisket oder Schweineschulter hingegen ist das aufgrund des Fettes auf der Außenseite nicht nötig.

Saucen

Barbecue-Saucen variieren stark, je nachdem, wo Sie leben. Im Mittleren Westen und in den südlicheren Gegenden von Texas ist Ketchup die Hauptzutat der süß-scharfen Barbecue-Saucen. In South Carolina ist Senf die Grundlage, Alabama hat eine himmlische, auf Mayonnaise basierende Barbecue-Sauce. Und dann gibt es noch die auf Essig basierende Sauce in North Carolina, mit der ich aufgewachsen bin. Und das ist erst der Anfang der wunderbaren und vielfältigen Welt der Barbecue-Saucen.

Eine Barbecue-Sauce wird in der Regel erst am Ende der Smoking-Session verwendet, etwa 30 Minuten vor Ende der Garzeit bzw. bevor das Fleisch serviert wird. Ich serviere die verschiedenen Saucen am liebsten separat in kleinen Schälchen, sodass sich jeder selbst bedienen kann.

Injektion

Wer hätte das gedacht, dass der Gebrauch einer großen Spritze, um Marinaden und andere Flüssigkeiten mitten in das Fleisch zu spritzen, einmal Mode werden würde, aber es scheint, als würde das heutzutage jeder machen. Viele Smoking-Teams, die an Wettbewerben teilnehmen, behaupten, dass die spezielle Marinade, die sie in das Fleisch injizieren, das Geheimnis ihres Sieges sei. Ich habe erst vor einigen Jahren mit dem Injizieren von Fleisch begonnen, und auch wenn ich es nicht jedes Mal anwende, bin ich ein großer Befürworter dieser Methode geworden. Ich denke, dass auch Sie ein Fan

dieser Methode werden, wenn Sie sich einmal die Zeit nehmen, es auszuprobieren.

Aber welche Fleischsorten eignen sich zum Injizieren? Ich injiziere gerne unseren Thanksgiving-Truthahn mit Butter und Gewürzen, bevor ich ihn in den Smoker gebe, und das Ergebnis ist unglaublich. Ebenfalls sehr lecker sind Chicken Wings, injiziert mit einer Mischung aus Wing-Sauce und meiner Lieblings-Barbecue-Sauce zu gleichen Teilen. Ich verspreche Ihnen, Sie haben noch nie etwas so Leckeres probiert! Und für diesen „Ich-bin-im-Himmel"-Effekt empfehle ich das Injizieren von Ganache aus weißer Schokolade in Schokoladenkuchen (siehe Seite 210–212).

In Fleisch können Sie nahezu alles injizieren. Ich beginne immer mit zerlassener Butter oder Olivenöl und gebe dann unterschiedliche Zutaten hinzu, abhängig davon, welches Fleisch ich smoke und welche Geschmacksrichtung das Gericht haben soll. Wenn Sie nicht der kreative Typ sind, Ihr Supermarkt hat sicher eine Auswahl an injizierbaren Marinaden vorrätig. Sie können auch die meisten Fleischmarinaden zum Injizieren verwenden oder Mopp-Wasser (siehe Seite 167), das im Wesentlichen aus zerlassener Butter, Wasser und einer Cajun-Gewürzmischung besteht. Der Mopp macht seinen Job innen so gut wie außen.

Manch einer von Ihnen wird sagen: „Das klingt so gut, dass ich es einmal ausprobieren sollte, aber wo bekomme ich einen Injektor her?" Viele Injektoren werden zusammen mit den Marinaden verkauft, sind in den Haushaltswaren-Abteilungen der Supermärkte erhältlich oder über das Internet zu beziehen. Die Größe und Funktionsweise ist bei den meisten Injektoren gleich und die Nadeln sind in der Regel austauschbar.

Brining

Brining ist eine Methode, bei der das Fleisch in eine Salzwasserlösung eingelegt wird, um seine Aufnahmefähigkeit für Flüssigkeiten zu erhöhen. Das heißt, durch die Salzkonzentration im Fleisch wird aufgrund des osmotischen Prozesses Flüssigkeit in die Fasern und Zellen gezogen. Die erhöhte Feuchtigkeit verhindert ein Austrocknen des Fleisches, wenn es der Hitze ausgesetzt ist. Sogar Fleisch, das etwas zu lange gegart wurde, wird saftig bleiben. Ein anderer Vorteil des Brinens ist, dass die weiteren Zutaten – zum Beispiel Zucker, Sojasauce, Bier oder Saft – ebenso in das Fleisch eindringen und es aromatisieren. Generell brine ich nur Geflügel und Fisch, aber viele Menschen brinen auch andere Fleischsorten, also scheuen Sie vor Experimenten nicht zurück.

Brinen ist kinderleicht und bewirkt Wunder am Fleisch, aber es bedarf einer gewissen Planung. Die

Grundzutaten sind Wasser und grobes Salz (im Verhältnis 4 l Wasser zu 150 g Salz). Nehmen Sie unbedingt grobes Salz, da es sich im Wasser schneller auflöst. Selbstverständlich können Sie noch weitere Zutaten zugeben. Auf den Seiten 163–165 habe ich einige meiner Lieblingsrezepte zusammengestellt.

Wenn Sie mit eigenen Rezepten experimentieren möchten, dann beachten Sie dabei, dass Sie immer das empfohlene Verhältnis von 4 l Flüssigkeit und 150 g Salz als Grundlage nehmen. Sie können einen Teil des Wassers zum Beispiel durch Apfelsaft ersetzen, wenn Sie eine ausreichende Menge davon nehmen (zum Beispiel 250 ml oder mehr). Aber Zutaten wie Sojasauce, Worcestershire-Sauce, Zitronensaft und Hot-Sauce, die in kleineren Mengen verwendet werden, sollten zusätzlich zugegeben werden und nicht das Wasser ersetzen.

Brinen von Geflügel ohne Erhitzen der Flüssigkeit

Das Zubereiten einer Brine

Kalt angesetzt

Bei dieser Methode muss die Flüssigkeit nicht erhitzt werden und sie eignet sich nur, wenn Sie keine weiteren Zutaten wie Gewürze oder Zucker zugeben, für deren Auflösen das Erhitzen notwendig wäre, damit die Öle und Aromen austreten können.

1. Füllen Sie 2 l Wasser in ein großes Gefäß.
2. Geben Sie 110 g grobes Salz hinzu und rühren Sie so lange, bis das Salz aufgelöst und das Wasser wieder klar ist.
3. Geben Sie je nach Geschmack noch andere Zutaten wie zum Beispiel milde Sojasauce, Worcestershire-Sauce, Hot-Sauce, Zitronensaft, Apfelcidre, Bier etc. hinzu.

Bei dieser Methode nehme ich meist nur 2 l Wasser, damit ich genügend Platz habe, um die Mischung verrühren zu können, ohne dass zu viel der Flüssigkeit daneben landet. Wenn Sie ein größeres Gefäß haben, in dem Sie bequem 4 l Wasser und die anderen Zutaten verrühren können, dann benutzen Sie es gerne!

Erhitzte Brine

1. Füllen Sie 4 l Wasser in einen großen Topf und erhitzen Sie es bei mittlerer Hitze. (Sie können auch nur 2 l Wasser erhitzen, aber sollte sich das Salz, das Sie im nächsten Schritt hinzufügen, nicht gänzlich auflösen, hat das Wasser die maximale Salzkonzentration erreicht und Sie werden mehr Wasser hinzugeben müssen. Nehmen Sie jedoch nicht mehr als 4 l Wasser insgesamt.)
2. Fügen Sie 220 g grobes Salz hinzu und rühren Sie, bis sich das Salz aufgelöst hat und das Wasser wieder klar ist.
3. Geben Sie weitere Zutaten wie Pfeffer, Knoblauch, Rosmarin, zerstoßenen roten Pfeffer, braunen Zucker etc. hinzu und kochen die Brine auf.
4. Reduzieren Sie die Hitze. Lassen Sie die Flüssigkeit 15 Minuten leise köcheln.
5. Nehmen Sie die Brine vom Herd und lassen Sie sie abkühlen, bevor Sie sie in den Kühlschrank stellen.

Das Brinen von Geflügel oder Fisch

Damit das Fleisch nicht gart, muss die Brine-Lösung auf eine Temperatur von 0,5–4 °C abgekühlt sein, bevor Sie sie über das Fleisch geben. Legen Sie das Fleisch mit der gesamten Brine in ein großes Gefäß, zum Beispiel in eine große Gefrierdose oder in einen

entsprechend großen, verschließbaren Plastikbeutel, der sauber und aus lebensmittelechtem Kunststoff oder Glas ist. Die Brine soll das Fleisch vollständig bedecken.

Es ist ratsam, immer ausreichend Brine anzusetzen, besser zu viel als zu wenig, um auf der sicheren Seite zu sein. Neun Liter Brine sind zum Beispiel mehr als ausreichend für einen sechs Kilogramm schweren Truthahn, eingelegt in einem 23 Liter fassenden Plastikkübel.

Hähnchen oder Truthahn neigen dazu, an die Oberfläche der Brine zu steigen. Um den Vogel komplett unter Wasser zu halten, lege ich einen schweren Teller oben auf. Sie können auch einen sauberen, in einen Plastikbeutel gewickelten Backstein nehmen, um das Geflügel zu beschweren.

Lebensmittelechtes Plastik

Beim Brinen ist es sehr wichtig, nur gläserne oder lebensmittelechte Plastikgefäße zu verwenden. Manchmal ist es schwierig, festzustellen, ob eine Plastikdose lebensmittelecht ist oder nicht, insofern sollte man nur solche Gefäße verwenden, die zur Aufbewahrung von Lebensmitteln gekennzeichnet sind, wie Tupperware oder Eimer aus einem Restau-

rant, in denen zuvor Sauce, Öl oder andere Lebensmittel aufbewahrt wurden.

Wie lange sollte gebrined werden?

Wie lange das Geflügel in der Brine bleiben sollte, hängt von der Größe ab. Ein ganzes Hähnchen zum Beispiel braucht nur drei bis vier Stunden, während

ein sechs Kilogramm schwerer Truthahn am besten über Nacht bzw. zehn bis zwölf Stunden gebrined werden sollte. Truthahnschenkel wiederum benötigen etwa zwei Stunden in der Brine.

DIE SMOKER-SPEISEKAMMER

Viele Menschen haben mich in den vergangenen Jahren gefragt, welche Gewürze und andere Zutaten sie immer zur Hand haben sollten, wenn sie smoken möchten und die Zeit drängt. Das ist eine sehr persönliche Sache und hängt von Ihren Bedürfnissen und Vorlieben ab, aber im Folgenden gebe ich Ihnen ein paar Tipps, die Ihnen bei der Auswahl helfen werden.

Das Must-Have der getrockneten Gewürze

Hier mein Traum-Gewürzregal. Es wäre ideal, jedes dieser Gewürze vorrätig und alphabetisch sortiert zu haben, sodass Sie es leicht finden können. Diese Liste ist zwar nicht vollständig, aber ausreichend für die Zubereitung der meisten Gerichte.

Weitere wertvolle Zutaten

Hier eine Liste mit weiteren wertvollen Zutaten, Saucen und verschiedensten Gewürzen – von denen einige gekühlt aufbewahrt werden müssen –, die in Ihrer Speisekammer ebenfalls nicht fehlen sollten. Oft ganz spontan zusammengeworfen geben sie den Smoker-Rezepten so viel Aroma.

DAS MUST-HAVE DER GETROCKNETEN GEWÜRZE

Anissamen	Gewürzmischung für Geflügel
Basilikum	
Cayennepfeffer	grobes Salz
Chilipulver	grüne Minze (Spearmint), Blätter
Currypulver	Ingwer, gemahlen
Dillsamen	Italienische Gewürz- mischung
Estragonblätter	
Fenchelsamen	Kardamom, gemahlen

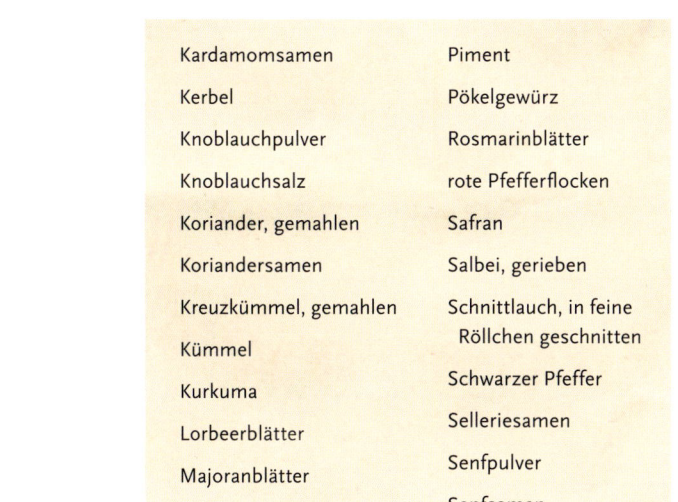

Kardamomsamen	Piment
Kerbel	Pökelgewürz
Knoblauchpulver	Rosmarinblätter
Knoblauchsalz	rote Pfefferflocken
Koriander, gemahlen	Safran
Koriandersamen	Salbei, gerieben
Kreuzkümmel, gemahlen	Schnittlauch, in feine Röllchen geschnitten
Kümmel	Schwarzer Pfeffer
Kurkuma	Selleriesamen
Lorbeerblätter	Senfpulver
Majoranblätter	Senfsamen
Mohnsamen	Sesamsaat
Muskatblüte (Macis)	Thymian, gemahlen
Muskatnuss, gemahlen	Thymianblätter
Nelken, ganz	Weinstein
Nelken, gemahlen	Weißer Pfeffer
Orangenschale	Zimt, gemahlen
Oregano, gemahlen	Zimtstangen
Paprika	Zitronenschale
Petersilie	Zwiebelpulver
Pfeilwurz, gemahlen	Zwiebelsalz

WEITERE WERTVOLLE ZUTATEN

Apfelsaft	Pökelsalz
brauner Zucker	Rinderbrühe
Frank's RedHot Original Cayenne Pepper Sauce	Rohrohrzucker
gebrauchsfertige Marinaden zum Injizieren (wie z. B. Cajun Injector Brand)	Senf
	Sojasauce
	Sriracha-Sauce
Hühnerbrühe	Tabasco-Sauce
Ketchup	Worcestershire-Sauce
Olivenöl, extra vergine	Zitronensaft

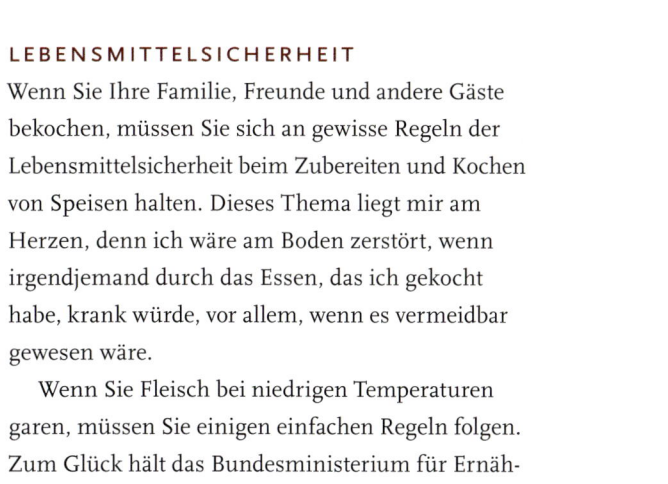

LEBENSMITTELSICHERHEIT

Wenn Sie Ihre Familie, Freunde und andere Gäste bekochen, müssen Sie sich an gewisse Regeln der Lebensmittelsicherheit beim Zubereiten und Kochen von Speisen halten. Dieses Thema liegt mir am Herzen, denn ich wäre am Boden zerstört, wenn irgendjemand durch das Essen, das ich gekocht habe, krank würde, vor allem, wenn es vermeidbar gewesen wäre.

Wenn Sie Fleisch bei niedrigen Temperaturen garen, müssen Sie einigen einfachen Regeln folgen. Zum Glück hält das Bundesministerium für Ernährung, Landwirtschaft und Verbraucherschutz alle Informationen bereit, die man braucht, um Lebensmittelvergiftungen zum Beispiel durch Kolibakterien oder Salmonellen zu vermeiden.

Bei zuverlässigen Quellen kaufen

Kaufen Sie Ihr Fleisch nur in Geschäften, denen Sie vertrauen können, und die die Sicherheitsstandards beim Schlachten und Zubereiten befolgen. Das festzustellen kann beim Kauf von Fleisch im Supermarkt oder beim Metzger schwierig werden, deswegen ist es zwingend notwendig, dass Sie den Metzger oder das Personal persönlich kennenlernen. Wenn Sie eine solche Beziehung pflegen, werden Sie wertvolle Informationen zur Herkunft des Fleisches erhalten und wie es vor dem Verkauf verarbeitet wurde.

Neulich war ich in einem Supermarkt und konnte feststellen, dass es kein einziges Handdesinfektionsgerät im Bereich der Fleischertheke gab. Ich fragte bei dem Metzger diesbezüglich nach, doch alles, was ich erntete, war ein ratloser Blick. Ich fragte noch andere, aber alle schauten mich nur auf die gleiche Weise an. Keiner wusste, wo das Desinfektionsgerät war oder ob es in dem Laden überhaupt eines gab. Ich spreche nicht von einem kleinen Tante-Emma-Laden, sondern von einer Einzelhandelskette, deren Name jedem bekannt wäre. Ich schrieb eine E-Mail an das Unternehmen und erklärte, dass diese Zu-

ständе unhygienisch seien und dass ich erwarte, dass Handdesinfektionsgeräte angebracht würden, und zwar nicht nur für die Kunden, sondern auch für das Personal hinter der Theke. Schließlich ist dies die gängige Praxis, wenn es um Hygiene und Lebensmittelsicherheit geht.

In weniger als 24 Stunden erhielt ich eine Antwort von der PR-Abteilung, die mich wissen ließ,

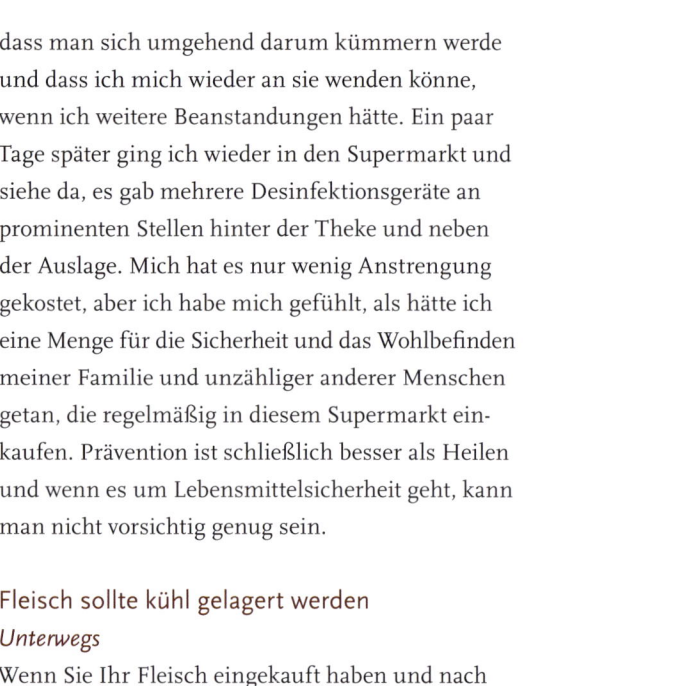

dass man sich umgehend darum kümmern werde und dass ich mich wieder an sie wenden könne, wenn ich weitere Beanstandungen hätte. Ein paar Tage später ging ich wieder in den Supermarkt und siehe da, es gab mehrere Desinfektionsgeräte an prominenten Stellen hinter der Theke und neben der Auslage. Mich hat es nur wenig Anstrengung gekostet, aber ich habe mich gefühlt, als hätte ich eine Menge für die Sicherheit und das Wohlbefinden meiner Familie und unzähliger anderer Menschen getan, die regelmäßig in diesem Supermarkt einkaufen. Prävention ist schließlich besser als Heilen und wenn es um Lebensmittelsicherheit geht, kann man nicht vorsichtig genug sein.

Fleisch sollte kühl gelagert werden
Unterwegs

Wenn Sie Ihr Fleisch eingekauft haben und nach Hause transportieren, sorgen Sie dafür, dass es kühl bleibt, besonders im Sommer. Die Strecke von meinem Supermarkt nach Hause dauert im Schnitt etwa 15 Minuten, sodass ich mir darum keine Gedanken machen muss. Aber sobald Sie länger als eine halbe Stunde unterwegs sind, müssen Sie das Fleisch kühlen. Wenn Sie mit dem Auto unterwegs sind, können Sie eine Kühlbox mit einem Eisbeutel mitnehmen. Legen Sie das Fleisch in die Box und platzieren Sie den Eisbeutel oben darauf. So ein Eisbeutel ist erschwinglich und Sie können sicher sein, dass das Fleisch auf dem Weg nach Hause nicht zu warm wird. Sind Sie zu Fuß unterwegs, nehmen Sie eine Isolier-Tasche mit einem Eisbeutel mit, um das Fleisch kühl zu halten.

Zu Hause

Legen Sie das Fleisch in den Kühlschrank, sobald Sie zu Hause sind. Schaffen Sie schon vor Ihrem Einkauf im Kühlschrank entsprechend Platz. Um sicher zu sein, dass das Fleisch nicht vor dem Mindesthaltbarkeitsdatum verdirbt, muss die Lagertemperatur

Im Folgenden finden Sie eine Zusammenfassung dessen, was Sie in Bezug auf Lebensmittelsicherheit tun sollten und was nicht:

Kühlen

- Halten Sie das Fleisch so kühl wie möglich, wenn Sie es vom Geschäft nach Hause transportieren.
- Lagern Sie das Fleisch im Kühlschrank und achten Sie darauf, dass die Kühlschranktemperatur 0,5–4 °C beträgt.
- Tauen Sie tiefgefrorenes Fleisch im Kühlschrank und nicht bei Zimmertemperatur auf.
- Das Fleisch muss vollständig aufgetaut sein, bevor Sie es in den Smoker geben.
- Minimieren Sie die Zeit, die Sie brauchen, um das Fleisch für den Smoker vorzubereiten. (Das Fleisch 30 Minuten vor dem Smoken bei Raumtemperatur ruhen zu lassen ist eine gute Sache, um das Entstehen von Kreosot zu vermeiden, aber nicht länger, da sich sonst schädliche Bakterien schnell vermehren würden).

Hygiene

- Waschen Sie Ihre Hände regelmäßig mit Seife und heißem Wasser, während Sie das rohe Fleisch zubereiten.
- Spülen Sie alle Oberflächen, Geschirr und andere Utensilien, die mit dem Fleisch in Kontakt waren, mit heißem Spülwasser ab.
- Verwenden Sie niemals Plastikbeutel wieder, in denen rohes Fleisch verpackt war.

Trennen

- Verwenden Sie verschiedene, gekennzeichnete Schneidebretter für Fleisch und Gemüse.
- Verwenden Sie sauberes Besteck, um das Fleisch aus dem Smoker zu holen.

Kochen

- Smoken Sie das Fleisch bei 105–110 °C oder mehr.
- Geben Sie das Fleisch zwei Stunden nach dem Smoken in den Kühlschrank.
- Stellen Sie sicher, dass das Fleisch bei den von mir empfohlenen Temperaturen gegart wurde (siehe Seite 54).
- Verwenden Sie geeichte und geprüfte Thermometer, um die Fleischtemperatur zu bestimmen.

---

unter 4 °C liegen. Ich lege Ihnen sehr ans Herz, zur Kontrolle ein Thermometer in den Kühlschrank zu legen, anstatt davon auszugehen, dass Ihr schönes, glänzendes Gerät schon seinen Job macht.

Wenn Sie das Fleisch aus dem Kühlschrank nehmen und für das Smoken vorbereiten, sollten Sie diese Arbeit zügig erledigen. Wenn das Fleisch 30 Minuten vor dem Smoken bei Raumtemperatur ruht, vermeidet man damit die Entstehung von Kreosot. Sollte sich aber der Beginn des Smokens verzögern, legen Sie das Fleisch wieder zurück in den Kühlschrank.

Vermeiden Sie Kreuz-Kontamination

Kreuzkontamination entsteht, wenn krankheitserregende Keime von einem Lebensmittel auf ein anderes übertragen werden. Das passiert dann, wenn rohe oder noch nicht durchgegarte Lebensmittel mit solchen in Berührung kommen, die bereits fertig zum Verzehr sind. Waschen Sie Ihre Hände oft mit heißem Wasser und Seife, während Sie mit dem Fleisch hantieren, und legen Sie das Geschirr, das Besteck und andere Utensilien, die Sie hierfür benutzt haben, sofort nach Gebrauch in heißes Spülwasser, um sicher sein zu können, dass sie richtig sauber und hygienisch rein sind. Verwenden Sie nur sauberes Geschirr und Besteck, um das Fleisch aus dem Smoker zu nehmen und zu servieren.

len, wenn sie Gäste zum Essen einladen oder eine Party veranstalten. Zu wenig soll es auf keinen Fall sein, das wäre ein Desaster. Ich neige zur Überkompensation, ich lege lieber noch ein Brisket in den Smoker, allein um mich besser zu fühlen. Aber Sie möchten auch nicht Ihr Budget sprengen und tonnenweise Essen übrig haben. Auch wenn die Gäste sehr erfreut wären, mit Resten nach Hause zu gehen und sich schon nach der nächsten Einladung sehnen würden, Ihre Brieftasche würde leiden.

Also wie finden Sie heraus, wie viel genug ist? Nun, es ist keine exakte Wissenschaft, es gibt aber einige Faustregeln. Zum Beispiel essen Männer mehr als Frauen, ältere Leute weniger als solche mittleren Alters, kleine Kinder essen in der Regel auch nicht viel und Jungs im Teenageralter sind in der Lage, enorme Mengen an Essen zu bewältigen. Die Quantität hängt auch davon ab, was Sie sonst noch servieren. Wenn es nur Chicken Wings gibt, kann ich davon mindestens ein Dutzend verzehren, wenn nicht zwei. Aber wenn die Chicken Wings mit Brot serviert werden, Baked Beans, Kartoffelsalat und vielleicht noch anderen Beilagen, dann esse ich höchstens ein halbes Dutzend.

Also. Je besser Sie die Alterszusammensetzung Ihrer Gäste kennen, desto besser können Sie planen. Schätzen Sie die Anzahl der Männer, Frauen und Kinder genau ab. Jedes Detail wird Ihnen weiterhelfen.

Für das Hauptgericht plane ich etwa 700 g für Männer und Jungs im Teenageralter ein, etwa 500 g für Frauen, Teenager-Mädchen und Senioren und etwa 250 g für Kinder. Damit komme ich in der Regel hin und ein wenig bleibt übrig – aber diese Schätzung funktioniert zum Beispiel nicht, wenn Sie das Essen als Buffet servieren. Für Buffets sollten Sie mehr einplanen, denn die Leute neigen dazu, Ihre Teller zu überladen. Wenn ich hingegen das Fleisch nur als Appetizer serviere, reduziere ich die Menge um die Hälfte.

Fleisch bei sicheren Temperaturen garen

Sobald Sie das Fleisch auf den Grillrost Ihres Smokers gelegt und die Klappe geschlossen haben, werden die Bakterien natürlicherweise in ihrer Vermehrung gehemmt. Wie auch immer, das Bundesministerium für Ernährung, Landwirtschaft und Verbraucherschutz empfiehlt, Fleisch bis zu einer Kerntemperatur von 70 °C oder mehr zu garen, um sicherzustellen, dass es nicht länger als nötig in dem gefährlichen Temperaturbereich liegt. Ich persönlich empfehle eine Gartemperatur von 105–115 °C.

ESSEN UND GENIESSEN VON GESMOKETEM FLEISCH
Wie viel ist genug?

Das ist die uralte Frage, die sich die Menschen stel-

Warmhalten von gesmoketem Fleisch

Das Abendessen beginnt um acht Uhr, aber es ist erst halb sechs. Sie stellen fest, dass das Brisket bald die Temperatur von 90 °C erreicht haben wird, aber die Gäste werden frühestens in zwei Stunden eintreffen, also was um alles in der Welt sollen Sie tun, um das Fleisch warmzuhalten, ohne dass es austrocknet oder Sie es weiter garen lassen? Dafür gibt es eine simple Lösung: Was Sie brauchen, ist robuste Alufolie, Handtücher und eine Kühlbox.

Wickeln Sie das Brisket zweimal in Folie ein. Die Luft zwischen den beiden Lagen hat einen isolierenden Effekt und verbleibt somit innerhalb des Pakets.

Legen Sie das Fleisch in eine tiefe Pfanne für den Fall, dass die Folie nicht ganz dicht schließt. Wickeln Sie das Paket in der Pfanne in ein dickes Handtuch und platzieren Sie es in einer mit einem weiteren, einmal gefalteten Handtuch ausgekleideten Kühlbox. Füllen Sie die Leerräume in der Kühlbox mit weiteren Handtüchern, Kissen und Tüchern aus.

So bleibt die Fleischtemperatur für bis zu vier Stunden über 60 °C, und Sie werden das Fleisch sogar saftiger herausnehmen, als Sie es hineingelegt haben. Ich bin bekannt dafür, diese Prozedur aus genau diesem Grund zu machen.

Transport und Aufwärmtechniken

Ich bekomme viele E-Mails von Menschen, insbesondere während der Ferienzeit, die wissen möchten, wie sie den in ihrem Garten gesmoketen Truthahn am besten zu Omas Haus transportieren. Ich muss Ihnen direkt zu Beginn sagen, dass es das Beste ist, das Fleisch sofort zu essen, wenn es aus dem Smoker kommt (oder innerhalb von vier Stunden, wenn es nach der oben beschriebenen Methode warmgehalten wird). Es verliert das gewisse Etwas, wenn es aufgewärmt wird. Aber hin und wieder ist das Aufwärmen nötig, also gebe ich Ihnen ein paar Tipps an die Hand, wie Sie das Beste aus einer nicht ganz so idealen Situation machen können.

Vakuumverpackung

Die beste Methode, gesmoketes Fleisch für das spätere Aufwärmen vorzubereiten, ist, es in Scheiben oder klein zu schneiden oder auseinanderzurupfen und anschließend in 500 bis 1000 g schwere Portionen Vakuum zu verpacken. Ich bin ein großer Anhänger der Vakuumverpackung und die hierfür benötigte Ausrüstung für zu Hause ist heutzutage leicht erhältlich und erschwinglich.

Um das vakuumverpackte Fleisch aufzuwärmen, kochen Sie zunächst in einem Topf ausreichend Wasser auf und stellen dann den Herd ab. Legen Sie die Pakete in das heiße Wasser und lassen Sie sie für 12 bis 18 Minuten aufwärmen.

Slow Cooker

Für die zweite Methode brauchen Sie einen Slow Cooker. Schneiden Sie zunächst das gesmokete Fleisch nach der empfohlenen Ruhezeit in Scheiben oder zupfen Sie es auseinander. Fangen Sie den Fleischsaft auf, um ihn nachher zum Aufwärmen zu verwenden. Nehmen Sie den Einsatz aus dem Slow Cooker, legen Sie das Fleisch hinein, bedecken Sie es mit Alu- oder Plastikfolie und schließen Sie den Deckel. So kann das Fleisch im Kühlschrank bis zu drei Tage aufbewahrt werden.

Zum Aufwärmen entfernen Sie die Folie und gießen etwas von dem aufbewahrten Fleischsaft oder der Brühe über das Fleisch. Geben Sie den Einsatz wieder in den Slow Cooker und stellen diesen für drei bis vier Stunden auf die höchste Stufe, bis das Fleisch warm ist.

Backofen

Wenn es schnell gehen soll und Sie keinen Vakuumverpacker haben, können Sie das Fleisch auch im Backofen aufwärmen. Legen Sie dafür das Fleisch nach dem Garen in eine tiefe Pfanne, bedecken Sie es mit Alufolie und stellen Sie es in den Kühlschrank (maximal drei Tage). Bewahren Sie den Fleischsaft

für eine Sauce auf, die Sie zum Aufwärmen verwenden können.

Heizen Sie den Backofen auf ca. 180 °C vor. Entfernen Sie die Folie und geben Sie etwas von dem aufbewahrten Fleischsaft oder der Brühe über das Fleisch. Bedecken Sie das Fleisch wieder mit der Alufolie und wärmen Sie es im Backofen für 30 bis 45 Minuten auf bzw. bis das Fleisch die gewünschte Temperatur erreicht hat.

KALTRÄUCHERN

Man könnte dem Kalträuchern ein ganzes Buch widmen, daher möchte ich an dieser Stelle nicht zu tief in das Thema einsteigen, aber ich werde Ihnen im Folgenden ein paar Tipps geben, wie Sie Ihren Smoker für das Kalträuchern einrichten, sodass er nur wenig bis gar keine Resthitze erzeugt.

Kalträuchern eignet sich bestens für Käse, Speck, Meeresfrüchte und magere Fleischsorten wie Steak oder Wildbret. Bezüglich der letzten drei empfehle ich Ihnen eine Smokezeit von 30 bis 45 Minuten unmittelbar vor dem Grillen. Auch wenn während des Grillens die Speisen dem Rauch ausgesetzt sind, wird das Smoke-Aroma nur minimal sein, da sie nur sehr kurz auf dem Grill bleiben. Indem Sie eine Kalträucher-Session vorschalten, kann das Smoke-Aroma enorm gesteigert werden.

Insbesondere bei Käse ist es nötig, dass die Smokertemperatur 30 °C nicht übersteigt, da der Käse sonst schmilzt und zerfließt. Im Folgenden stelle ich Ihnen verschiedene Möglichkeiten vor, wie Sie bei einem Minimum an Hitze den gewünschten Rauch erzeugen können.

Dual Smoker Methode

Diese Methode des Kalträucherns ist die kniffligste. Ich führe sie an dieser Stelle nur an, da sie früher die am häufigsten angewandte Methode war, aber ich kann sie Ihnen nicht empfehlen, da es einfachere Wege gibt.

Smoker A wird mit angeheizter Kohle und einigen Holzchips oder -chunks gefüllt. Ein Lüftungsschlauch oder Rohr wird auf Smoker A angebracht und aufsteigend über eine Länge von 180 bis 300 Zentimetern zu Smoker B geführt. In Smoker B geben Sie den Käse oder andere Zutaten, die Sie kalträuchern möchten. Während der Rauch von Smoker A zu Smoker B strömt, kühlt er auf etwa 30 °C ab.

Soldering Iron Methode

Füllen Sie den Anzündkamin mit einer Mischung aus Holzchips und -chunks. Schließen Sie einen Lötkolben an die Steckdose an und stecken Sie das Ende in den gefüllten Anzündkamin.

Legen Sie den Käse oder das Fleisch auf den Grillrost Ihres Smokers, stellen Sie den Anzündkamin auf den unteren Rost oder in die Feuerbox und lassen Sie den Zauber wirken. Der Anzündkamin muss hin und wieder geschüttelt werden, damit die Asche runter fällt.

Drei heiße Kohlen und ein Holzchunk

Ich weiß, es klingt nach einem Kinderreim, aber diese Methode ist ein sehr einfacher Weg, kalten Rauch zu erzeugen.

Legen Sie den Käse oder das Fleisch auf den Grillrost Ihres Smokers. Geben Sie drei entzündete Kohlebriketts in die Kohlewanne oder die Feuerbox und legen obenauf einen flachen Holzchunk. Sorgen Sie für ausreichend Belüftung und legen Sie je nach Bedarf Kohle und/oder einen Holzchunk nach.

Smoke Generatoren

Es gibt spezielle Geräte, die Rauch produzieren und jeden Smoker oder Grill in einen Kalträucherofen verwandeln. Sie sind nicht teuer und empfehlenswert für das mühelose Kalträuchern. Die von mir am häufigsten benutzten Geräte sind der Smoke Daddy und der A-Maze-N-Smoker – beide machen einen wunderbaren Job.

Smoke Daddy

Der Smoke Daddy ist ein zylinderförmiges Gerät, das sich einfach an einen herkömmlichen Grill oder Smoker anbringen lässt. Der Zylinder wird mit Holzchips oder Pellets gefüllt, durch einen Butanbrenner entzündet, und eine am Zylinder angebrachte Wasserpumpe drückt den Rauch in den Grill beziehungsweise in den Smoker. Er läuft jeweils mehrere Stunden und kann bei ausgedehnten Kalträucher-Sessions schnell und einfach wieder befüllt werden.

A-Maze-N-Smoker

Dieses kleine, quadratische, 15 Zentimeter breite Gerät sieht aus wie ein Labyrinth und wird mit Holzstaub befüllt, der an einem oder beiden Ausgängen des Labyrinthes angezündet wird, um Rauch zu erzeugen. Einmal entzündet, glimmt der Holzstaub von einem Ende des Labyrinthes zum anderen und erzeugt für bis zu sechs Stunden Rauch beziehungsweise bis zu drei Stunden, wenn der Holzstaub an beiden Enden angezündet wird (wodurch auch mehr Rauch entsteht). Dieses Gerät ist einfach anzuwenden, kann in der Spülmaschine gereinigt werden und passt für jeden Smoker oder Grill. Es gibt auch ein neues Modell, das mit Pellets befüllt wird, mehr Rauch produziert und bis zu elf Stunden durchbrennt.

	Smoker-temperatur	Fleisch-temperatur	geschätzte Garzeit	Anmerkungen
Geflügel				
Hähnchenbrust, ohne Knochen und Haut	105–115 °C	75 °C	2 ½ Stunden	Belegen Sie das Geflügel mit Speck, damit es saftig bleibt.
Hähnchenschenkel	105–115 °C	75 °C	4 Stunden	Höhere Temperaturen sorgen für eine knusprige Haut.
Hähnchenkeulen, Ober- oder Unterkeule	105–115 °C	75 °C	3 Stunden	Höhere Temperaturen sorgen für eine knusprige Haut.
Hähnchen, ganz (1,8 kg)	105–115 °C	75 °C	3 bis 4 Stunden	Höhere Temperaturen sorgen für eine knusprige Haut.
Hähnchenflügel/ Drumettes	105–115 °C	75 °C	2 Stunden	
Cornish Game Hen	105–115 °C	75 °C	4 Stunden	
Ente, ganz	105–115 °C	75 °C	4 Stunden	
Truthahnbrust, mit Knochen	105–115 °C	75 °C	4 bis 6 Stunden	
Truthahnbrust, ohne Knochen und Haut	105–115 °C	75 °C	3 bis 4 Stunden	Mit Käse bedecken, damit das Geflügel saftig bleibt.
Truthahnkeulen	105–115 °C	75 °C	4 Stunden	
Truthahn, ganz (5,5 kg)	105–115 °C	75 °C	6 ½ Stunden	
Schwein				
Baby Back Ribs	105–115 °C	–	5 Stunden	So lange smoken, bis das Fleisch weich ist.
Picnic (Schweine-schulter ohne Knochen)	105–115 °C	95 °C	1 ½ Stunden pro 450 g	
Pork Butt (Schweine-schulter mit Knochen)	105–115 °C	95 °C	1 ½ Stunden pro 450 g	
Schweinelende	105–115 °C	70 °C	4 Stunden	
Spare Ribs	105–115 °C	–	6 Stunden	So lange smoken, bis das Fleisch weich ist.

	Smoker-temperatur	Fleisch-temperatur	geschätzte Garzeit	Anmerkungen
Rindfleisch				
Arm Chuck Roast	105–115 °C	80 °C	1 ½ Stunden pro 450 g	
Backribs	105–115 °C	–	5 Stunden	So lange smoken, bis das Fleisch weich ist.
Brisket	105–115 °C	90 °C	1 ½ Stunden pro 450 g	
Hackbraten	105–115 °C	70 °C	3 Stunden	
Prime-Ribs, englisch	105–115 °C	55 °C	4 Stunden	Bei einer Fleischtemperatur von 54 °C aus dem Smoker nehmen.
Filet, englisch	120–135 °C	55 °C	45 Minuten pro 450 g	
Fisch und Meeresfrüchte				
Goldmakrele, Filets	100–105 °C	65 °C	2 Stunden	
Garnelen	80–95 °C	–	1 Stunde	So lange garen, bis die Schale rosafarben wird.
Lachsfilet	65–70 °C	65 °C	4 bis 5 Stunden	Zwei Stunden bei 65 °C, dann die restliche Garzeit bei 70 °C; die tatsächliche Garzeit hängt von der Größe ab.
Forelle, ganz	100–105 °C	65 °C	2 Stunden	
Beilagen				
Gefüllte Jalapeños im Speckmantel	105–115 °C	–	3 Stunden	
Gefüllte Wurst-Fatty im Speckmantel	105–115 °C	–	3 Stunden	
Boudin	105–115 °C	–	3 Stunden	
Bratwurst	105–115 °C	–	2 Stunden	
Froschschenkel	105–115 °C	–	2 Stunden	
Moink Balls	105–115 °C	–	2 Stunden	

(FORTSETZUNG AUF DER NÄCHSTEN SEITE)

	Smoker-temperatur	Fleisch-temperatur	geschätzte Garzeit	Anmerkungen
Gemüse				
Spargel	105–115 °C	–	1 Stunde	Bissfest servieren.
Maiskolben	105–115 °C	–	1 ½ Stunden	
Kartoffeln	105–115 °C	–	3 Stunden	So lange smoken, bis sie weich sind.
Dessert				
Apfelkuchen	80 °C	–	1 ½ bis 3 Stunden	
Bananen	93 °C	–	1 Stunde	
Pfirsiche	120 °C	–	30 Minuten	
Käse				
Cheddar	weniger als 32 °C	–	4 Stunden	
Käsesticks	weniger als 32 °C	–	1 Stunde	
Frischkäse	24 bis 27 °C	–	2 Stunden	

SMOKER-FACHJARGON UND -BEGRIFFE

ABT (ATOMIC BUFFALO TURD) Eine Jalapeño-Schote gefüllt mit Frischkäse und jeder Menge anderer Zutaten wie zum Beispiel Fleisch, Cheddar-Käse und Zwiebeln, dann in Speck gewickelt und für drei Stunden gesmoked bzw. bis der Speck knusprig ist.

CHIMNEY (ODER STACK) Der röhrenförmige (manchmal auch quadratische) Schornstein, der der Garkammer entspringt und durch den der Rauch austritt.

DAMPER Das Ventil am Smoker, durch das Luft ein- oder austritt, wodurch ein Luftstrom im Smoker entsteht.

FATTY Eine flach gerollte Frühstückswurst gefüllt mit Käse, Gemüse und anderen Zutaten, wieder zusammengerollt und mit Speck umwickelt. Diese Rolle wird für drei Stunden gesmoked bzw. bis die Wurst gar und der Speck knusprig ist.

FEUERBOX Der Bereich des Smokers, in dem das Feuer gemacht wird. Über Feuerboxen verfügen in der Regel Horizontal-Offset-Smoker.

INTAKE Die Klappe auf oder in der Nähe der Feuerbox, die so eingestellt werden kann, dass mehr oder weniger Luft in die Feuerbox strömt. Mehr Luft bedeutet heißeres Feuer, weniger Luft bedeutet weniger heißes Feuer.

LOW AND SLOW bezeichnet das langsame Garen bei geringer Hitze, um zarte, saftige und aromatische Speisen zu erhalten, die in einem Smoker oder einem anderen Gerät zum indirekten Garen zubereitet werden.

NAKED Ein Begriff, der für Ribs verwendet wird, die ohne Sauce serviert werden. Die meisten Naked Ribs wurden vor dem Smoken mit einem Rub behandelt und werden mit der Sauce in einem separaten Schälchen serviert. (Das nächste Mal, wenn Sie in Ihrem Lieblingsrestaurant sind, bestellen Sie doch mal Ribs und sagen, Sie möchten sie „naked". Optimalerweise bekommen Sie Ribs ohne Sauce statt mit Sauce, aber serviert von einer nackten Bedienung!)

PITMASTER Eine Person mit ausgezeichneten Fähigkeiten im Gebrauch eines Pits oder Smokers, ein Meister des BBQ.

RAIN CAP Eine Klappe auf dem Kaminrohr, die stufenweise geöffnet oder geschlossen werden kann, um mehr oder weniger Luft austreten zu lassen. Sie heißt so, weil dadurch auch der Regen abgehalten wird.

RIB-RUB Ein Gemisch aus Gewürzen, speziell für das Aromatisieren von Ribs, das statt einer Sauce verwendet wird oder um diese zu ergänzen. Die meisten Rubs für Ribs passen ebenso gut zu anderen Fleischsorten wie Schweineschulter und Brisket.

SMOKE CHAMBER (oder GARKAMMER) Die große untere Kammer in einem Horizontal-Offset-Smoker, in der das Fleisch gegart und gesmoked wird.

TBS (THIN BLUE SMOKE) Ein Begriff, der beschreibt, wie richtiger Rauch auszusehen hat. Er sollte sehr dünn und so blass sein, dass er fast blau scheint. Das ist die Art von Rauch, die das beste und sauberste Aroma produziert.

WATER PAN Eine Wanne in einigen Smokern, besonders in den Bullet- oder Wasser-Modellen, die mit Wasser befüllt wird. Der aufsteigende Wasserdampf hilft dabei, die Temperatur im Smoker zu regulieren.

WET Ein Begriff, der in der Regel für Ribs verwendet wird, wenn diese während des Smokens mit Sauce oder Marinade begossen werden.

TIPPS FÜR DAS SMOKEN VON GEFLÜGEL

BRINING

Ich empfehle sehr, Hähnchen und Truthahn vor dem Smoken zu brinen (Seite 47–50).

KNUSPRIGE HAUT

Sie mögen Geflügel mit knuspriger Haut, haben aber festgestellt, dass gesmoketes Geflügel eher eine gummiartige, dicke und ungenießbare Haut bekommt? Geflügelhaut muss hohen Temperaturen ausgesetzt sein, um knusprig zu werden, Geflügel muss aber für das Aroma bei niedrigen Temperaturen gegart werden.

Um eine knusprige Haut zu bekommen, smoken Sie das Hähnchen oder den Truthahn, bis die Kerntemperatur etwa 65 °C beträgt. Nehmen Sie das Geflügel aus dem Smoker und grillen Sie es bei 175–190 °C, bis die Fleischtemperatur bei 75 °C liegt.

Sie können das Geflügel auch bei höheren Temperaturen von 135–150 °C smoken, beachten Sie aber, dass sich die Garzeit dann wesentlich verkürzt und auch das Smoke-Aroma weniger intensiv sein wird. Ich empfehle Ihnen, die verschiedenen Methoden auszuprobieren, um herauszufinden, welche Ihnen am ehesten zusagt.

1

GEFLÜGEL

DAS ENTFERNEN DER HAUT

Es ist zwar unüblich, die Haut des Geflügels zu entfernen, aber wenn Sie das tun möchten, warten Sie, bis der Vogel fertig gegart ist. Denn die Haut schützt das Fleisch, lässt aber gleichzeitig genug Rauch durch. Und selbst wenn die Haut verbrennt, ist das Geflügelfleisch in der Regel vollkommen in Ordnung. Zudem lässt sich die Haut nach dem Garen leichter entfernen.

HALS UND EINGEWEIDE

Bevor Sie mit der Zubereitung des Geflügels beginnen, entfernen Sie den Hals und die Eingeweide. Sie können diese einfrieren, wenn Sie daraus irgendwann einmal zum Beispiel eine Sauce zubereiten möchten.

GANZES GESMOKETES HÄHNCHEN

Geflügel ist das am leichtesten zu smokende Fleisch, unglaublich delikat und bestens geeignet, Ihre Fähigkeiten im Smoken zu trainieren. Selbst wenn es misslingen sollte: Zeit- und Geldaufwand halten sich in Grenzen, im Gegensatz zur wesentlich teureren und zeitaufwändigeren Zubereitung von Brisket oder Schweinenacken.

EMPFOHLENE HOLZSORTEN: Pekan und Mesquite zu gleichen Teilen
Wenn Sie einen Kohle-, Elektro- oder Gas-Smoker verwenden, benötigen Sie Holzchips oder -chunks für etwa 2 Stunden.
GARZEIT: 3 bis 4 Stunden
FÜR 8 PORTIONEN

2 ganze Hähnchen (je etwa 1,8 kg)
6 EL Basis-Rub (Seite 156)
4 EL Senf

VORBEREITUNG: Brinen Sie die Hähnchen, wenn Sie möchten (Seite 47–50).

Waschen Sie das Geflügel gründlich von innen und außen. Heben Sie die Haut so weit wie möglich an, ohne dass sie einreißt, und reiben Sie das Geflügelfleisch direkt unter der Haut mit einem Esslöffel Rub ein.

Bestreichen Sie nun die Haut mit einer dünnen Schicht Senf, geben Sie anschließend den übrigen Rub über die beiden Hähnchen und massieren Sie ihn gut ein. Der mit dem Senf vermischte Rub sorgt für eine schöne Kruste. Lassen Sie die Hähnchen bei Raumtemperatur ruhen, während Sie den Smoker auf 110–115 °C anheizen.

SMOKEN: Legen Sie die Hähnchen mit der Brustseite auf den Grillrost. Wenden Sie sie nach circa einer Stunde und lassen Sie sie weitere drei bis vier Stunden garen. Sollten Teile des Geflügels, etwa die Flügel, zu schnell braun werden, decken Sie diese mit etwas Alufolie ab.

Stecken Sie nach etwa zwei Stunden ein digitales Kernthermometer in den dicksten Teil der Brust oder des Schenkels hinein. Wenn Sie das Thermometer später in das Geflügel stecken, tritt zu viel Saft aus und das Hähnchen wird trocken. Die Hähnchen sind fertig, wenn das Fleisch eine Temperatur von mindestens 75 °C erreicht hat.

Nehmen Sie das Hähnchen nun aus dem Smoker und lassen Sie es 20 Minuten ruhen, bevor Sie es tranchieren. Falls Sie es knuspriger haben möchten, dann folgen Sie meinem Tipp auf Seite 62.

AUF DER DOSE GESMOKETES HÄHNCHEN

Üblicherweise bereitet man Beer Can Chicken auf dem Grill oder für Partys zu, und zwar schnell und heiß. Aber auch mit einem Smoker erzielt man exzellente Ergebnisse. Die Flüssigkeit in der Dose verdampft und zieht ins Innere des Hähnchens ein, wodurch das Fleisch zarter wird. Seien Sie mutig in der Wahl der Getränke – schauen Sie doch mal, ob Sie den Unterschied zwischen, sagen wir mal, Bier, Orangensaft oder Cola herausfinden!

EMPFOHLENE HOLZSORTEN: Pekan und Apfel zu gleichen Teilen
Wenn Sie einen Kohle-, Elektro- oder Gas-Smoker verwenden, benötigen Sie ausreichend Holzchips oder -chunks für etwa 2–3 Stunden.
GARZEIT: 3 bis 4 Stunden
FÜR 4 PORTIONEN

1 EL grob gemahlener schwarzer Pfeffer
1 EL grobes Salz
1 TL Knoblauchflocken
1 TL Cayennepfeffer
½ TL getrockneter Rosmarin
½ TL getrockneter Thymian
1 ganzes Hähnchen (1,8 kg)
Olivenöl, extra vergine
0,33 l Dose Bier (oder Limonade oder Fruchtsaft)

VORBEREITUNG: Brinen Sie das Hähnchen, wenn Sie möchten (Seite 47–50).

Vermischen Sie die Zutaten in einer Schüssel und stellen Sie sie beiseite. Reiben Sie das Hähnchen mit Olivenöl ein, streuen Sie die gemischten Kräuter und Gewürze gleichmäßig über das ganze Geflügel und reiben Sie auch etwas von der Mischung so weit wie möglich unter die Geflügelhaut.

Lassen Sie das Hähnchen bei Zimmertemperatur ruhen, damit der Rub seinen Zauber wirken kann, und heizen Sie den Smoker auf 105–115 °C an.

SMOKEN: Sobald der Smoker die gewünschte Temperatur erreicht hat, öffnen Sie die Bierdose (oder für welches Getränk Sie sich entschieden haben) und gießen etwa die Hälfte ab. Platzieren Sie die Dose auf dem Grillrost und stülpen Sie das Hähnchen darüber. Die Dose hält das Hähnchen aufrecht, der aufsteigende Dampf strömt direkt in das Hähnchen und macht es zart und delikat.

Stechen Sie nach ca. zwei Stunden ein digitales Kernthermometer in den dicksten Teil der Brust oder des Schenkels. Smoken Sie das Hähnchen noch circa ein bis zwei Stunden bzw. bis das Fleisch eine Temperatur von etwa 75 °C erreicht hat.

Nehmen Sie dann das Geflügel aus dem Smoker, entfernen Sie die Dose und lassen Sie das Hähnchen noch ca. 20 bis 30 Minuten ruhen, bevor Sie es servieren. Wenn Sie es knuspriger haben möchten, folgen Sie meinem Tipp auf Seite 62.

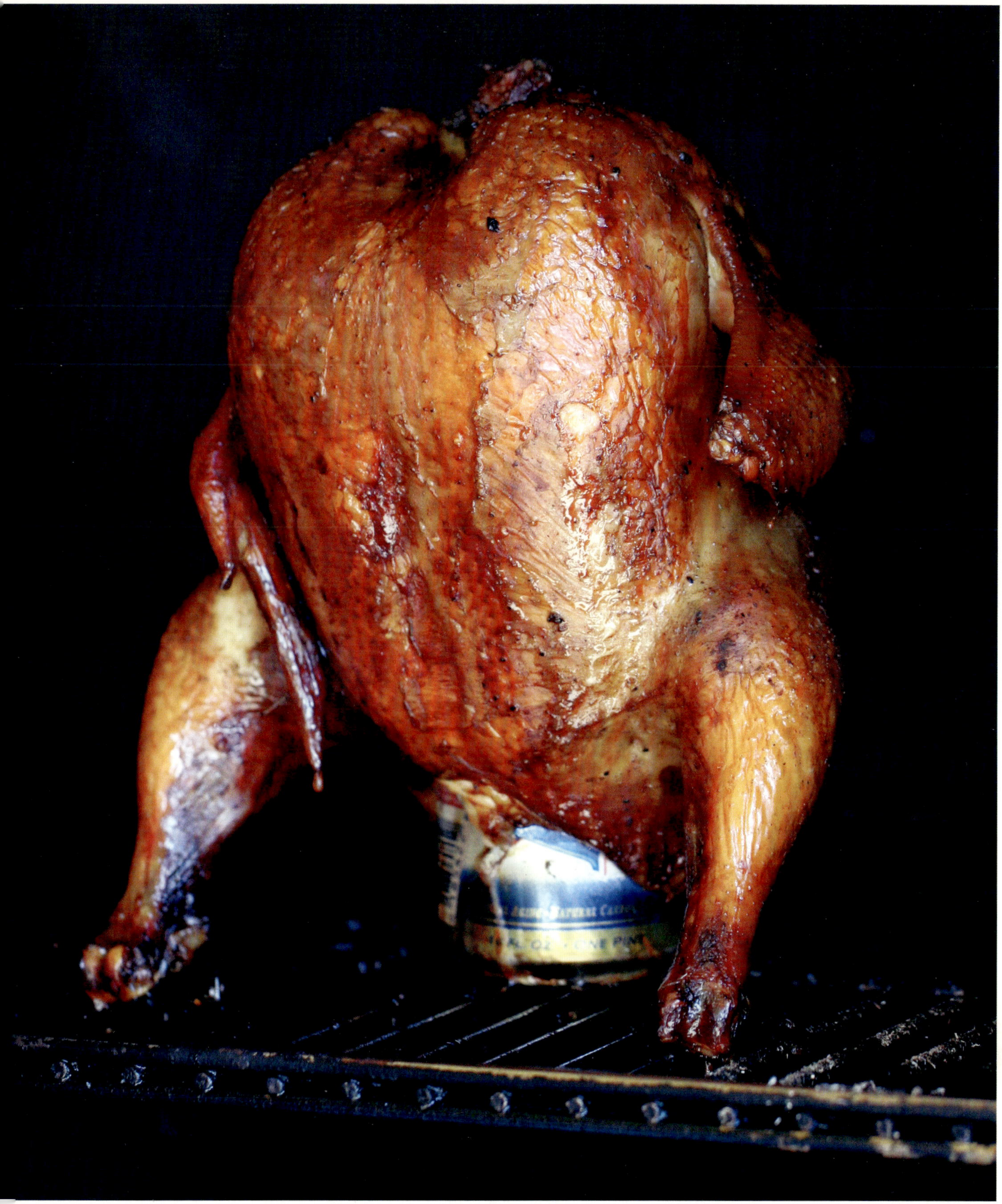

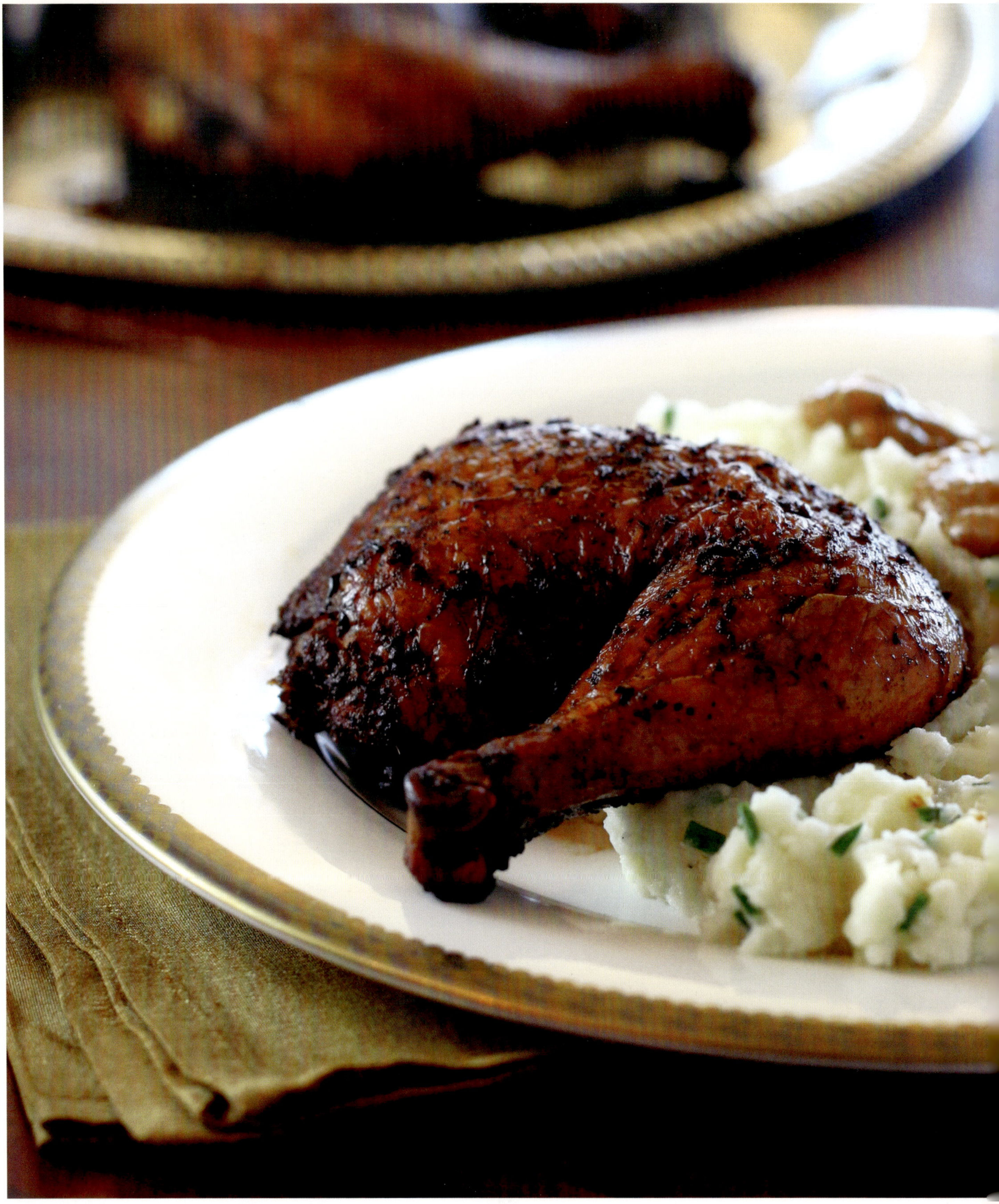

GESMOKETE HÄHNCHENSCHENKEL

Ohne Zweifel gehören Hähnchenschenkel zu meinen Favoriten. Meiner Meinung nach sind sie die leckersten Teile dieses Vogels und es gibt keinen Grund, sich etwa um die Brust oder die Flügel mit anderen zu streiten – ich weiß das, denn ich bin in einer großen Familie aufgewachsen!

EMPFOHLENE HOLZSORTEN: Pekan und Apfel zu gleichen Teilen

Wenn Sie einen Kohle-, Elektro- oder Gas-Smoker verwenden, benötigen Sie ausreichend Holzchips oder -chunks für etwa 2 Stunden.

GARZEIT: 4 Stunden

FÜR 6 PORTIONEN

6 Hähnchenschenkel
6 TL Senf
6 EL Basis-Rub (Seite 156)
    (oder 3 EL Zitronenpfeffer)

VORBEREITUNG: Brinen Sie die Hähnchenschenkel, wenn Sie möchten (Seite 47–50).

Waschen Sie die Schenkel unter kaltem Wasser und tupfen Sie sie anschließend mit einem Küchenpapier trocken. Geben Sie je einen Teelöffel Senf auf jeden Schenkel sowie je einen Esslöffel Rub oder einen halben Esslöffel Zitronenpfeffer. Versuchen Sie auch, etwas von dem Rub unter die Haut direkt auf das Fleisch zu applizieren, damit nicht nur die Haut aromatisiert wird. Sie werden Stellen finden, an denen die Haut etwas lose ist und Sie mit einem Finger den Rub direkt auf das Fleisch reiben können. Lassen Sie die Hähnchenschenkel nun bei Raumtemperatur ca. 30 bis 45 Minuten ruhen und heizen Sie den Smoker auf 105–115 °C an.

SMOKEN: Sobald der Smoker die gewünschte Temperatur erreicht hat, platzieren Sie die Hähnchenschenkel auf dem Grillrost und lassen etwa zweieinhalb Zentimeter Platz zwischen den einzelnen Geflügelteilen, damit sich der Rauch gleichmäßig um das Geflügel verteilen kann. Stecken Sie ein digitales Kernthermometer in einen der Schenkel.

Smoken Sie das Geflügel vier Stunden oder so lange, bis die Temperatur im Inneren des Geflügels etwa 75 °C beträgt. Wenn Sie es knuspriger haben möchten, folgen Sie meinem Tipp auf Seite 62.

Heiß servieren und genießen!

GESMOKETE HÄHNCHENBRUST

*Viele Menschen werden Sie zu überzeugen versuchen, dass Hähnchenbrust
ohne Knochen und ohne Haut am besten gegrillt schmeckt, aber dann hat sie
eben nicht dieses Smoke-Aroma! Weil es aber genau das ist, was wir möchten,
möchte ich Sie ermutigen, hierfür Ihren Smoker zu verwenden!
Richtig gesmokete Hähnchenbrust ist zart, saftig und lecker. Wenn Sie dieses
Rezept ausprobiert haben, werden Sie Hähnchenbrust nie wieder anders
zubereiten wollen. Übrigens: Statt die Gewürzmischung hierfür selbst zuzubereiten, können Sie auch eine fertige Gewürzmischung für Hähnchen kaufen.*

EMPFOHLENE HOLZSORTE: Apfel
Wenn Sie einen Kohle-, Elektro- oder
  Gas-Smoker verwenden, benötigen
  Sie ausreichend Holzchips oder
  -chunks für etwa 1 Stunde.

GARZEIT: 2 ½ Stunden

FÜR 6 PORTIONEN

---

6 Hähnchenbrüste ohne Haut und
  Knochen (etwa 1,3 kg)
1 TL Cayennepfeffer
1 EL Salz
1 TL getrockneter Rosmarin
1 EL Knoblauchpulver
450 g fetter Speck, in etwa 9 dicke
  Scheiben geschnitten und halbiert

VARIATIONEN:
- Bestreichen Sie die gesmoketen
  Hähnchenbrüste mit Mango-Chutney
  oder Ananas-Sauce (Seite 200) – mein
  absoluter Favorit!
- Schneiden Sie die Hähnchenbrust
  in etwa eineinhalb Zentimeter große
  Stücke und richten Sie sie mit frischem
  Salat an.
- Kreieren Sie ein Hähnchensandwich
  mit Salat, Tomaten, Zwiebeln,
  Mayonnaise und Barbecue-Sauce auf
  Vollkornbrot.

VORBEREITUNG: Brinen Sie die Hähnchenbrüste, wenn Sie
möchten (Seite 47–50).

Spülen Sie die Hähnchenbrüste unter kaltem Wasser ab
und tupfen Sie sie mit einem Küchentuch trocken. Vermischen
Sie Cayennepfeffer, Rosmarin, Salz und Knoblauchpulver und
streuen Sie ca. einen halben Esslöffel über jede Brust. Lassen
Sie das Geflügel etwa 30 bis 45 Minuten bei Raumtemperatur
ziehen, während Sie den Smoker auf 105–115 °C anheizen.

SMOKEN: Sobald der Smoker die gewünschte Temperatur erreicht hat, platzieren Sie die Hähnchenbrüste auf dem Grillrost und lassen zwischen den einzelnen Geflügelteilen etwa
zweieinhalb Zentimeter Platz. Damit das Geflügel nicht austrocknet, belegen Sie jedes Stück mit etwa drei halben Scheiben
fettem Speck.

Stecken Sie nach etwa einer Stunde ein digitales Kernthermometer in eine der Hähnchenbrüste und lassen Sie sie weitere
ein bis eineinhalb Stunden garen. Nehmen Sie das Geflügel
aus dem Smoker, sobald es eine Temperatur von etwa 75 °C
erreicht hat.

Sofort servieren oder zum Warmhalten in eine Schüssel
geben und mit Alufolie bedecken.

GESMOKETE HÄHNCHENSCHENKEL II

*Das dunkle Fleisch ist meiner Meinung nach das Schmackhafteste
am Hähnchen. Schenkel und Beine sind am besten, wenn es um
das Aroma geht. Ich smoke immer eine große Menge davon, sie sind
exzellent als Snack, lassen sich gut in der Mikrowelle aufwärmen –
und machen mich einfach glücklich!*

EMPFOHLENE HOLZSORTE: Pekan
und Apfel zu gleichen Teilen
Wenn Sie einen Kohle-, Elektro- oder
Gas-Smoker verwenden, benötigen
Sie ausreichend Holzchips oder
-chunks für mindestens 2 Stunden.
GARZEIT: 3 Stunden
FÜR 5 BIS 6 PORTIONEN

700 ml Italienisches Dressing
60 ml Orangensaft
2 EL Knoblauchpulver
2 EL grob gemahlener schwarzer
    Pfeffer
1 EL grobes Salz
1 TL Cayennepfeffer
1 TL rote Chiliflocken
10–12 Hähnchenoberschenkel
    oder -unterschenkel mit Knochen
    und Haut

VORBEREITUNG: Für die Marinade geben Sie das Italienische
Dressing mit Orangensaft, Knoblauchpulver, Pfeffer, Salz,
Cayennepfeffer und Chiliflocken in einen verschließbaren
Gefrierbeutel. Geben Sie nun die Geflügelstücke hinzu, verschließen Sie den Beutel und legen Sie ihn über Nacht in den
Kühlschrank (mindestens aber für vier Stunden). Wenn Sie
mehr als einen Beutel benötigen, mischen Sie die Marinade
zunächst in einer großen Schüssel und verteilen diese gleichmäßig auf die Beutel.

Nehmen Sie das Geflügel etwa 30 bis 45 Minuten vor dem
Smoken aus dem Kühlschrank, damit es Raumtemperatur
annehmen kann. Heizen Sie den Smoker auf 105–115 °C an.

SMOKEN: Sobald der Smoker aufgeheizt ist, platzieren Sie
die Geflügelteile mit einem Abstand von etwa zweieinhalb
Zentimetern auf dem Grillrost, damit der Rauch das Fleisch
von allen Seiten umströmen kann.

Stecken Sie nach etwa zwei Stunden ein digitales Kernthermometer in den dicksten Teil eines der Geflügelstücke. Smoken
Sie das Hähnchen insgesamt drei bis vier Stunden bzw. bis das
Fleisch eine Temperatur von etwa 75 °C erreicht hat. Lassen
Sie die Schenkel vor dem Servieren noch ca. zehn Minuten
ruhen. Wenn Sie es knuspriger haben möchten, folgen Sie
meinem Tipp auf Seite 62.

GANZER GESMOKETER TRUTHAN

*Die meisten von uns essen Truthahn nur ein- oder zweimal im Jahr –
beim Erntedankfest und vielleicht an Weihnachten. Doch wenn
Sie erst einmal einen Truthahn in Ihrem Smoker zubereitet haben,
werden Sie ihn öfter essen wollen.*

EMPFOHLENE HOLZSORTE: Pflaume,
Apfel oder Mesquite

Wenn Sie einen Kohle-, Elektro- oder
Gas-Smoker verwenden, benötigen
Sie ausreichend Holzchips oder
-chunks für etwa 3–4 Stunden.

GARZEIT: 6 ½ Stunden

FÜR 10 BIS 12 PORTIONEN

---

1 ganzer Truthahn (etwa 5 ½ kg)
8 EL Basis-Rub (Seite 156)

VORBEREITUNG: Waschen Sie den Truthahn außen und innen mit kaltem Wasser und tupfen Sie ihn mit einem Papiertuch trocken. Wenn Sie den Truthahn brinen möchten, folgen Sie den Anweisungen auf Seite 47–50. Wenn Sie ihn injizieren möchten, gehen Sie wie auf Seite 46 beschrieben vor.

Reiben Sie den Truthahn nach dem Brinen bzw. Injizieren und vor dem Smoken mit Rub ein, wenn möglich auch unter der Haut. Lassen Sie den Truthahn bei Raumtemperatur ruhen, während Sie den Smoker auf 105–115 °C anheizen.

SMOKEN: Legen Sie den Truthahn mit der Brust nach unten auf den Grillrost. Wenden Sie den Truthahn nach einer Stunde, damit das zarte Brustfleisch nicht zu viel Hitze bekommt. Jetzt sollten Sie auch das digitale Kernthermometer in die dickste Stelle der Brust oder eines Schenkels hineinstecken, später würde zu viel Flüssigkeit austreten. Sollten die Flügel, die Brust oder andere Teile des Truthahns zu schnell braun werden, bedecken Sie diese mit einem kleinen Stück Alufolie.

Smoken Sie den Truthahn für weitere fünf bis fünfeinhalb Stunden bzw. bis das Fleisch eine Temperatur von etwa 75 °C erreicht hat. Nehmen Sie den Truthahn aus dem Smoker. Lassen Sie ihn 30 Minuten ruhen, bevor Sie ihn tranchieren. Wenn Sie eine knusprige Haut haben möchten, folgen Sie meinem Tipp auf Seite 62.

SMOKED FRIED TURKEY

Im Süden der USA – und ich bin sicher, nicht nur dort – werden Truthähne frittiert. Und gesmokete Truthähne mag ich ebenso, daher ist das Rezept ein Versuch, eine Art Truthahn-Himmel zu erreichen. Diese Methode mag nicht jedem liegen, denn man benötigt eine Truthahn-Fritteuse, aber wenn Sie eine haben oder sich eine leihen können, ist es einen Versuch wert.

EMPFOHLENE HOLZSORTEN:
  Mesquite oder Hickory
Wenn Sie einen Kohle-, Elektro- oder
  Gas-Smoker verwenden, benötigen
  Sie ausreichend Holzchips oder
  -chunks für etwa 1 ½ Stunden.
GARZEIT: 2 Stunden
FÜR 10 BIS 12 PORTIONEN

1 ganzer Truthahn (etwa 5 ½ kg)
12–20 l Erdnussöl (oder ein anderes
  Öl zum Frittieren)

VORBEREITUNG: Bevor Sie den Vogel aus der Verpackung nehmen, legen Sie ihn in die Fritteuse, um abschätzen zu können, wie viel Öl Sie zum Frittieren benötigen werden. Jetzt geben Sie kaltes Wasser dazu, bis der Truthahn ganz bedeckt ist. Dann nehmen Sie den Truthahn wieder heraus und messen die Wassermenge ab.

Waschen Sie nun den Truthahn innen und außen mit kaltem Wasser und tupfen ihn anschließend mit Küchenpapier trocken. Wenn Sie möchten, können Sie den Truthahn nun brinen (Seite 47–50). Lassen Sie den Truthahn bei Raumtemperatur ruhen, während Sie den Smoker auf 105–115 °C anheizen.

SMOKEN: Sobald der Smoker die gewünschte Temperatur erreicht hat, legen Sie den Truthahn für eineinhalb Stunden mit der Brustseite nach oben auf den Grillrost.

Während der Truthahn nun gart, bereiten Sie die Fritteuse der Gebrauchsanweisung entsprechend vor. WICHTIG: Folgen Sie genau der Gebrauchsanweisung – Truthahn-Fritteusen sind extrem gefährlich und führen jedes Jahr zu zahlreichen Bränden und Verletzungen.

Sobald das Öl eingefüllt, die Fritteuse aufgeheizt ist und der Truthahn eineinhalb Stunden im Smoker gegart wurde, geben Sie den ganzen Truthahn vorsichtig in das heiße Öl (etwa 190 °C) und frittieren ihn für etwa zwei bis zweieinhalb Minuten je etwa 500 g. Ein etwa 5 ½-kg-Truthahn braucht also circa 30 Minuten, um eine Kerntemperatur von etwa 75 °C zu erreichen (verwenden Sie auch hier wieder ein Thermometer, um die Fleischtemperatur zu kontrollieren).

Nehmen Sie nun den Truthahn aus der Fritteuse und lassen ihn 20 Minuten ruhen, bevor Sie ihn tranchieren.

SMOKED TURKEY BREAST

Gesmokete Truthahnbrust ist mein persönlicher Favorit. Das ist insofern sonderbar, als ich Truthahn, abgesehen von seinem weißen Fleisch, nie besonders mochte. Vor einigen Jahren jedoch habe ich mit dem Brinen experimentiert, was meine Einstellung zu diesem Vogel komplett verändert hat. Heute mag ich Truthahn, und mehr noch, ich ziehe die Brust allen anderen Teilen vor.

EMPFOHLENE HOLZSORTEN: Pekan und Kirsche zu gleichen Teilen

Wenn Sie einen Kohle-, Elektro- oder Gas-Smoker verwenden, benötigen Sie ausreichend Holzchips oder -chunks für mindestens 3 Stunden.

GARZEIT: 4 bis 6 Stunden

FÜR 6 PORTIONEN

---

1 Truthahnbrust mit Knochen und Haut (etwa 2–3 kg)

2 EL grobes Salz

2 EL grob gemahlener schwarzer Pfeffer

1 mittelgroße Zwiebel, geviertelt

250 ml Apfelsaft oder Apfel-Butter-Mopp (Seite 166)

VORBEREITUNG: Spülen Sie die Truthahnbrust mit kaltem Wasser ab und tupfen Sie sie anschließend mit einem Küchenpapier trocken. Es empfiehlt sich, die Truthahnbrust über Nacht zu brinen (Seite 47–50), dadurch wird sie wesentlich saftiger und aromatischer.

Nach dem Brinen und/oder vor dem Smoken, salzen und pfeffern Sie die Truthahnbrust. Stecken Sie die Zwiebelviertel in die Brust und lassen Sie sie bei Raumtemperatur ruhen, während Sie den Smoker auf 105–115 °C anheizen.

Anmerkung: Falls Sie sich für eine Truthahnbrust ohne Haut entscheiden, sollten Sie diese mit Käsescheiben umwickeln, mit circa 230 g kalter Butter bestreichen und etwas salzen und pfeffern, damit das Fleisch vor allem zu Beginn der Smoking-Session nicht austrocknet.

SMOKEN: Legen Sie die Truthahnbrust auf den Grillrost und stecken Sie an der dicksten Stelle ein digitales Kernthermometer hinein. Bestreichen Sie das Fleisch alle 45 Minuten mit Apfelsaft oder Apfel-Butter-Mopp, damit das Fleisch saftig und schmackhaft bleibt.

Smoken Sie die Truthahnbrust vier bis sechs Stunden bzw. bis die Fleischtemperatur etwa 75 °C erreicht hat. Nehmen Sie das Fleisch aus dem Smoker, wickeln Sie es in Alufolie und lassen Sie die Truthahnbrust 20 Minuten ruhen, bevor Sie sie tranchieren. Wenn Sie es knuspriger mögen, folgen Sie meinem Tipp auf Seite 62.

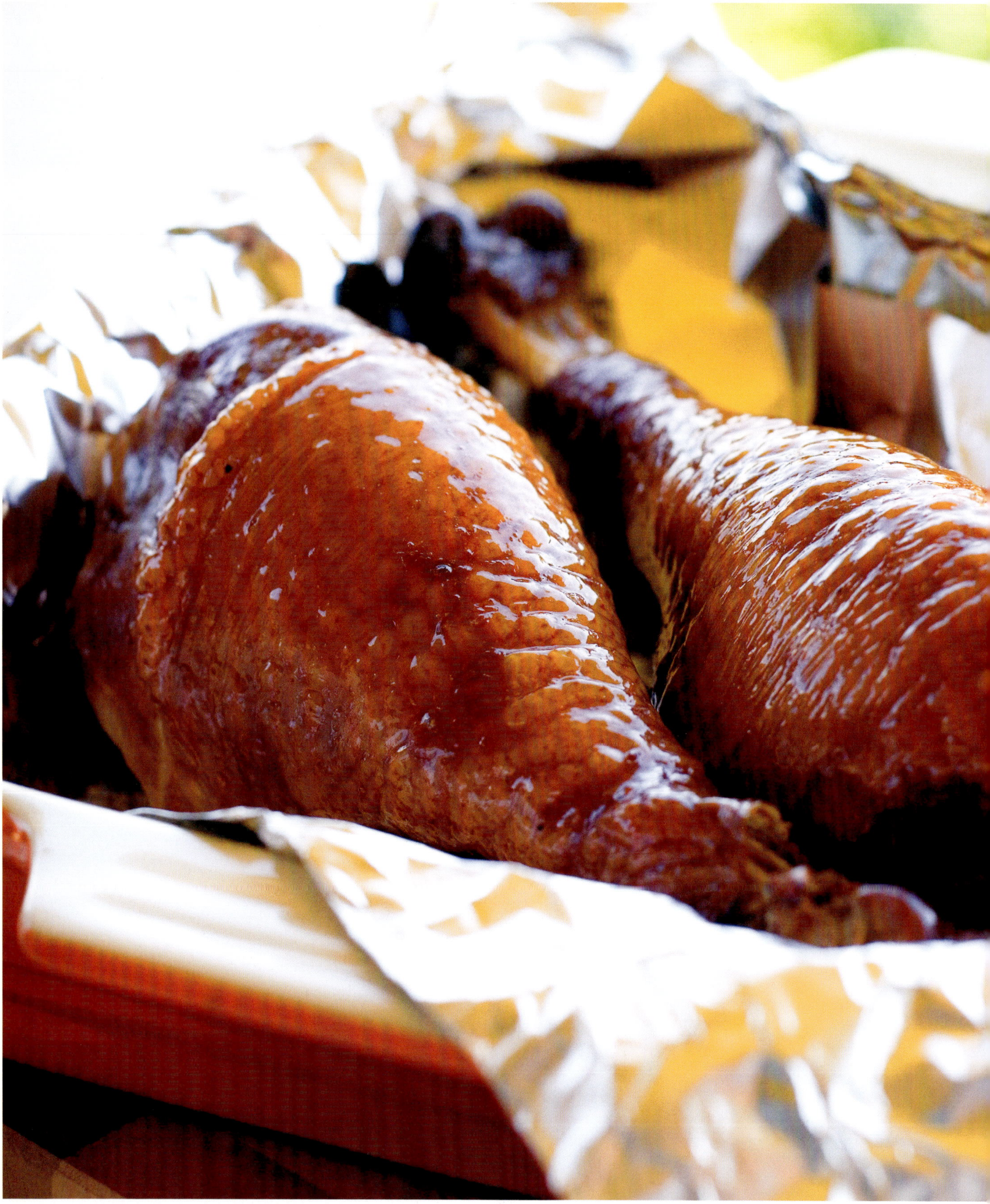

GESMOKETE TRUTHAHNKEULEN

Ich habe schöne Erinnerungen daran, wie ich als junger Mann auf den
Jahrmarkt ging und köstliche gesmokete, in Folie gewickelte Truthahnkeulen
aß. Sie waren dampfend heiß, wenn man die Folie entfernte. Soweit ich
mich erinnere, war der Geschmack einfach unbeschreiblich. Das folgende
Rezept ist meine spezielle Version dieses Leckerbissens, so gut es eben geht.

EMPFOHLENE HOLZSORTE: Pekan
und Mesquite zu gleichen Teilen
Wenn Sie einen Kohle-, Elektro- oder
Gas-Smoker verwenden, benötigen
Sie ausreichend Holzchips oder
-chunks für etwa 2 Stunden.
GARZEIT: 4 Stunden
FÜR 6 PORTIONEN

6 große Truthahnunterkeulen
4 ½ l Jeff's Turkey Leg-Brine
    (Seite 165) oder so viel,
    dass das Fleisch bedeckt ist
60 g Butter, zerlassen
120 ml Ahornsirup

VORBEREITUNG: Spülen Sie die Truthahnkeulen unter kaltem Wasser ab und legen Sie sie für drei bis vier Stunden in Jeff's Turkey Leg-Brine. Spülen Sie danach die Geflügelteile erneut mit kaltem Wasser ab und tupfen sie anschließend mit einem Küchenpapier trocken. Lassen Sie die Keulen für 30 bis 45 Minuten bei Raumtemperatur ruhen, während Sie den Smoker auf 105–115 °C anheizen.

SMOKEN: Sobald der Smoker die gewünschte Temperatur erreicht hat, legen Sie die Truthahnkeulen auf den Grillrost mit jeweils etwa zweieinhalb Zentimetern Platz zwischen den einzelnen Stücken, damit sich der Rauch ungehindert um das ganze Fleisch verteilen kann. Stecken Sie ein digitales Kernthermometer in die dickste Stelle einer der Keulen, damit Sie die Temperatur immer im Blick haben.

Vermischen Sie die zerlassene Butter mit dem Ahornsirup und bepinseln Sie die Keulen etwa alle 45 Minuten von jeder Seite.

Sobald die Fleischtemperatur 60 °C erreicht hat, heizen Sie den Smoker auf 135 °C hoch, damit die Haut knusprig wird und der Ahornsirup karamellisiert.

Nehmen Sie die Keulen nach etwa vier Stunden bzw. bei einer Fleischtemperatur von etwa 75 °C aus dem Smoker und lassen Sie sie 20 Minuten ruhen. Für das echte Jahrmarkterlebnis wickeln Sie die Keulen direkt nach dem Smoken in Alufolie.

GESMOKETE ENTE MIT WEIN-BUTTER-SAUCE

*Ente ist wohl nicht jedermanns Geschmack, aber ich empfehle Ihnen,
Sie einmal gesmoked zu kosten. Ich garantiere Ihnen, dass Sie Ihre
Meinung über diesen gefiederten Freund ändern werden. Nur ein paar
Stunden mit dem schönen, süßen Rauch wirken Wunder bei Entenfleisch,
und ich ertappe mich jedes Mal dabei, dass ich jeden einzelnen Knochen
sauber abnage. Diese spezielle Version mit Wein-Butter-Sauce kommt
von CycleTrash auf www.smokingmeatforums.com.*

EMPFOHLENE HOLZSORTE: Apfel und
Kirsche zu gleichen Teilen
Wenn Sie einen Kohle-, Elektro- oder
Gas-Smoker verwenden, benötigen
Sie ausreichend Holzchips oder
-chunks für mindestens 2 Stunden.
GARZEIT: 4 Stunden
FÜR 6 PORTIONEN

3 ganze Enten
5 ½–6 l Buttermilch
8 EL Basis-Rub (Seite 156)
3 Äpfel
3 Zwiebeln, geviertelt
300 ml Wein-Butter-Sauce
  (siehe unten)

VORBEREITUNG: Legen Sie die Enten über Nacht (12 bis
24 Stunden) in Buttermilch, um den strengen Geschmack zu
mildern.

Spülen Sie die Enten unter kaltem Wasser ab und tupfen Sie
sie mit einem Küchenpapier trocken. Bestreichen Sie die Enten
mit Basis-Rub. Füllen Sie die Enten mit je einem ganzen, ungeschälten Apfel und einer geviertelten Zwiebel. Lassen Sie das
Geflügel bei Raumtemperatur ruhen, während Sie den Smoker
auf 105–115 °C anheizen.

SMOKEN: Sobald der Smoker die gewünschte Temperatur erreicht hat, legen Sie die Enten mit der Brust nach oben auf den
Grillrost. Stecken Sie ein digitales Kernthermometer in die
Brust einer der Enten, damit Sie die Fleischtemperatur immer
im Blick haben.

Smoken Sie die Enten etwa vier Stunden bzw. bis die Fleischtemperatur bei etwa 75 °C liegt.

WEIN-BUTTER-SAUCE

ERGIBT etwa 300 ml

230 g Butter
350 ml Rotwein (kein Kochwein)
2 EL Knoblauch, gehackt

*Die Sauce schmeckt am besten zu gesmoketer Ente, sie passt
aber auch zu anderem Geflügel.*

Mischen Sie die Zutaten in einer Pfanne und lassen Sie diese
bei mittlerer Hitze auf die Hälfte einkochen.

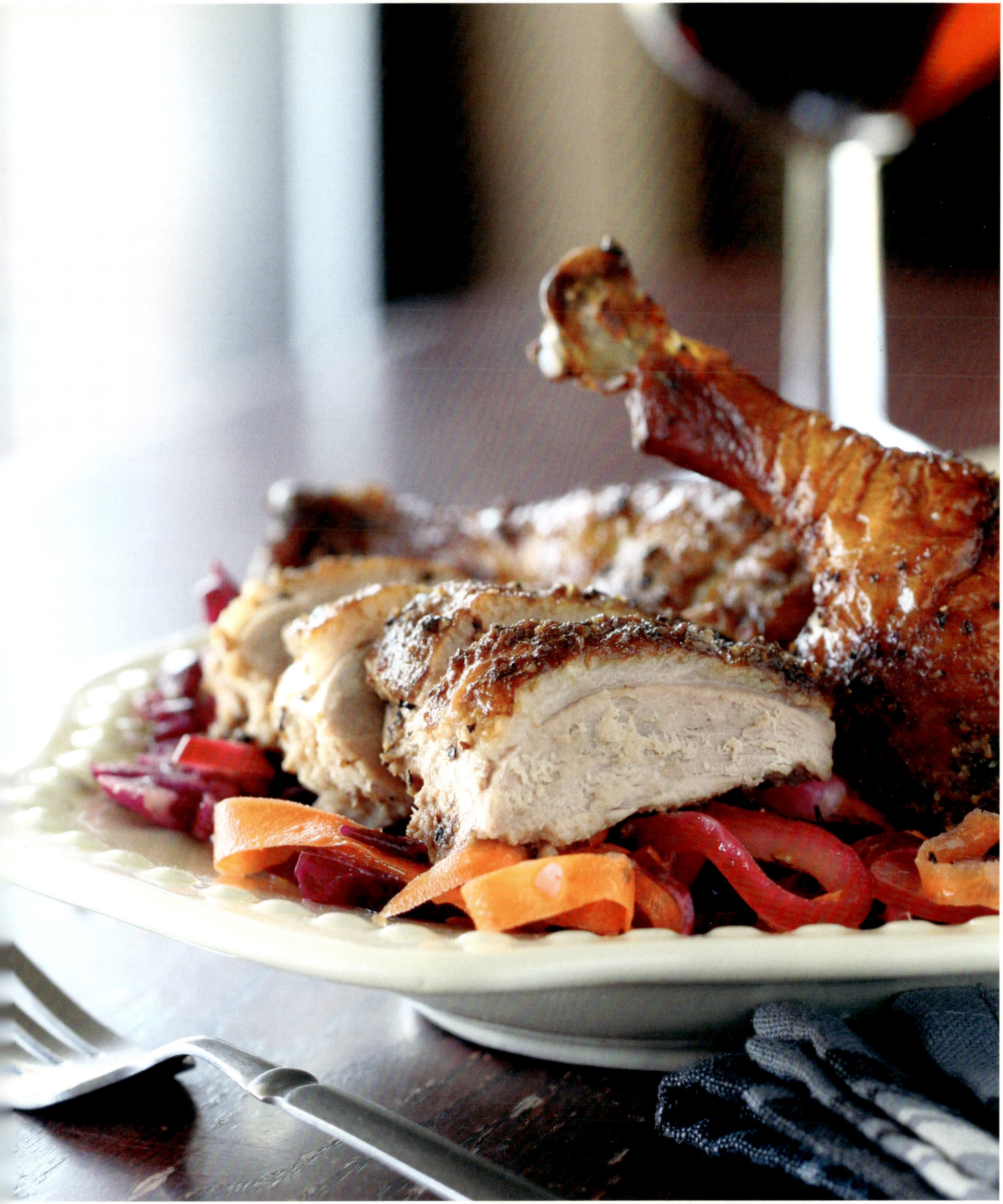

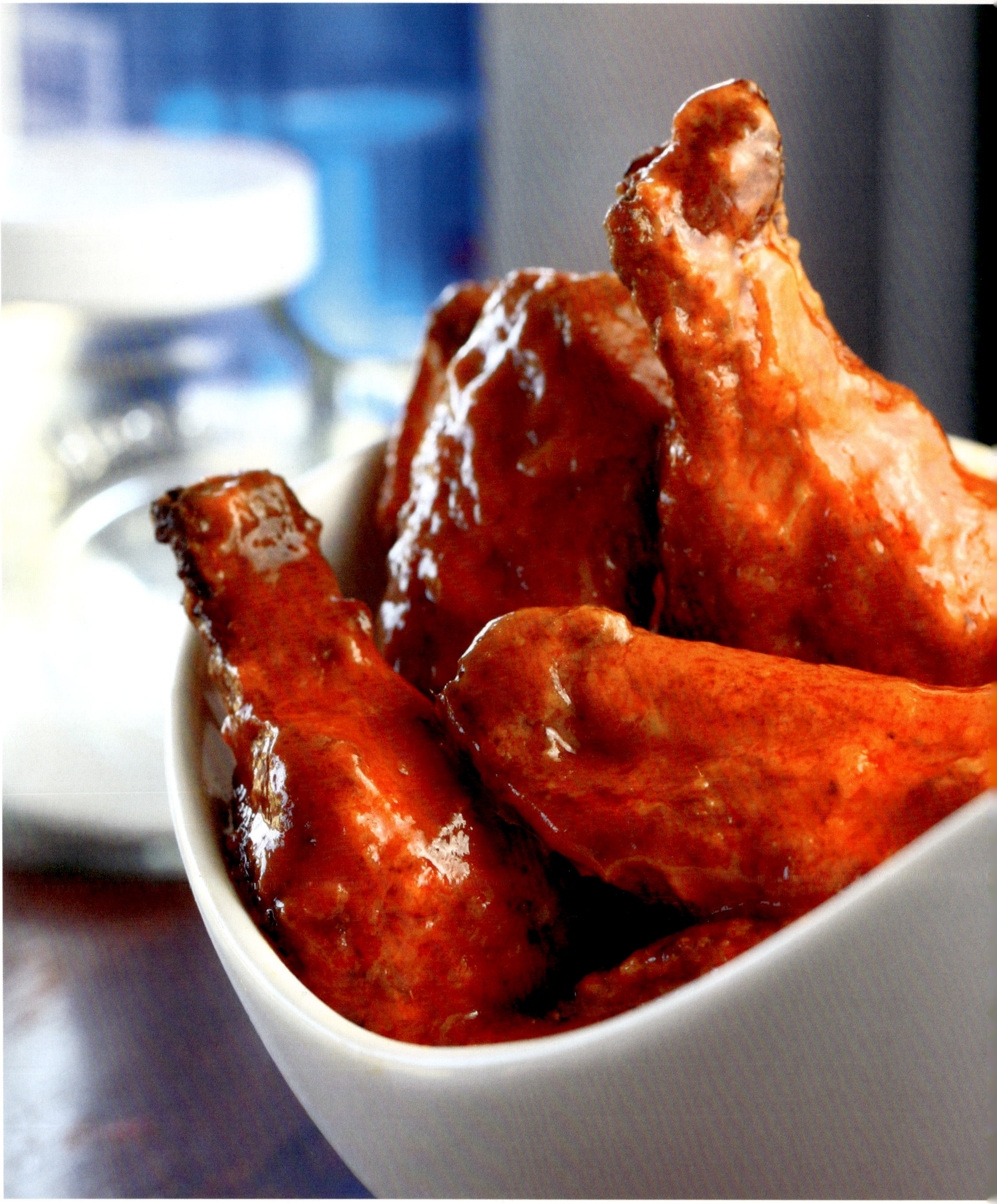

SMOKED HOT WINGS

Gibt es etwas Besseres als scharfe Hähnchenflügel? Jedes Jahr an meinem Geburtstag bereitet mir meine Frau Abi mein Lieblingsessen zu – es gibt immer Hot Wings. Sie macht das großartig, aber diese köstlichen Häppchen werden noch viel besser, wenn man ihnen noch etwas Smoke-Aroma angedeihen lässt. Dieses Rezept zeigt Ihnen, wie es geht. (Und nur für den Fall, dass Sie sich wundern: Mein Part ist das Smoken, während meine Frau für das Frittieren und den Rest zuständig ist.)

EMPFOHLENE HOLZSORTE: Mesquite oder Hickory zu gleichen Teilen

Wenn Sie einen Kohle-, Elektro- oder Gas-Smoker verwenden, benötigen Sie ausreichend Holzchips oder -chunks für etwa 2 Stunden.

GARZEIT: 2 Stunden

FÜR 6 BIS 8 PORTIONEN

1,8 kg Hähnchenflügel oder -unterkeulen

ca. 750 ml Pflanzenöl

230 g zerlassene Butter

200 g Mehl

500 ml Wing-Sauce (ich bevorzuge Frank's RedHot Original Cayenne Pepper-Sauce, aber es geht auch mit anderen Marken. Sie können sie auch selbst herstellen, das Rezept finden Sie auf der nächsten Seite.)

VORBEREITUNG: Waschen Sie die Hähnchenflügel oder -unterkeulen mit kaltem Wasser ab und tupfen Sie sie anschließend mit einem Küchenpapier trocken.

Lassen Sie das Geflügel für circa 20 bis 30 Minuten bei Raumtemperatur ruhen, während Sie den Smoker auf 105–115 °C anheizen.

SMOKEN: Legen Sie das Geflügel für circa zwei Stunden zum Smoken auf den Grillrost. Nehmen Sie das Geflügel aus dem Smoker, sobald es eine Temperatur von 65 °C erreicht hat, also noch nicht ganz gar ist, da es ja noch frittiert wird. Allerdings ist es nicht ganz einfach, in diese kleinen Geflügelstücke ein Thermometer zu platzieren, aber probieren Sie es trotzdem an der dicksten Stelle. Sollten Sie auf das anschließende Frittieren verzichten, müssen die Hähnchenschenkel allerdings eine Temperatur von etwa 75 °C erreichen.

FRITTIEREN: Erhitzen Sie in einer großen Eisenpfanne oder -kasserolle das Öl auf 190 °C. Pinseln Sie jedes Geflügelteil mit der zerlassenen Butter ein, wälzen Sie es in Mehl und geben Sie es anschließend in das heiße Fett. Frittieren Sie die Teile je 45 Sekunden auf jeder Seite. Nehmen Sie die Flügel oder Keulen aus dem Fett und lassen Sie sie auf einem Küchenpapier abtropfen. Gehen Sie wie beschrieben weiter vor, bis alle Geflügelteile frittiert sind.

(FORTSETZUNG AUF DER NÄCHSTEN SEITE)

SMOKED HOT WINGS (FORTSETZUNG)

ZUM SCHLUSS: Bestreichen Sie jeden Flügel mit der Wing-Sauce. Wenn Sie jedoch keine Scheu vor einer kleinen Schweinerei haben und es richtig machen möchten, dann geben Sie einige der Flügel (ich nehme immer circa ein Dutzend) zusammen mit der Sauce in eine verschließbare Plastikschüssel oder -tüte und schütteln, bis die Flügel ganz mit Sauce bedeckt sind.

Legen Sie die Flügel nun in eine feuerfeste Form und stellen Sie sie in den warmen Backofen, bis sie serviert werden.

BASIC WING-SAUCE

GARZEIT: 20 Minuten
ERGIBT etwa 420 ml

250 ml Frank's RedHot Original
   Cayenne Pepper-Sauce
115 g Butter
50 g brauner Zucker (optional)

Geben Sie Frank's RedHot-Sauce zusammen mit der Butter in einen Topf und erhitzen Sie das Ganze bei mittlerer Hitze. Wenn Sie die Sauce ein bisschen süßer mögen, geben Sie braunen Zucker dazu. Sobald die Butter geschmolzen ist, reduzieren Sie die Hitze und lassen Sie die Sauce für weitere 15 Minuten köcheln.

HOT BARBECUE WING-SAUCE

GARZEIT: 20 Minuten
ERGIBT etwa 500 ml

250 ml Barbecue-Sauce mit Tomaten
125 ml Louisiana Wildly Wicked
   Wing-Sauce (oder eine andere
   richtig scharfe Wing-Sauce)
115 g Butter

Geben Sie alle Zutaten in einen Topf und erhitzen das Ganze bei geringer Hitze. Sobald die Butter geschmolzen ist, lassen Sie die Sauce für weitere 15 Minuten köcheln.

MONSTER WINGS

*Auf dieses Rezept bin ich aufgrund meiner immensen Vorliebe für
Hot Wings gekommen. Ich nehme allerdings ganze Hähnchenkeulen statt
der kleineren Flügel oder Schenkel. Um den Saucen-Anteil zu erhöhen,
injiziere ich die Wing-Sauce in das Geflügel und bestreiche es damit
zusätzlich kurz vor dem Servieren. Das ist ein echtes Männeressen, aber
vielleicht werden es die Damen ebenso mögen.*

EMPFOHLENE HOLZSORTE: Mesquite oder Hickory zu gleichen Teilen
Wenn Sie einen Kohle-, Elektro- oder Gas-Smoker verwenden, benötigen Sie ausreichend Holzchips oder -chunks für etwa 2 Stunden.

GARZEIT: 2 Stunden

FÜR 6 BIS 8 PORTIONEN

1,8 kg Hähnchenkeulen
700 ml Pflanzenöl (die genaue Menge hängt von der Größe Ihrer Pfanne ab)
230 g zerlassene Butter
200 g Mehl
500 ml Wing-Sauce (ich bevorzuge Frank's RedHot Original Cayenne Pepper-Sauce, aber es geht auch mit anderen Marken. Sie können diese aber auch selbst herstellen, siehe vorheriges Rezept.)

VORBEREITUNG: Waschen Sie die Hähnchenkeulen mit kaltem Wasser ab und tupfen Sie sie anschließend mit einem Küchenpapier trocken. Nehmen Sie einen Fleischinjektor und injizieren Sie etwa 15 Milliliter der Wing-Sauce in den dicksten Teil jeder Keule, indem Sie die Hälfte in eine Seite der Keule spritzen, diese um 180 Grad drehen und den Rest in die andere Seite injizieren. Lassen Sie das Geflügel anschließend bei Raumtemperatur ruhen, während Sie den Smoker auf 105–115 °C anheizen.

SMOKEN: Smoken Sie die Keulen für circa zwei Stunden bzw. bis die Fleischtemperatur etwa 75 °C erreicht hat.

FRITTIEREN (OPTIONAL): Ich mag die knusprige Haut, die durch das Frittieren entsteht, und ich glaube, Sie ebenso. Füllen Sie Öl – etwa zwei Zentimeter hoch – in eine große Eisenpfanne oder Kasserolle und erhitzen Sie das Öl auf 190 °C. Bestreichen Sie die Hähnchenkeulen mit der zerlassenen Butter, wenden Sie sie in Mehl und braten Sie sie portionsweise je eine Minute von jeder Seite knusprig an. Legen Sie die Keulen anschließend zum Abtropfen auf Küchenpapier.

ZUM SCHLUSS: Bestreichen Sie die frittierten Hähnchenkeulen mit Wing-Sauce oder geben Sie einige der Keulen zusammen mit der Sauce in eine verschließbare Plastikschüssel oder -tüte und schütteln Sie so lange, bis die Geflügelteile ganz mit Sauce bedeckt sind. Legen Sie die Keulen in eine Pfanne und stellen Sie sie in den warmen Backofen, bis sie serviert werden.

GESMOKETE CORNISH GAME HENS

*Eine meiner ersten Erinnerungen an das Verspeisen dieser kleinen Hühner
ist ein Besuch im Dixie Stampede in Branson, Missouri, wo sie mit
Bergen von Beilagen serviert werden, ganz zu schweigen von dem Brot
und dem gezuckerten Eistee – und Besteck ist nicht erlaubt!*

*Cornish Game Hens ist eine in den USA weit verbreitete Hühnerart, die bereits
nach 4–6 Wochen ein Gewicht von über 1 kg und viel Brustfleisch erreicht.*

EMPFOHLENE HOLZSORTE: Mesquite und Hickory zu gleichen Teilen
Wenn Sie einen Kohle-, Elektro- oder Gas-Smoker verwenden, brauchen Sie ausreichend Holzchips oder -chunks für mindestens 2 Stunden.
GARZEIT: 4 Stunden
FÜR 4 PORTIONEN

4 Cornish Game Hens (je etwa 1 kg)
2 EL Basis-Rub (Seite 156)
115 g zerlassene Butter

VORBEREITUNG: Waschen Sie die Hühner mit kaltem Wasser ab und tupfen Sie sie anschließend mit einem Küchentuch trocken. Wenn Sie sie brinen möchten – was ich empfehle – folgen Sie der Anleitung auf Seite 47–50. Lassen Sie die Vögel für etwa zwei Stunden in der Brine.

Bestreuen Sie nach dem Brinen und/oder vor dem Smoken jedes Huhn mit circa einem halben Esslöffel Basis-Rub und reiben Sie soweit wie möglich auch etwas unter die Haut.

Lassen Sie die Hühner 30 bis 45 Minuten bei Raumtemperatur ruhen, während Sie den Smoker auf 105–115 °C anheizen.

SMOKEN: Sobald der Smoker die gewünschte Temperatur erreicht hat, legen Sie die Hühner mit der Brust nach oben auf den Grillrost und bestreichen sie alle 45 Minuten mit der zerlassenen Butter.

Smoken Sie die Hühner circa vier Stunden bzw. bis die Fleischtemperatur etwa 75 °C erreicht hat. (Das Thermometer können Sie direkt zu Beginn der Smoking-Session in den dicksten Teil eines der Huhner platzieren oder aber spätestens nach zwei Stunden Smokezeit.)

Legen Sie nun die Hühner in eine mit Folie ausgeschlagene Schüssel und lassen sie 15 Minuten ruhen, bevor Sie sie servieren. Wenn Sie eine knusprige Haut wünschen, folgen Sie meinem Tipp auf Seite 62.

GESMOKETER HÄHNCHEN-GUMBO MIT ANDOUILLE-WURST

Wenn Sie einen traditionellen Cajun-Gumbo-Eintopf aufpeppen möchten, nehmen Sie gesmoketes Hähnchen. Die Mehlschwitze ist die wichtigste Komponente bei diesem Gericht, Sie müssen also etwas Zeit in der Küche einplanen, da Sie ununterbrochen rühren müssen. Es ist faszinierend zu beobachten, wie das Mehl und das Öl langsam eine dunkle, schokoladenbraune Färbung annehmen. Es ist wie mit dem Smoken: Geduld ist der Schlüssel.

GARZEIT: 2 Stunden
FÜR 10 PORTIONEN

150 g Mehl
250 ml + 2 EL Pflanzenöl
2 kleine Zwiebeln, gewürfelt
2 grüne Paprika, gewürfelt
4 Stangen Sellerie, gehackt
1 ganzes gesmoketes Hähnchen
   (etwa 1,8 kg, Seite 65),
   abgekühlt, entbeint und zerlegt
450 g Andouille oder eine andere
   gesmokete Wurst, in dünne
   Scheiben geschnitten
2 l Hühnerbrühe
1 EL Cajun-Gewürzmischung,
   nach Geschmack
1 EL Tabasco-Sauce, nach Geschmack
1 Bund Frühlingszwiebeln,
   nur die grünen Teile,
   in dünne Ringe geschnitten

MEHLSCHWITZE: Verquirlen Sie mit einem Schneebesen in einer Pfanne (ich verwende immer eine gusseiserne Pfanne) unter langsamen Erhitzen das Mehl mit dem Öl und geben Sie Acht, dass die Masse nicht am Boden festbackt. Kochen Sie die Mehlschwitze, bis sie eine dunkle, schokoladenbraune Farbe angenommen hat und geröstet duftet. Das kann bis zu einer Stunde dauern – Sie sollten die Mehlschwitze nicht anbrennen lassen. Nehmen Sie dann den Topf vom Herd und lassen die Schwitze abkühlen.

Sobald die Mehlschwitze abgekühlt ist, schütten Sie das Öl, das sich auf der Oberfläche abgesetzt hat, weg, um den Fettgehalt des Gerichts zu reduzieren.

GUMBO: Erhitzen Sie zwei Esslöffel Öl bei mittlerer Hitze. Braten Sie circa zehn bis zwölf Minuten lang Zwiebeln, Paprika und Sellerie an. Nehmen Sie die Pfanne vom Herd und geben Sie das Gemüse in einen Suppentopf. Fügen Sie nun das entbeinte Hähnchen, die Wurstscheiben und die Hühnerbrühe hinzu und bringen das Ganze bei mittlerer Hitze zum Kochen.

Mischen Sie nun einige Esslöffel der Mehlschwitze in einer schweren Schüssel mit einer Tasse heißer Brühe. Sobald die Paste geschmeidig ist, geben Sie noch etwas Mehlschwitze und Brühe hinzu, verquirlen beides erneut und fahren so fort, bis die gesamte Mehlschwitze verrührt ist. Geben Sie die Mischung nun in den Suppentopf. Mit der Cajun-Gewürzmischung und Tabasco-Sauce abschmecken.

Reduzieren Sie die Hitze, schließen Sie den Deckel und lassen Sie den Eintopf bei kleiner Flamme und unter gelegentlichem Umrühren 20 bis 30 Minuten leise köcheln. Mit Reis oder Abi's klassischem Kartoffelsalat (Seite 192) servieren und mit Frühlingszwiebeln garnieren.

TIPPS FÜR DAS SMOKEN VON SCHWEINEFLEISCH

ZARTES SCHWEINEFLEISCH

Das meiste Schweinefleisch kann man unbedenklich verzehren, wenn es eine Temperatur von etwa 70 °C hat, was nicht heißt, dass es dann auch am besten schmeckt. Ribs oder Schulter etwa sollten so lange gesmoked werden, bis das Fleisch zart ist, unabhängig von der Fleischtemperatur. Wenn ich Ribs zubereite, achte ich gar nicht auf die Temperatur. Bei 70 °C sind Ribs immer noch zäh und sollten daher so lange im Smoker bleiben, bis sie den Zartheitstest bestehen (siehe Seite 25). Schweineschulter mit Knochen schmeckt am besten, wenn das Fleisch mindestens eine Temperatur von 85–90 °C erreicht hat, und wenn Sie es auseinanderrupfen möchten, nehmen Sie es besser erst bei einer Temperatur von etwa 95 °C heraus, wenn es saftig ist und ohne viel Zutun auseinanderfällt.

Andererseits gibt es Schweinefleischstücke wie Filet oder Koteletts, die üblicherweise nicht gesmoked werden und auch nicht zarter werden, wenn man sie länger im Smoker lässt. Sie sollten nur so lange gesmoked werden, bis die Fleischtemperatur 70 °C erreicht hat und sie damit unbedenklich gegessen werden können.

WAS IST WAS?

Ich habe lange darüber nachgedacht, wie ich die verschiedenen Teile des Schweins benennen soll. Folgendes könnte dabei hilfreich sein: *Baby Back Ribs* werden auch *Loin Back Ribs* genannt, *Pork Butt* auch *Boston Butt* und *Schweinesteaks* werden auch als *Pork Blade Steaks* bezeichnet.

2

SCHWEIN

SCHULTER, BUTTS UND PICNIC

Schweineschulter wird in der Regel in zwei Teile zerlegt, den Butt und das sogenannte Picnic. Der Butt ist mit Knochen, das Picnic ohne. Ich bevorzuge den Butt, um Pulled Pork zuzubereiten, denn das Fleisch ist von besserer Qualität und hat nicht diese dicke Haut auf der einen Seite wie das Picnic. Manchmal wird Butt auch zu Schweinesteaks geschnitten oder in lange, rippenförmige Stücke, sogenannte Country-Style-Ribs.

DAS ENTFERNEN DER SILBERHAUT UND DER FLEISCHLAPPEN VON RIBS

Die Silberhaut ist eine dicke, plastikartige Haut auf der Knochenseite der Pork Baby Ribs, Spare Ribs und Beef Back Ribs. Wird sie nicht entfernt, kann der Rauch und damit das Smoke-Aroma nicht in das Fleisch eindringen, was den Genuss deutlich einschränkt. Sie können die Silberhaut ganz leicht entfernen, indem Sie z. B. an einer Stelle ein Messer darunter schieben und sie dann mithilfe eines Küchenpapiers komplett abziehen. Wenn sie einreißt, wiederholen Sie den Vorgang, bis sie vollständig entfernt ist.

Spare Ribs haben an der Längsseite Fleischlappen, die vor dem Smoken mit einem Messer im 45-Grad-Winkel abgeschnitten werden sollten. Werfen Sie diese aber bitte nicht weg, sie sind ein großartiger Snack! Reiben Sie sie mit etwas Rub ein und geben Sie sie für zwei Stunden zusammen mit den Ribs auf den Grillrost. Ein Leckerbissen!

GESMOKETE SPARE RIBS

Spare Ribs werden aus dem Schweinebauch geschnitten und sind fetter
als Baby Back Ribs, brauchen eine längere Garzeit und erfordern viel
Geduld, bis sie zart sind. Aber wenn Sie ihnen Zeit und viel liebevolle Pflege
angedeihen lassen, werden Sie feststellen, dass es die Mühe wert ist.
Sie werden es Ihnen mit einem erstaunlichen Aroma danken, und wenn sie
auf den Punkt gesmoked wurden, wird es ein königliches Festmahl!

EMPFOHLENE HOLZSORTE: Apfel,
    Kirsche oder Hickory
Wenn Sie einen Kohle-, Elektro- oder
    Gas-Smoker verwenden, benötigen
    Sie ausreichend Holzchips oder
    -chunks für etwa 3 bis 4 Stunden.
GARZEIT: 6 Stunden
FÜR 6 PORTIONEN

2 Spare Ribs (jeweils
    mindestens 1,8 kg)
4 EL Senf
6 EL Big Bald BBQ-Rub (Seite 158)
250 ml Apfelsaft (oder ein
    anderer Fruchtsaft)

VORBEREITUNG: Spülen Sie die Spare Ribs mit kaltem Wasser ab und tupfen Sie sie mit einem Küchenpapier trocken. Legen Sie die Ribs mit der Knochenseite nach oben auf ein Schneidebrett und entfernen Sie die Fleischlappen und die Silberhaut (Seite 88).

Bestreichen Sie die Ribs anschließend auf beiden Seiten dünn mit Senf und verteilen Sie den Rub darüber.

Lassen Sie die Ribs für 20 bis 30 Minuten bei Raumtemperatur ruhen, während Sie den Smoker auf 105–115 °C anheizen.

SMOKEN: Legen Sie die Ribs mit der Knochenseite nach unten auf den Rost. Besprenkeln Sie die Ribs nach zwei Stunden Smokezeit jede Stunde mit dem Fruchtsaft – eine Sprühflasche eignet sich hierfür übrigens hervorragend.

Die Spare Ribs sind fertig, wenn sie zart sind (Seite 25), also nach etwa sechs Stunden. Nehmen Sie die Rippenstränge aus dem Smoker und schneiden Sie sie in einzelne Ribs. Sofort servieren. Dazu passen Dutch's Wicked Baked Beans (Seite 189).

SMOKED BABY BACKS

*Auch wenn einige behaupten, Spare Ribs seien nicht zu toppen, sind
Baby Backs unschlagbar in Bezug auf das Fleisch-Fett-Verhältnis.
Baby Backs werden aus der Lende geschnitten und weisen daher weniger
Fett auf – und das Fleisch ist sehr zart. Aus diesem Grund müssen
Baby Backs auch nicht so lange garen und sind schneller zart.*

EMPFOHLENE HOLZSORTE: Apfel, Kirsche oder Hickory

Wenn Sie einen Kohle-, Elektro- oder Gas-Smoker verwenden, benötigen Sie ausreichend Holzchips oder -chunks für 3 bis 4 Stunden.

GARZEIT: 5 Stunden

FÜR 4 PORTIONEN

2 Baby Back Ribs (jeweils etwa 900 g)

4 EL Senf

4 EL Big Bald BBQ-Rub (Seite 158)

250 ml Apfelsaft (oder ein anderer Fruchtsaft)

VORBEREITUNG: Waschen Sie die Ribs mit kaltem Wasser ab und tupfen Sie sie mit Küchenpapier trocken. Legen Sie die Ribs mit der Knochenseite nach oben auf ein Schneidebrett und entfernen Sie die Silberhaut (Seite 88).

Bestreichen Sie die Ribs anschließend von allen Seiten dünn mit Senf und verteilen Sie den Rub darüber.

Lassen Sie die Ribs für 20 bis 30 Minuten bei Raumtemperatur ruhen, während Sie den Smoker auf 105–115 °C anheizen.

SMOKEN: Legen Sie die Ribs flach auf den Grillrost. Das austretende Fett sammelt sich auf der Oberfläche und sorgt dafür, dass das Fleisch schön saftig bleibt. Wenn Sie ein Platzproblem haben, können Sie die Rippenstränge auch durchschneiden, auf einem Rippchen-Gestell platzieren oder auf einem Spieß smoken.

Besprenkeln Sie die Ribs nach zwei Stunden Smokezeit jede Stunde mit dem Fruchtsaft – eine Sprühflasche eignet sich hierfür hervorragend.

Nehmen Sie die Ribs nach etwa fünf Stunden aus dem Smoker bzw. wenn sie zart sind (Seite 25) und lassen Sie sie für 15 bis 20 Minuten ruhen. Legen Sie die Ribs mit der Knochenseite nach oben, sodass Sie die einzelnen Knochen sehen können, und schneiden Sie sie in einzelne Ribs.

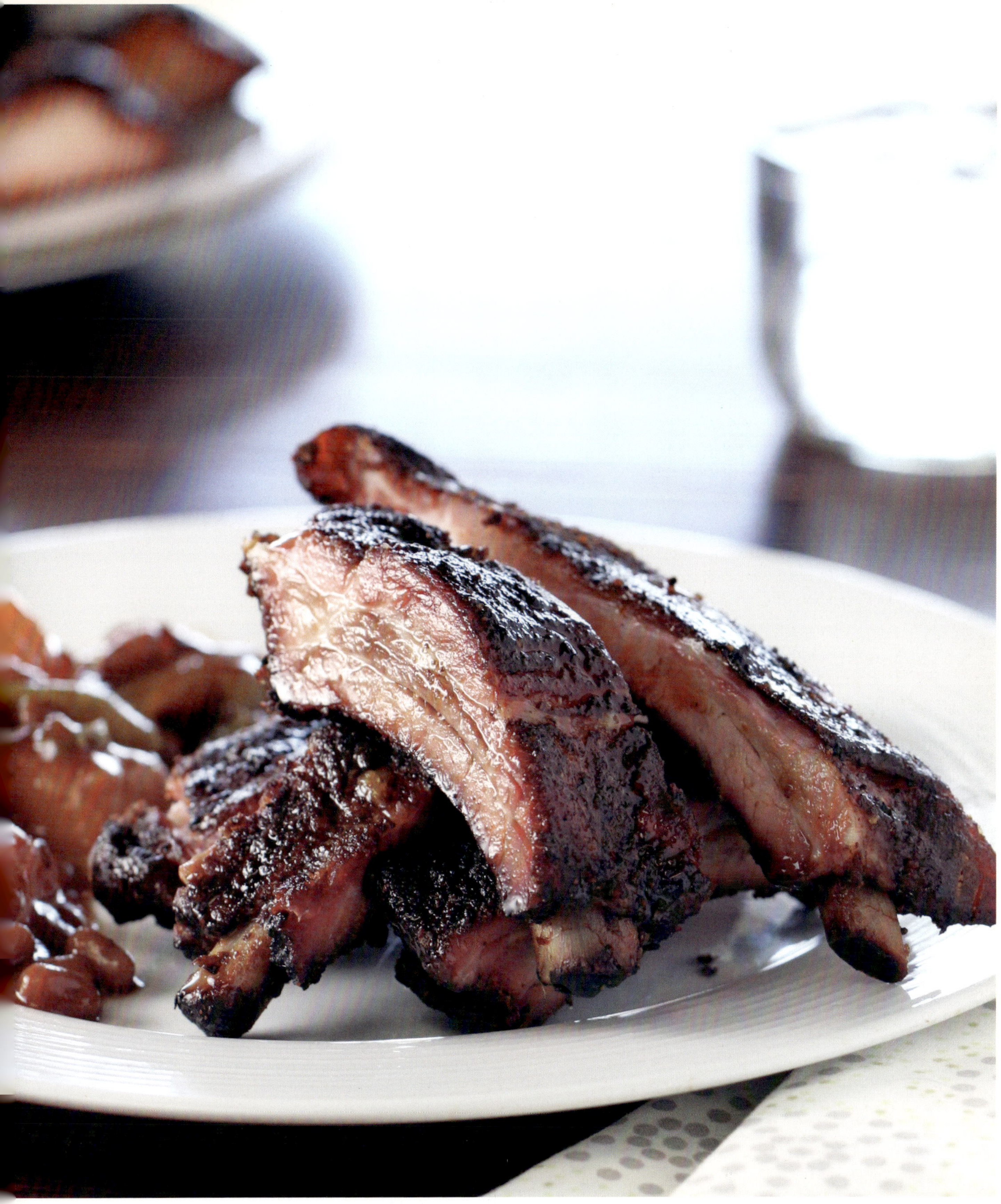

GESMOKETER PORK BUTT

Das Smoken von Schweineschultern ist zwar sehr zeitintensiv,
aber auch sehr leicht. Am liebsten esse ich gesmokete Schweineschulter
„pulled", also auseinandergerupft, in einem Brötchen aufgehäuft
mit Unmengen an Barbecue-Sauce und Krautsalat (Seite 194).
Sehr lecker ist das Fleisch auch in Tacos, Burritos, auf Pizza, in Shepherd's
Pie oder auf Salat – Ihrer Fantasie sind keine Grenzen gesetzt.

EMPFOHLENE HOLZSORTEN: Pekan und Apfel zu gleichen Teilen
Wenn Sie einen Kohle-, Elektro- oder Gas-Smoker verwenden, benötigen Sie ausreichend Holzchips oder -chunks für etwa 5 bis 6 Stunden.
GARZEIT: 10 ½ bis 12 Stunden (ca. 1 ½ Stunden pro 500 g)
FÜR 6 BIS 8 PORTIONEN

3–3 ½ kg Schweineschulter mit Knochen
4 EL Senf
16 EL Big Bald BBQ-Rub (Seite 158)

VORBEREITUNG: Waschen Sie das Fleisch mit kaltem Wasser ab und tupfen Sie es mit Küchenpapier trocken. Bestreichen Sie das Fleisch von allen Seiten dünn mit Senf.

Verteilen Sie den Rub darüber und massieren Sie ihn mit den Händen ein. Der Rub vermischt sich mit dem Senf zu einer köstlichen Paste, die während der ganzen Garzeit auf dem Fleisch verbleibt.

Lassen Sie das Fleisch für 30 bis 45 Minuten bei Raumtemperatur ruhen, während Sie den Smoker auf 105–115 °C anheizen.

SMOKEN: Sobald der Smoker die gewünschte Temperatur erreicht hat, legen Sie das Fleisch auf den Grillrost. Platzieren Sie eine Wanne unter dem Fleisch, um abtropfendes Fett aufzufangen. (Wahlweise können Sie die Schweineschulter auch direkt in eine entsprechend große Aluminiumschale legen.)

Stecken Sie nach vier Stunden Garzeit ein digitales Kernthermometer in die dickste Stelle des Fleisches. Das Fleisch ist gar, sobald es eine Temperatur von 95 °C erreicht hat (also nach etwa 1 ½ Stunden Garzeit pro 500 g). Nehmen Sie das Fleisch aus dem Smoker und lassen Sie es 30 Minuten ruhen, bevor Sie es auseinanderzupfen.

Geben Sie das aufgefangene Fett in eine verschließbare Gefrierdose und stellen Sie sie zum Abkühlen in den Kühlschrank.

(FORTSETZUNG AUF SEITE 94)

GESMOKETER PORK BUTT (FORTSETZUNG)

PULLEN: Entfernen Sie den Knochen (das sollte nicht schwer sein, wenn das Fleisch gegart ist). Zerrupfen Sie nun das Fleisch mit zwei Gabeln in kleine Stücke.

Nehmen Sie den aufgefangenen Fleischsaft aus dem Kühlschrank, schütten Sie das überschüssige Fett, das sich auf der Oberfläche abgesetzt hat, fort und vermischen Sie die schmackhafte Jus mit dem Fleisch.

3-2-1-RIBS

*Bei Barbecue-Wettkämpfen sollen die Ribs zart, aber nicht
zu zart sein. Allerdings kenne ich eine Menge Leute, die sehnsüchtig
von Ribs schwärmen, die so zart sind, dass das Fleisch vom Knochen fällt.
Für diese Leute wird das folgende Rezept genau das Richtige sein,
um sie umgehend in den Rippchen-Himmel zu befördern.*

EMPFOHLENE HOLZSORTEN: Hickory
und Pekan zu gleichen Teilen
Wenn Sie einen Kohle-, Elektro- oder
Gas-Smoker verwenden, benötigen
Sie ausreichend Holzchips oder
-chunks für etwa 3 Stunden.
GARZEIT: 6 Stunden
FÜR 6 PORTIONEN

2 Spare Ribs (je etwa 1,8 kg)
4 EL Senf
6 EL Big Bald BBQ-Rub (Seite 158)
120 ml Apfelsaft

VORBEREITUNG: Waschen Sie das Fleisch mit kaltem Wasser
und tupfen Sie es mit Küchenpapier trocken. Legen Sie die Ribs
mit der Knochenseite nach oben auf ein Schneidebrett und
entfernen Sie die Fleischlappen sowie die Silberhaut (Seite 88).

Bestreichen Sie die Ribs dünn mit Senf und verteilen Sie
den Rub anschließend gleichmäßig auf alle Seiten. Lassen Sie
das Fleisch 20 bis 30 Minuten bei Zimmertemperatur ruhen,
während Sie den Smoker auf 105–115 °C anheizen.

SMOKEN: Sobald der Smoker auf die gewünschte Temperatur
angeheizt ist, legen Sie die Ribs mit der Knochenseite nach
unten auf den Grillrost. Bei größeren Mengen können Sie die
Ribs auch auf einen Spieß stecken.

Nehmen Sie die Ribs nach drei Stunden Smokezeit heraus
und legen Sie jedes auf ein großes Stück Alufolie. Die Folien-
stücke sollten groß genug sein, um die Ribs vollständig darin
einwickeln zu können. Verteilen Sie den Apfelsaft gleichmäßig
auf die Ribs und wickeln diese dann zügig in der Folie ein.
Legen Sie anschließend die eingewickelten Fleischstücke zurück
in den Smoker.

Nehmen Sie die Rippchen nach weiteren zwei Stunden Garzeit aus dem Smoker, entfernen Sie die Folie und legen Sie sie
erneut für eine Stunde ohne Folie auf den Grillrost. Dadurch
werden die Rippchen außen knusprig, bleiben innen aber schön
zart. Schneiden Sie die Ribs klein und servieren Sie sie sofort.

AL'S 3-2-1-ASIAN-RIBS

*Al, auch bekannt als FMCowboy bei www.smokingmeatforums.com,
hat mir dieses Rezept geschickt. Nachdem ich es einmal ausprobiert hatte,
wusste ich, dass ich es mit Ihnen teilen muss. Die asiatische Note kommt
in diesem Rezept sehr gut zur Geltung und verleiht den Ribs einen völlig
neuen Geschmack. Gesmoked werden die Ribs nach der 3-2-1-Methode,
um ihnen diese außerordentliche Zartheit zu verleihen.*

EMPFOHLENE HOLZSORTEN: Pekan und Mesquite zu gleichen Teilen
Wenn Sie einen Kohle-, Elektro- oder Gas-Smoker verwenden, benötigen Sie ausreichend Holzchips oder -chunks für mindestens 3 Stunden.

GARZEIT: 6 Stunden

FÜR 6 PORTIONEN

---

2 Spare Ribs (je etwa 1,8 kg oder mehr)

3 EL milde Sojasauce

6 EL Asian-Rub (Seite 161)

250 ml Apfelsaft

250 ml Asian-Sauce (Seite 156)

VORBEREITUNG: Waschen Sie das Fleisch mit kaltem Wasser und tupfen Sie es mit Küchenpapier trocken. Legen Sie die Rippenstücke mit der Knochenseite nach oben auf ein Schneidebrett und entfernen Sie die Fleischlappen sowie die Silberhaut (Seite 88).

Bestreichen Sie die Ribs von beiden Seiten dünn mit Sojasauce und würzen Sie sie gleichmäßig mit dem Rub. Heizen Sie den Smoker auf 105–115 °C an und lassen Sie das Fleisch währenddessen bei Zimmertemperatur ruhen.

SMOKEN: Legen Sie die Ribs mit der Knochenseite nach unten auf den Grillrost und lassen Sie sie für drei Stunden smoken. Besprenkeln Sie das Fleisch nach zwei Stunden der Garzeit mit etwas Apfelsaft. Eine Sprühflasche eignet sich hierfür hervorragend.

Nehmen Sie die Ribs nach drei Stunden Smokezeit heraus und legen Sie sie jeweils auf ein Stück Alufolie. Geben Sie den restlichen Apfelsaft gleichmäßig darüber, schlagen Sie sie vollständig in Folie ein und legen Sie sie zurück in den Smoker.

Holen Sie die Rippchen nach weiteren zwei Stunden Garzeit aus dem Smoker, entfernen Sie die Folie und legen Sie sie erneut mit der Knochenseite nach unten für etwa eine Stunde auf den Grillrost. Bepinseln Sie die Ribs alle 30 Minuten mit der Asian-Sauce, bis sie schön zart sind.

Lassen Sie die Ribs noch 10 bis 15 Minuten ruhen, bevor Sie sie zerteilen. Sie sollten heiß serviert werden, mit Reis und gehackten grünen Zwiebeln und warmer Asian-Sauce.

BRUNSWICK STEW MIT GESMOKETEM PULLED PORK

*Wenn Sie Brunswick Stew genauso gerne mögen wie ich, werden Sie dieses
Gericht immer und immer wieder kochen. Am besten schmeckt es sogar
am nächsten Tag – falls noch etwas übrig sein sollte! Dieses Rezept ist eine
modifizierte Version des Rezepts, das mir mein Freund Gene Smith geschickt hat,
für den das ein wunderbares Campingessen während der Jagd ist.
Statt mit Pulled Pork können Sie es auch mit gesmoketem Hähnchen zubereiten.*

GARZEIT: 45 Minuten
FÜR 6 BIS 8 PORTIONEN

80 ml Pflanzenöl (oder, falls zur
    Hand, fetten Speck)
1 mittelgroße Zwiebel, gehackt
3 Stangen Sellerie, klein geschnitten
1 grüne Paprika,
    in Würfel geschnitten
1 kg Pulled Pork (Rezept Seite 92)
2 Dosen Tomaten (je 400 g), gehackt
800 ml Tomatensauce
2 Dosen Creamed Corn
3 große rote Kartoffeln, geschält
    und in Würfel geschnitten
250 ml Bier oder Wasser
60 ml Barbecue-Sauce (z. B. Slim's
    Sweet & Sticky Barbecue-Sauce,
    Seite 150)
1 ½ EL Salz
1 TL Chilipulver
½ TL grob gemahlener
    schwarzer Pfeffer
¼ TL Cayennepfeffer
    (oder 1 TL Tabasco-Sauce)

Erhitzen Sie das Öl oder den fetten Speck in einer großen Bratpfanne bei mittlerer Hitze. Dünsten Sie die Zwiebel, den Sellerie
und die Paprika etwa zehn Minuten darin an.

Geben Sie das angebratene Gemüse in einen großen Topf
und fügen Sie die restlichen Zutaten hinzu. Kochen Sie das
Ganze bei mittlerer Hitze und unter ständigem Rühren auf.
Reduzieren Sie die Hitze und lassen Sie den Eintopf bei
schwacher Hitze 30 Minuten leise köcheln, bis die Kartoffeln
weich sind.

Dazu schmeckt Maisbrot.

SMOKING GUN'S PULLED PORK SHEPHERD'S PIE

Smoking Gun, ein Forumsmitglied auf www.smokingmeatforums.com,
suchte nach einer Verwendungsmöglichkeit für die Reste des Pulled
Pork. Er kochte Kartoffelbrei und kam schließlich zu dieser wunderbaren
südlichen Version des Shepherd's Pie. Seine Familie fand es wunderbar –
und der Rest ist Geschichte. Ich liebe es, und Sie werden es auch tun.

GARZEIT: 20 Minuten

FÜR 6 BIS 8 PORTIONEN

1–1 ½ kg Knoblauch-Kartoffelbrei
  (Seite 182)

600–800 g Pulled Pork (Seite 92)

225 g Pepper-Jack-Käse,
  klein geschnitten

450 g Cheddar-Käse,
  klein geschnitten

ANMERKUNG: Falls Sie das
Gericht in einzelnen Portionen
servieren möchten, können Sie
die Zutaten auch gleichmäßig
in die entsprechende Anzahl
kleiner Auflaufformen schichten.

Schichten Sie die Zutaten in der folgenden Reihenfolge in eine tiefe Auflauf- oder Lasagneform: Kartoffelbrei, Pulled Pork, Pepper-Jack-Käse, Cheddar-Käse, Kartoffelbrei, Cheddar-Käse.

Backen Sie den Auflauf im Backofen 15 Minuten bei 180 °C.

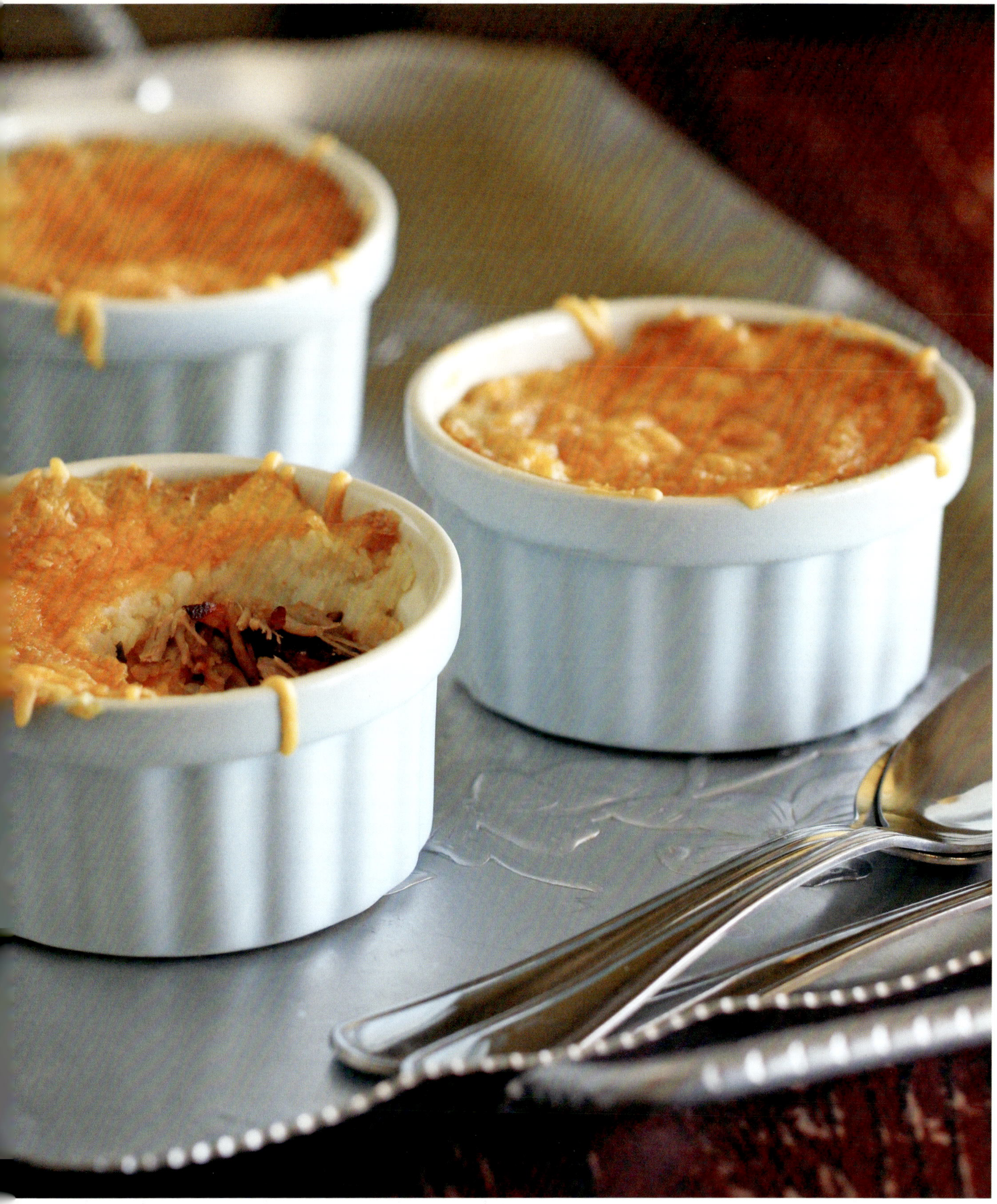

PULLED PORK FRÜHSTÜCKSBURRITOS

Hier finden Sie eine weitere Möglichkeit, übrig gebliebenes Pulled Pork,
Brisket oder Hähnchen zu verwenden. Hätten Sie gedacht,
dass Sie schon zum Frühstück Barbecue haben können?
Nun, Sie können – und zwar ein ziemlich schmackhaftes.
Servieren Sie dieses Gericht mit Ihrer Lieblingssalsa und Sie werden
erkennen, dass der Morgen doch nicht so schlecht ist.

GARZEIT: 20 Minuten

FÜR 6 PORTIONEN

2 EL Rapsöl oder ein anderes
   Pflanzenöl

1 rote Zwiebel, in Streifen geschnitten

1 grüne Paprika,
   in Streifen geschnitten

2 große Jalapeño-Schoten, entkernt
   und in dünne Streifen geschnitten

300–400 g Pulled Pork (Seite 92)

8 Eier, verquirlt

6 Tortillas, etwa 30 cm
   im Durchmesser

110 g Pepper-Jack-Käse, gerieben

etwa 125 ml saure Sahne

etwa 125 ml Salsa (z. B. Perfect
   Pico de Gallo, Seite 199)

Erhitzen Sie das Öl in einer großen Pfanne bei mittlerer Hitze. Fügen Sie die Zwiebel, die Paprika und die Jalapeño-Schoten hinzu und dünsten Sie die Zutaten, bis Sie weich und leicht gebräunt sind. Geben Sie das Fleisch hinzu und braten das Ganze für weitere ein bis zwei Minuten, bis das Fleisch heiß ist. Geben Sie die Eier in eine beschichtete Pfanne, bis die Masse stockt, aber noch schön weich ist. Stellen Sie sie beiseite.

Verteilen Sie die Fleisch-Gemüse-Mischung gleichmäßig auf die Tortillas und geben Sie die Rühreier und den Käse darauf. Krönen Sie das Ganze mit der sauren Sahne und der Salsa und rollen Sie die Tortillas im Burrito-Style zusammen. Sofort servieren.

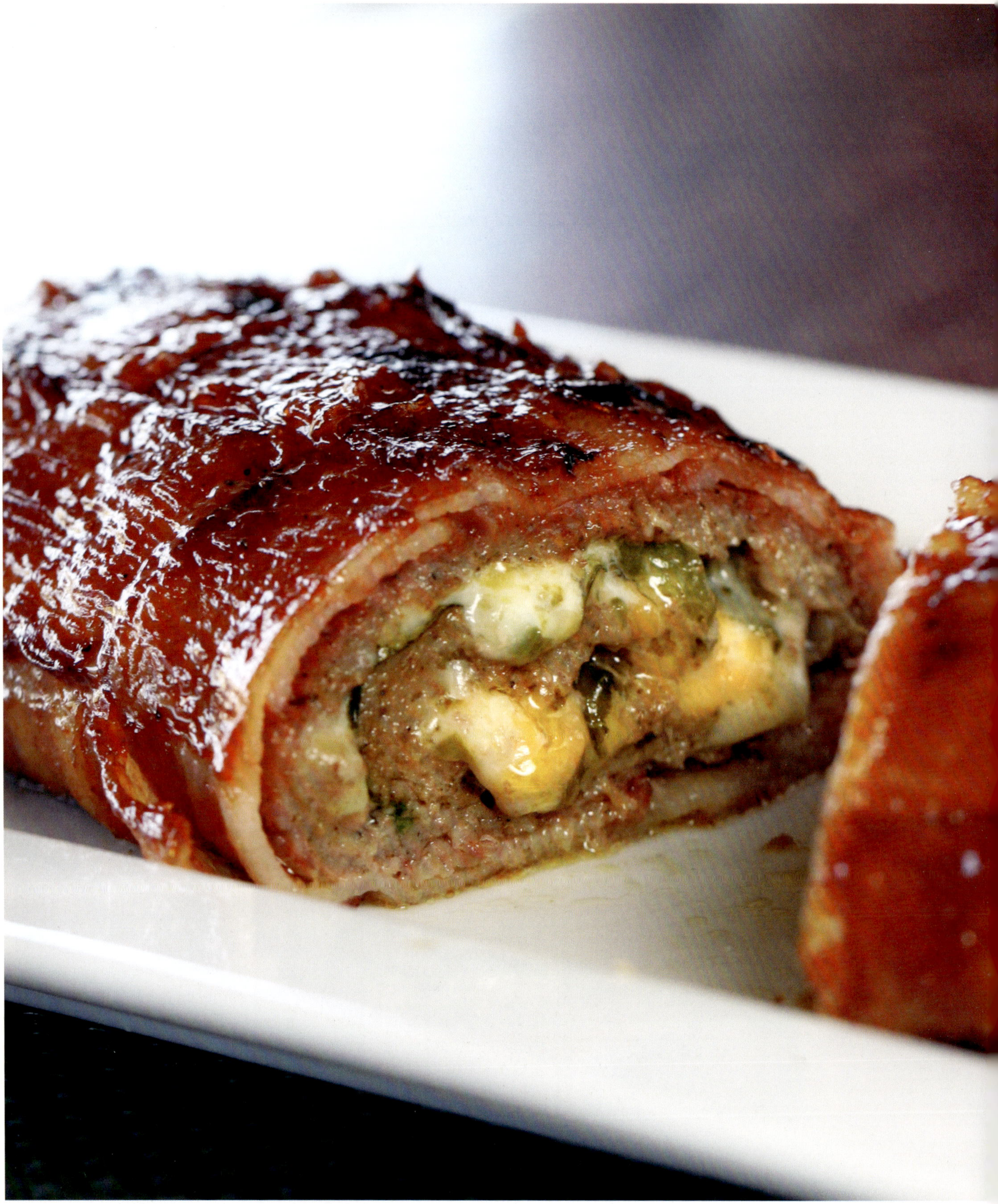

GEFÜLLTE WURST-FATTY IM SPECKMANTEL

*Was kommt dabei heraus, wenn Sie eine Frühstückswurst aufrollen,
sie mit Käse und anderen Leckereien füllen, wieder zusammenrollen,
mit einem geflochtenen Speckmantel umwickeln und smoken,
bis sie außen schön knusprig ist und innen vor Saft trieft? Nun, was
dabei herauskommt ist eins der leckersten Dinge, die Sie je
in Ihrem Leben essen werden! Ich empfehle Ihnen, gleich zwei
zuzubereiten, die erste wird schneller weg sein, als Sie gucken können.*

EMPFOHLENE HOLZSORTEN: Hickory,
Kirsche oder Pekan

Wenn Sie einen Kohle-, Elektro- oder
Gas-Smoker verwenden, benötigen
Sie ausreichend Holzchips oder
-chunks für etwa 2 Stunden.

GARZEIT: 3 Stunden

FÜR 6 PORTIONEN

13 Scheiben Speck,
dünn geschnittenen

500 g normale oder scharfe
Frühstückswurst

60 g Pepper-Jack-Käse, gerieben

1 Japaleño-Schote, fein gehackt

60 g Cheddar-Käse, gerieben

8–10 Spinatblätter

*Informationen zum geflochtenen
Speckmantel finden Sie auf den
Abbildungen auf Seite 107.*

GEFLOCHTENER SPECKMANTEL: Einen Speckmantel zu
flechten ist nicht schwer, verlangt aber etwas Übung.

Legen Sie sieben Speckscheiben quer auf ein etwa 50 x 50
Zentimeter großes Stück Backpapier. Entfernen Sie die zweite,
vierte und sechste Scheibe. Legen Sie eine Scheibe über die
Enden der ersten, dritten, fünften und siebten Scheibe. Das ist
die erste Reihe.

Legen Sie nun die zweite, vierte und sechste Scheibe wieder
hinzu.

Klappen Sie nun die Scheiben eins, drei, fünf und sieben über
die querliegende Scheibe und legen direkt neben diese eine weitere Scheibe Speck quer über die Scheiben zwei, vier und sechs.

Klappen Sie die Scheiben eins, drei, fünf und sieben wieder
zurück. Wiederholen Sie den Vorgang, bis alle Scheiben ver-
braucht und der Speckmantel fertig ist.

VORBEREITUNG: Geben Sie die Wurst in einen wiederver-
schließbaren Plastikbeutel (etwa vier Liter). Verschließen Sie
den Beutel, aber nicht vollständig, damit Luft entweichen kann.
Walzen Sie die Wurst mit einem Nudelholz flach aus, bis sie
eine quadratische Form hat. Schneiden Sie die Tüte nun mit
einem scharfen Messer oder einer Schere an den Seiten auf
und entfernen den obenauf liegenden Teil des Plastikbeutels.
Stürzen Sie das Wurstquadrat auf ein Backpapier (etwa
50 x 50 Zentimeter groß) und entfernen Sie das Plastik. Belegen Sie die Wurst mit dem Pepper-Jack-Käse, der gehackten
Jalapeño-Schote, dem Cheddar und den Spinatblättern.

(FORTSETZUNG AUF DER NÄCHSTEN SEITE)

GEFÜLLTE WURST-FATTY IM SPECKMANTEL (FORTSETZUNG)

Rollen Sie die Wurst mithilfe des Backpapiers zusammen. Legen Sie sie auf den geflochtenen Speckmantel mittig auf die untere Reihe und wickeln Sie die Wurstrolle mithilfe des Backpapiers in den Mantel ein.

Lassen Sie die Fatty ruhen, während Sie den Smoker auf 105–115 °C anheizen.

SMOKEN: Legen Sie die Fatty mit dem Saum des Speckmantels nach unten auf den Grillrost und lassen Sie sie drei Stunden smoken.

Sobald die Fatty fertig ist, nehmen Sie sie aus dem Smoker und lassen sie 15 Minuten ruhen, bevor Sie sie in etwa ein Zentimeter dicke Scheiben schneiden.

Die Fattys schmecken wunderbar mit Ei zum Frühstück oder auf einem Burger, einem Sandwich oder einer Scheibe Brot mit ein wenig Barbecue-Sauce obendrauf.

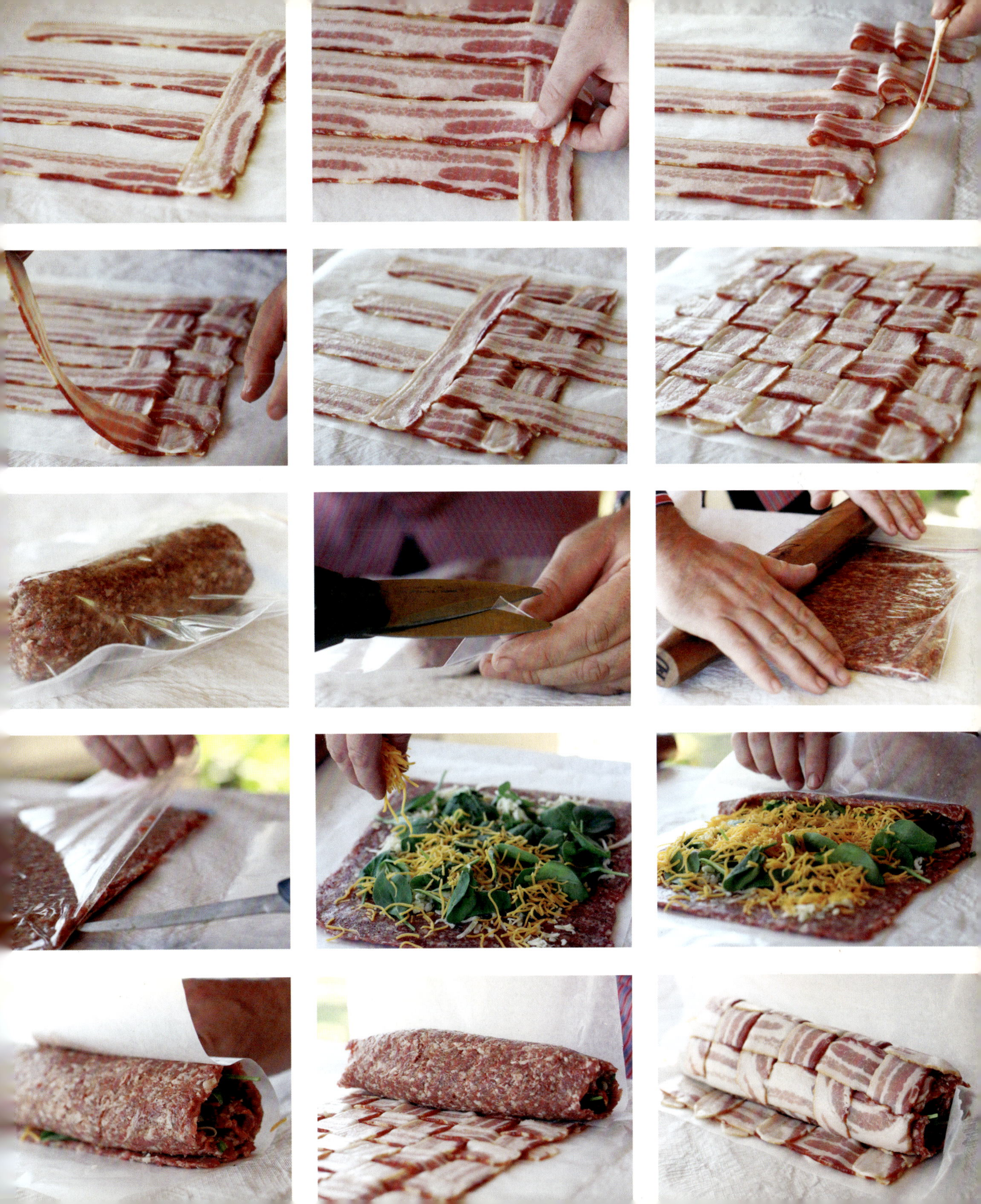

GESMOKETE BRATWURST ODER BOUDIN SAUSAGES

Fünf Jahre habe ich in Louisiana gelebt. Während dieser Zeit habe ich eine Vorliebe für Cajun-Essen entwickelt. Boudin mochte ich besonders gerne, ebenso wie Krebse, Tasso und eine Menge anderer Speisen, auf die ich hier nicht eingehen möchte. Boudin schmeckt gesmoked ganz hervorragend, und weil Boudins ganz ähnlich zubereitet werden wie Bratwürste, habe ich beide Rezepte zusammengefasst, verweise aber auf einige Unterschiede. Boudins bestehen hauptsächlich aus Reis, Schweinefleisch und Gewürzen, zubereitet auf eine sehr leckere, Cajun-typische Art und Weise. Wenn Sie sie noch nicht probiert haben, haben Sie etwas verpasst. Bratwurst wird in der Regel aus Schweine- und Kalbsfleisch hergestellt.

EMPFOHLENE HOLZSORTEN: Pekan, Eiche oder Kirsche

Wenn Sie einen Kohle-, Elektro- oder Gas-Smoker verwenden, benötigen Sie ausreichend Holzchips oder -chunks für etwa 2 Stunden.

GARZEIT: 2 Stunden (Bratwurst), 3 Stunden (Boudin)

FÜR 5 BIS 6 PORTIONEN

10–12 Bratwürste oder Boudin Würste

60 ml Barbecue-Sauce (optional)

VORBEREITUNG: Nehmen Sie die Würste aus der Verpackung und lassen sie bei Zimmertemperatur ruhen, während Sie den Smoker auf 105–115 °C anheizen.

SMOKEN: Sobald der Smoker die gewünschte Temperatur erreicht hat, legen Sie die Würste mit etwa zweieinhalb Zentimetern Abstand auf den Grillrost, damit der Rauch das Grillgut von allen Seiten gleichmäßig umströmen kann. Smoken Sie die Bratwürste zwei, die Boudins drei Stunden (aber nicht zu lange). Falls Sie den Würsten mehr Aroma geben möchten, bestreichen Sie sie etwa 15 Minuten vor Ende der Smokezeit mit der Barbecue-Sauce. Nehmen Sie die Würste aus dem Smoker, legen Sie sie in eine Schüssel und bedecken Sie sie mit Alufolie, damit sie warm bleiben, bis sie serviert werden sollen.

TIPPS FÜR DAS SMOKEN VON RINDFLEISCH

QUALITÄTSSTUFEN BEI RINDFLEISCH

Die Qualität von Rindfleisch hängt mit der Fettmaserung des Fleisches zusammen. Wie Sie wissen, ist der Fettanteil sehr wichtig, wenn es um das Smoken von Fleisch bei niedrigen Temperaturen und über lange Zeit geht. Die Fettmaserung hängt direkt mit dem Geschmack und der Zartheit des Fleisches zusammen. Bei Brisket mag das nicht so wichtig sein, bei anderen Fleischstücken, zum Beispiel aus der vorderen Rippe, schon.

Bei uns in den Vereinigten Staaten unterscheidet man, je nach Stärke der Marmorierung, zwischen *Prime*, *Choice* und *Select*. Prime ist natürlich das teuerste und Select üblicherweise das, was Sie bei Ihrem Supermarkt um die Ecke bekommen. Für die meisten Zwecke ist es auch in Ordnung. Aber ich empfehle Ihnen, das Beste zu kaufen, das Sie sich leisten können.

3

RIND

BRISKET – DIE RICHTIGE WAHL

Brisket ist eigentlich zäh und muss viele Stunden garen, um zart zu werden. Aber je zarter bereits die rohe Rinderbrust ist, desto besser wird auch die gegarte sein. Deswegen möchte ich Ihnen ein paar Regeln mitgeben, wie Sie ein gutes Brisket auswählen.

Zuallererst: Wenn Sie Glück haben und in Plastik verpacktes Brisket finden, hängen Sie sich ein Brisket nach dem anderen über die Handkante, denn so können Sie prüfen, wie flexibel die einzelnen Stücke sind. Das flexibelste sollte auch das zarteste sein. Manchmal wird das Fleisch aber auch in Styroporschalen angeboten, sodass dieser beste aller Tests leider nicht funktioniert.

Wichtig ist auch, dass das Fleisch außen noch eine ordentliche Fettschicht hat, diese also nicht bereits weggeschnitten wurde. Das Fett schmilzt während des Garens und bildet eine Schutzschicht. Schauen Sie sich nach einem Stück Fleisch um, bei dem die Fettschicht nicht entfernt wurde.

Bestellen Sie Brisket beim Metzger Ihres Vertrauens. Da die Fleischschnitte in den USA von den in Deutschland üblichen abweichen, müssen Sie ihm eventuell erklären, was Sie genau möchten. Erläuterungen und weitere Unterstützung finden Sie auf den Seiten des Deutschen Grillsportvereins unter www.grillsportverein.de.

GROUND BEEF VS. GROUND CHUCK

In den USA unterscheiden wir Rinderhackfleisch in Ground Beef und Ground Chuck. Der Unterschied besteht in den zur Herstellung verwendeten Fleischsorten und einem unterschiedlichen Fettanteil.

Ground Beef wird aus verschiedenen, weniger beliebten Fleischteilen hergestellt, so auch aus Abfallprodukten, die beim Zuschneiden des Fleisches anfallen. Sein Fettanteil darf 30 % nicht übersteigen.

Ground Chuck hingegen wird aus dem beliebten Bratenstück hergestellt und ist magerer als das Ground Beef.

In Deutschland unterliegt die Herstellung von Hackfleisch der Tierischen Lebensmittel-Hygieneverordnung, nach der Rinderhackfleisch maximal 20 % Fett enthalten darf, Schweinehackfleisch maximal 35 % und daraus gemischtes maximal 30 %.

Sie sollten sich jedoch bezüglich des genauen Fettgehalts nicht unbedingt nach der Fleischsorte richten, aus dem das Hack hergestellt wurde, sondern eher nach den Angaben des Metzgers Ihres Vertrauens. Sie können ihn natürlich auch bitten, Hackfleisch frisch für Sie zuzubereiten und dafür selbst die zu verwendenden Fleischteile auswählen.

Für mich ist Fett ein wichtiger Geschmacksträger und es trägt dazu bei, dass das Fleisch beim Garen nicht auseinanderfällt. Für Hackbraten empfehle ich daher Rinderhackfleisch mit einem Fettanteil von 20 %. Da dies genau den in Deutschland geltenden Richtlinien entspricht, habe ich Ground Beef und Ground Chuck in den Zutatenlisten unter Rinderhackfleisch zusammengefasst, aber jeweils in Klammern vermerkt, welches Produkt Sie, zum Beispiel bei einem Besuch in den Vereinigten Staaten, bevorzugen sollten.

KNOBLAUCH-ZWIEBEL-BRISKET

*Wenn Sie auch so ein Knoblauch- und Zwiebel-Freak sind wie ich, werden Sie
die folgende köstliche Variante eines gesmoketen Briskets zu würdigen wissen.
Bevor ich andere Rezepte ausprobiert habe, habe ich Brisket immer auf die
folgende Art zubereitet, und dieses Rezept ist immer noch mein Favorit, wenn
es darum geht, zartes, im Mund schmelzendes Brisket zuzubereiten:*

EMPFOHLENE HOLZSORTE: Mesquite
Wenn Sie einen Kohle-, Elektro- oder
Gas-Smoker verwenden, benötigen
Sie ausreichend Holzchips oder
-chunks für etwa 6 Stunden.

GARZEIT: 10 ½ bis 13 ½ Stunden
(1 ½ Stunden pro circa 500 g)

FÜR 8 PORTIONEN

3–4 kg Brisket (mit Fett)
1 Tasse Knoblauch-Zwiebel-Paste
(nächste Seite)
250 ml Jeff's Mopp-Wasser
(Seite 167)
60 ml Barbecue-Sauce (optional)

VORBEREITUNG: Waschen Sie das Brisket mit kaltem Wasser ab und tupfen Sie es anschließend mit einem Küchenpapier trocken. Legen Sie das Fleisch mit der Fettseite nach oben in eine große Pfanne oder Schüssel und bestreichen Sie es mit der Knoblauch-Zwiebel-Paste. Bedecken Sie das Fleisch und stellen Sie es über Nacht (zehn bis zwölf Stunden) in den Kühlschrank.

Nehmen Sie das Fleisch eine Stunde vor dem Smoken aus dem Kühlschrank, damit es Raumtemperatur annehmen kann, und heizen Sie den Smoker auf 105–115 °C an.

SMOKEN: Sobald der Smoker die gewünschte Temperatur erreicht hat, nehmen Sie das Brisket aus der Pfanne und legen es mit der Fettseite nach oben auf den Grillrost.

Beginnen Sie nach vier Stunden Garzeit, die Rinderbrust alle eineinhalb Stunden mit Jeff's Mopp-Wasser zu moppen. Wenden Sie das Fleisch dabei jedes Mal. Ebenso sollten Sie nach vier Stunden ein digitales Kernthermometer in das Fleisch stecken, und zwar seitlich, damit das Thermometer beim Wenden nicht beschädigt wird. Wenn Sie es möchten, können Sie das Fleisch nach zehn Stunden Garzeit für eine fein schmeckende Kruste mit Ihrer Lieblings-Barbecue-Sauce bestreichen.

Smoken Sie das Fleisch für weitere eineinhalb Stunden oder bis die Fleischtemperatur 90 °C erreicht hat. Nehmen Sie die Rinderbrust aus dem Smoker und lassen Sie sie für 30 Minuten ruhen, damit sich der Fleischsaft gleichmäßig im Inneren verteilen kann. Schneiden Sie das Fleisch nun quer zur Maserung in etwa einen halben bis einen Zentimeter dicke Scheiben und servieren es mit warmer Barbecue-Sauce.

KNOBLAUCH-ZWIEBEL-PASTE

Diese Paste ist wie gemacht für mein Knoblauch-Zwiebel-Brisket (siehe vorherige Seite). Ich bestreiche das Brisket oben und an den Seiten mit der Paste, etwa zehn bis zwölf Stunden (oder am Abend vorher), bevor ich mit dem Smoken beginne. Dadurch können das Knoblauch- und Zwiebelaroma in das Fleisch einziehen. Um ein „überirdisches" Aroma zu erhalten, platziere ich das Fleisch direkt auf den Grillrost, ohne die Paste vorher abzuwaschen.

ERGIBT etwa 250 ml

---

1 große Zwiebel, grob gehackt

8 Knoblauchzehen

4 EL grob gemahlener
   schwarzer Pfeffer

2 EL Zitronensaft
   (Saft etwa einer Zitrone)

¼ TL Cayennepfeffer

Geben Sie die Zutaten in einen Mixer und pürieren Sie das Ganze zu einer feinen Paste.

GESMOKETE BRISKET-FAJITAS

*Sind Sie des einfachen gesmoketen Briskets überdrüssig? Okay, ich bin
es zwar nicht, aber im folgenden Rezept zeige ich Ihnen, wie Sie Reste des
Briskets auf eine komplett andere Art und Weise zubereiten können.
Meine Familie und ich mögen es sehr, und manchmal smoke ich nur deshalb
ein Brisket, um aus dem Fleisch Fajitas zubereiten zu können.
Sie können aber auch gesmoketes Hähnchen oder Schweinefleisch nehmen.*

GARZEIT: 20 Minuten

FÜR 5 PORTIONEN

5 EL Pflanzenöl
2 rote Paprika, in Stifte geschnitten
1 kleine rote Zwiebel,
    in Stifte geschnitten
1 große Jalapeño-Schote,
    entkernt und in dünne
    Längsstreifen geschnitten
600–750 g klein geschnittenes
    oder auseinandergerupftes
    gesmoketes Brisket
    (Seite 114 oder 118)
10 Tortillas, etwa 20 cm
    im Durchmesser
1 kleiner Salat
250–300 g Perfect Pico de Gallo
    (Seite 199)
250 ml saure Sahne
225 g Cheddar-Käse, gerieben

Erhitzen Sie bei mittlerer Hitze drei Esslöffel Öl in einer Pfanne.
Dünsten Sie die Paprika, die Zwiebel und die Japaleño-Schote
darin glasig, geben Sie anschließend das Fleisch dazu und
braten Sie die Zutaten für weitere zwei Minuten.

Erhitzen Sie währenddessen das restliche Öl in einer Bratpfanne bei mittlerer Hitze. Geben Sie die Tortillas einzeln
nacheinander in die Pfanne und braten sie von beiden Seiten
goldbraun (etwa 15 Sekunden pro Seite) an. Nehmen Sie die
Tortillas aus der Pfanne und lassen Sie sie auf einem Küchenpapier abtropfen.

Verteilen Sie das Fleisch, die Tortillas, den Salat, Pico de
Gallo, die saure Sahne und den Käse auf einzelne Schüsseln
bzw. Teller, sodass sich jeder Ihrer Gäste seine eigenen Fajitas
zusammenstellen kann.

IN DER PFANNE GESMOKETES BRISKET

Auch wenn Brisket normalerweise direkt auf den Grillrost gelegt wird, ist das Smoken in der Pfanne eine Methode, die ich jahrelang angewandt habe, um das Fleisch zarter und saftiger zu machen, da das Fleisch bei dieser Methode im eigenen Saft garen kann. Dabei wende ich das Fleisch während der ersten Hälfte der Smoking-Session, um sicherzustellen, dass der Rauch das Fleisch von allen Seiten aromatisiert. Allerdings erhält das Fleisch durch den aufsteigenden Dampf keine braune Kruste. Mir macht das nichts aus, aber manchen von Ihnen mag es das Spiel verderben.

EMPFOHLENE HOLZSORTEN:

Mesquite

Wenn Sie einen Kohle-, Elektro- oder Gas-Smoker verwenden, benötigen Sie ausreichend Holzchips oder -chunks für etwa 6 Stunden.

GARZEIT: 10 ½ bis 13 ½ Stunden (etwa 1 ½ Stunden pro 500 g)

FÜR 8 PORTIONEN

3–4 kg Brisket (mit Fett)
2 EL grobes Salz
2 EL grob gemahlener schwarzer Pfeffer
2 EL Knoblauchpulver
2 TL Cayennepfeffer (optional)

VORBEREITUNG: Waschen Sie das Brisket mit kaltem Wasser ab und tupfen Sie es mit einem Küchenpapier trocken. Entfernen Sie etwa drei Viertel der Fetthaut und schneiden Sie das verbleibende Fett bis zum Fleisch kreuzweise mit einem scharfen Messer ein. Dadurch können sowohl der Rauch als auch die Hitze besser in das Fleisch eindringen. Zudem sammeln sich das schmelzende Fett und damit die Gewürze in den Ritzen und fließen nicht vom Fleisch.

Würzen Sie das Fleisch nun von allen Seiten mit Salz, Pfeffer und Knoblauchpulver. Ich gebe gerne noch etwas Cayennepfeffer für etwas mehr Schärfe dazu, aber das ist Geschmackssache.

Lassen Sie das Fleisch für 30 bis 45 Minuten bei Zimmertemperatur ruhen, während Sie den Smoker auf 105–115 °C anheizen.

SMOKEN: Sobald der Smoker die gewünschte Temperatur erreicht hat, legen Sie das Brisket mit der Fettseite nach oben in eine ausreichend große Aluminiumpfanne und platzieren Sie diese auf dem Grillrost.

Wenden Sie das Fleisch nach vier Stunden Smokezeit und wiederholen Sie den Vorgang von nun an alle zwei Stunden, sodass der Rauch das Fleisch gleichmäßig aromatisieren kann. Platzieren Sie nach den ersten vier Stunden auch ein digitales Kernthermometer, und zwar seitlich, damit das Thermometer beim Wenden des Fleisches nicht beschädigt wird.

(FORTSETZUNG AUF SEITE 120)

IN DER PFANNE GESMOKETES BRISKET (FORTSETZUNG)

Sobald die interne Fleischtemperatur 70 °C erreicht hat, können Sie das Fleisch mit Alufolie bedecken, damit es zarter und der Garvorgang beschleunigt wird. Ich persönlich verzichte allerdings darauf, es sei denn, ich habe es eilig.

Nehmen Sie das Fleisch aus dem Smoker, sobald die Kerntemperatur 90 °C erreicht hat. Lassen Sie es etwa 30 Minuten ruhen, damit sich der Saft im Fleisch gleichmäßig verteilen kann.

ZUM SCHLUSS: Nehmen Sie das Brisket aus der Schale und legen Sie es beiseite. Gießen Sie den Fleischsaft aus der Pfanne in ein verschließbares Gefäß und stellen es in den Kühlschrank. Sobald der Sud abgekühlt ist, gießen Sie das Fett, das sich an der Oberfläche gesammelt hat, ab. Schneiden Sie das Fleisch in sehr dünne Scheiben oder zupfen Sie es auseinander und geben die entfettete Jus darüber. Mit warmer Barbecue-Sauce heiß servieren.

BEEF BACK RIBS MIT JEFF'S MOJO

*Diese Ribs sind super lecker, aber da an Beef Back Ribs nicht viel
Fleisch dran ist, sollten Sie wählerisch sein und nach einem Stück mit viel
Fleisch Ausschau halten – Sie werden mit dem Ergebnis sehr viel glücklicher
sein. Mein Mojo-Rezept (Seite 154) gibt noch etwas Aroma dazu.*

EMPFOHLENE HOLZSORTEN: Eiche,
Hickory oder Kirsche

Wenn Sie einen Kohle-, Elektro- oder
Gas-Smoker verwenden, benötigen
Sie ausreichend Holzchips oder
-chunks für etwa 3 Stunden.

GARZEIT: 5 Stunden

FÜR 4 BIS 6 PORTIONEN

---

2 Beef Back Ribs mit viel Fleisch
   (je etwa 1,5 kg)
1 EL grobes Salz
1 EL grob gemahlener
   schwarzer Pfeffer
500 ml Jeff's Mojo (Seite 154)
125 ml Barbecue-Sauce (optional)

VORBEREITUNG: Waschen Sie die Ribs mit kaltem Wasser
ab und tupfen Sie sie mit einem Küchenpapier trocken. Legen
Sie sie auf ein Schneidebrett und entfernen Sie die Silberhaut
(Seite 88).

Schneiden Sie das Fleisch in einzelne Ribs und legen Sie sie
in eine tiefe, ausreichend große Aluminiumpfanne. Würzen Sie
das Fleisch mit Salz und Pfeffer und begießen Sie es mit Jeff's
Mojo. Lassen Sie die Ribs für 30 bis 45 Minuten bei Zimmertemperatur ruhen, während Sie den Smoker auf 105–115 °C
anheizen.

SMOKEN: Sobald der Smoker die gewünschte Temperatur erreicht hat, platzieren Sie die Ribs in der Pfanne auf den Grillrost
und smoken Sie sie für etwa vier Stunden. Nehmen Sie das
Fleisch anschließend aus der Pfanne und legen Sie es direkt
auf den Grillrost. Wenn Sie es etwas saftiger mögen, bestreichen
Sie die Ribs jetzt mit der Barbecue-Sauce.

Nehmen Sie die Ribs aus dem Smoker, wenn sie zart sind
(Seite 25). Legen Sie sie zurück in die Pfanne, bedecken Sie sie
mit Alufolie und lassen Sie sie für 15 Minuten ruhen, bevor Sie
die Ribs servieren.

RAY'S HACKBRATEN

Mit dem Smoken von Hackbraten habe ich vor vielen Jahren begonnen und zunächst eine Menge verwunderter Blicke geerntet – auch von meiner Frau – als ich davon sprach, dass ich das einmal ausprobieren wollte. Doch sobald die Leute meinen Hackbraten erst einmal probiert hatten, verwandelte sich ihre Verwunderung in Ehrfurcht. Das folgende Rezept ist eine großartige Version von gesmoketem Hackbraten, es stammt von Ray (Silverwolf636) auf www.smokingmeatforums.com. Natürlich können Sie den Hackbraten auch nach Ihrem Familienrezept zubereiten und anschließend wie im Folgenden beschrieben smoken:

EMPFOHLENE HOLZSORTEN: Kirsche, Apfel oder Hickory

Wenn Sie einen Kohle-, Elektro- oder Gas-Smoker verwenden, benötigen Sie ausreichend Holzchips oder -chunks für etwa 2 Stunden.

GARZEIT: 3 Stunden

FÜR 6 PORTIONEN

---

4 Scheiben frisches Weißbrot, zerkleinert

500 g Rinderhackfleisch (Ground Chuck, 20 % Fett)

250 g einfache Frühstückswürstchen

6–7 mittelgroße Champignons, klein geschnitten

1 mittelgroße Zwiebel, gehackt

1 große grüne Paprika, klein geschnitten

3 Eier

1 EL Sriracha-Sauce (Thai Hot Chili-Sauce)

1 EL grob gemahlener schwarzer Pfeffer

1 EL Ray's Wild-Rub (Seite 157)

VORBEREITUNG: Bereiten Sie den Teig für den Hackbraten wie im Folgenden beschrieben mindestens vier Stunden vor dem Smoken zu und lassen ihn im Kühlschrank durchziehen.

Heizen Sie Ihren Backofen auf 135 °C vor. Verteilen Sie die Brotkrumen auf einem Backblech und schieben Sie es auf mittlerer Schiene für 20 Minuten in den Ofen.

Mischen Sie in einer großen Schüssel die gerösteten Brotkrumen mit den restlichen Zutaten, außer dem Rub. Formen Sie aus dem Teig eine große Kugel, wickeln Sie sie in Frischhaltefolie und legen Sie sie für drei Stunden in den Kühlschrank.

Stechen Sie mit einem Messer in den Boden einer etwa 20 x 35 Zentimeter großen Aluminiumschale in einem Abstand von etwa zweieinhalb Zentimetern kleine Löcher, damit der Fleischsaft und das Fett abtropfen können.

Nehmen Sie den Fleischteig eine Stunde vor dem Smoken aus dem Kühlschrank und entfernen Sie die Folie. Formen Sie aus dem Teig einen etwa zehn Zentimeter dicken Hackbraten, legen Sie diesen in die Aluminiumschale und besprenkeln Sie ihn mit Ray's Wild-Rub.

Lassen Sie den Hackbraten für 20 bis 30 Minuten bei Zimmertemperatur ruhen, während Sie den Smoker auf 105–115 °C anheizen.

SMOKEN: Sobald der Smoker die gewünschte Temperatur erreicht hat, legen Sie den Hackbraten in der Aluminiumschale auf den Grillrost. Platzieren Sie unter der Schale eine weitere Aluminiumschale, um den Fleischsaft und das Fett aufzufangen, damit Ihr Smoker nicht verschmutzt.

Stecken Sie nach einer Stunde Smokezeit ein digitales Kernthermometer in den Braten. Sobald die Fleischtemperatur 70 °C erreicht hat, nehmen Sie den Hackbraten aus dem Smoker, bedecken ihn mit Alufolie und lassen ihn vor dem Schneiden und Servieren 15 Minuten ruhen.

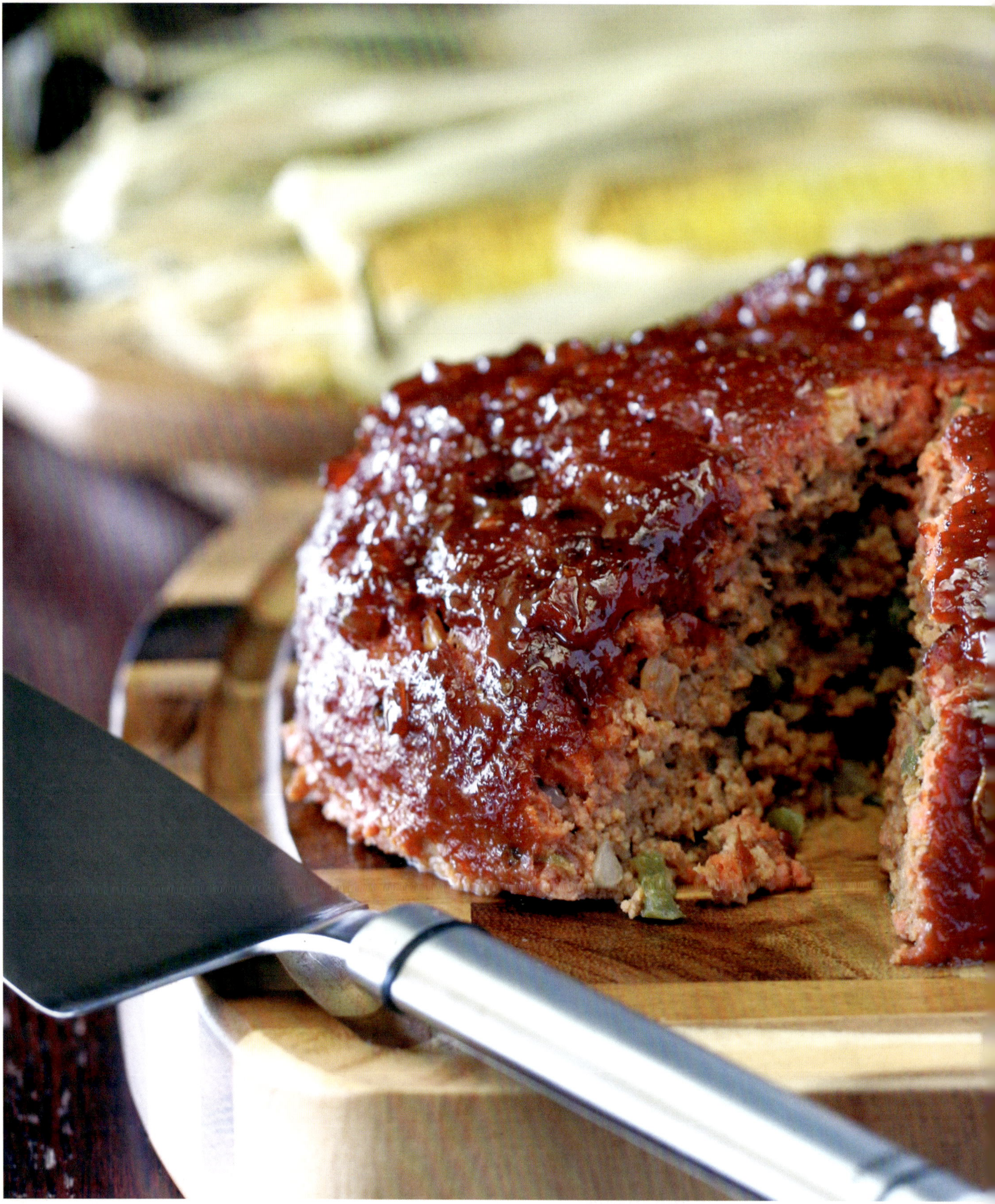

ABI'S HACKBRATEN

Dieses Rezept für Hackbraten ist in unserer ganzen Nachbarschaft beliebt. Früher haben wir ihn immer im Ofen gebacken, aber heute mögen wir ihn am liebsten gesmoked, und falls Sie noch kein gesmoketes Hackbraten-Sandwich probiert haben, sollten Sie das schleunigst nachholen. Ein paar Scheiben Ihres Lieblingsbrotes, Ihrer Lieblingsgewürze, Zwiebeln, Salat und eine dicke Scheibe Hackbraten: Sie sagen es!

EMPFOHLENE HOLZSORTEN:
Mesquite, Pekan oder Eiche
Wenn Sie einen Kohle-, Elektro- oder Gas-Smoker verwenden, benötigen Sie ausreichend Holzchips oder -chunks für etwa 2 Stunden.

GARZEIT: 3 Stunden

FÜR 6 PORTIONEN

---

1 kg Rinderhackfleisch
   (Ground Chuck, Seite 113)
1 kleine Zwiebel, klein geschnitten
½ grüne Paprika, klein geschnitten
2 Knoblauchzehen, gehackt
   (optional)
2 Scheiben frisches Weißbrot,
   klein geschnitten
2 Eier, verquirlt
180 ml Ketchup
60 ml Vollmilch
1 Spritzer Tabasco-Sauce
250 ml Ketchup
50 g brauner Zucker
125 ml Barbecue-Sauce (optional)

VORBEREITUNG: Geben Sie das Hackfleisch, die Zwiebel, die Paprika, den Knoblauch, das Weißbrot, die Eier, den Ketchup, die Milch und die Tabasco-Sauce in eine große Schüssel. Vermischen Sie die Zutaten gründlich mit den Händen. Geben Sie den Fleischteig in eine entsprechend große Aluminiumschale und formen Sie ihn zu einem etwa acht bis zehn Zentimeter hohen Laib.

Lassen Sie das Fleisch für 20 bis 30 Minuten bei Zimmertemperatur ruhen, während Sie den Smoker auf 105–115 °C anheizen.

SMOKEN: Sobald der Smoker die gewünschte Temperatur erreicht hat, legen Sie das Hackfleisch in der Aluminiumschale auf den Grillrost. Stecken Sie nach einer Stunde Smokezeit ein digitales Kernthermometer in den Laib, damit Sie die Fleischtemperatur jederzeit kontrollieren können. Smoken Sie den Braten für insgesamt drei Stunden bzw. bis die Fleischtemperatur 70 °C erreicht hat. Für zusätzliches Aroma bestreichen Sie das Hackfleisch eine halbe Stunde vor Ende der Garzeit mit einer Ketchup-Zucker-Mischung oder Ihrer Lieblings-Barbecue-Sauce. In Scheiben schneiden und sofort servieren.

SMOKED FILET MIGNON

*Dieser Party-Hit stammt von Rob Wyman (RobInNY) auf
www.smokingmeatforums.com. Ich empfehle sehr, ein bereits
küchenfertiges Filet zu verwenden. Sollten Sie sich aber
auskennen, können Sie das Putzen auch selbst übernehmen.*

EMPFOHLENE HOLZSORTEN: Apfel,
Kirsche oder Hickory
Wenn Sie einen Kohle-, Elektro- oder
Gas-Smoker verwenden, benötigen Sie
ausreichend Holzchips oder -chunks
für mindestens 2 bis 3 Stunden.

GARZEIT: 4 bis 5 Stunden
(etwa 45 Minuten pro 500 g Fleisch)

FÜR 6 PORTIONEN

___

230 g Butter
125 ml Original Charlie's Sticky-Sauce
(oder Ihre Lieblings-Barbecue-
Sauce)
2 Schalotten, grob gehackt
2 Stängel frischer Thymian
1 Bund frischer Schnittlauch,
in feine Röllchen geschnitten
2–3 kg Rinderfilet (küchenfertig)
6–8 Äpfel, ungeschält (optional,
wenn Sie einen Kohle-Smoker
verwenden)

VORBEREITUNG: Lassen Sie die Butter in einem Topf bei geringer Hitze aus, ohne dass sie verbrennt. Rühren Sie Charlie's Sticky-Sauce, die Schalotten und die Kräuter in die zerlassene Butter ein und stellen sie warm, damit sie nicht wieder aushärtet.

Schneiden Sie das Filet etwa alle fünf Zentimeter ein, sodass die einzelnen Stücke noch miteinander verbunden bleiben. Platzieren Sie eine feuerfeste Glasschüssel mit dem Boden nach oben in einer Aluminiumschale. Legen Sie das Filet darüber, sodass sich die Scheiben auffächern und der Rauch das gesamte Fleisch besser durchdringen kann.

Bestreichen Sie das Fleisch mit der Hälfte der Butter-Kräuter-Mischung und lassen Sie es für 20 bis 30 Minuten bei Zimmertemperatur ruhen, während Sie den Smoker auf 105–115 °C anheizen.

SMOKEN: Wenn Sie einen Kohle-Smoker benutzen, legen Sie nun die ganzen, ungeschälten Äpfel direkt auf die Kohlen für ein zusätzliches Aroma.

Stellen Sie die Schale mit dem Filet auf den Grillrost. Stecken Sie nach einer Stunde Smokezeit ein digitales Kernthermometer in das Fleisch, damit Sie jederzeit die Temperatur kontrollieren können. Bestreichen Sie das Filet jede Stunde mit dem Rest der Butter-Kräuter-Mischung.

Smoken Sie das Fleisch für etwa 45 Minuten pro Pfund bzw. bis die Fleischtemperatur 55 °C erreicht hat (englisch) oder länger, wenn Sie es durchgegarter mögen.

Sobald das Fleisch gar ist, nehmen Sie es aus dem Smoker, bedecken es mit Alufolie und lassen es für 15 bis 20 Minuten ruhen. Bereiten Sie währenddessen aus dem Fleischsaft in der Aluminiumschale eine Sauce zu und servieren Sie sie zum Fleisch.

Denken Sie daran, dass die Randstücke des Filets garer sind als die Mittelstücke, deshalb sollten Sie sie in der entsprechenden Reihenfolge servieren. Garnieren Sie das Filet zum Beispiel mit essbaren Blüten oder Melonenscheiben, einem Klecks saurer Sahne und einigen Heidelbeeren.

DUTCH'S ENCHILADAS MIT RINDFLEISCH

*Dies ist das Lieblingsrezept meines Kumpels Earl Dowdle (Dutch)
auf www.smokingmeatforums.com. Es ist wirklich köstlich
und mal eine andere Art, Fleisch zu smoken. Arm Chuck Roast
ist eine hervorragende Alternative zu Brisket, mit weniger Fett und
kürzerer Garzeit. Ich schlage vor, Sie probieren es einfach aus!*

EMPFOHLENE HOLZSORTEN: Eiche, Mesquite oder Pekan
Wenn Sie einen Kohle-, Elektro- oder Gas-Smoker verwenden, benötigen Sie ausreichend Holzchips oder -chunks für etwa 4 Stunden.

GARZEIT: 6 bis 9 Stunden (1 ½ Stunden pro ca. 500 g)

FÜR 6 BIS 8 PORTIONEN

2–2,5 kg Arm Chuck Roast (Schmorbraten aus der Keule)

1 EL grobes Salz

1 EL grob gemahlener schwarzer Pfeffer

1 EL Pflanzenöl + ca. 1 EL für die Backform

1 große Zwiebel, gewürfelt

50 g eingelegte grüne Chilis, klein geschnitten

2 Tüten Enchilada-Sauce-Mix (oder zwei Dosen fertige Sauce, je 450 ml)

24 Tortillas, 20 Zentimeter im Durchmesser

450 g Colby-Käse (oder Colby-Jack-Käse), gerieben

VORBEREITUNG: Waschen Sie den Braten mit kaltem Wasser ab und tupfen Sie ihn anschließend mit einem Küchenpapier trocken. Salzen und pfeffern Sie das Fleisch von allen Seiten und lassen Sie es für 30 bis 45 Minuten bei Zimmertemperatur ruhen, während Sie den Smoker auf 105–115 °C anheizen.

SMOKEN: Legen Sie das Fleisch auf den Grillrost. Stecken Sie nach vier Stunden Smokezeit ein digitales Kernthermometer in die dickste Stelle des Fleisches, damit Sie die Fleischtemperatur im Blick haben. Smoken Sie das Fleisch für insgesamt sechs bis neun Stunden bzw. etwa eineinhalb Stunden pro 500 g Fleisch, bis die Fleischtemperatur 80 °C erreicht hat.

Nehmen Sie das Fleisch aus dem Smoker und zerrupfen Sie es mithilfe von zwei Gabeln. Geben Sie das Fleisch in eine Schüssel und stellen Sie es beiseite.

ZUM SCHLUSS: Erhitzen Sie einen Esslöffel Öl in einer Bratpfanne bei mittlerer Hitze. Geben Sie die Zwiebel hinzu und braten Sie sie glasig. Vermischen Sie anschließend die Hälfte der Zwiebel sowie die grünen Chilis mit dem Fleisch.

Bereiten Sie die Enchilada-Sauce nach der Anweisung auf der Verpackung zu (sofern Sie keine fertige Sauce aus der Dose verwenden). Rühren Sie die Hälfte der Enchilada-Sauce unter das Fleisch. Geben Sie in die andere Hälfte der Sauce die restliche Zwiebel. Fetten Sie zwei etwa 20 x 30 Zentimeter große Auflaufformen mit dem restlichen Öl ein und geben Sie so viel der Enchilada-Zwiebel-Mischung hinein, dass der Boden bedeckt ist.

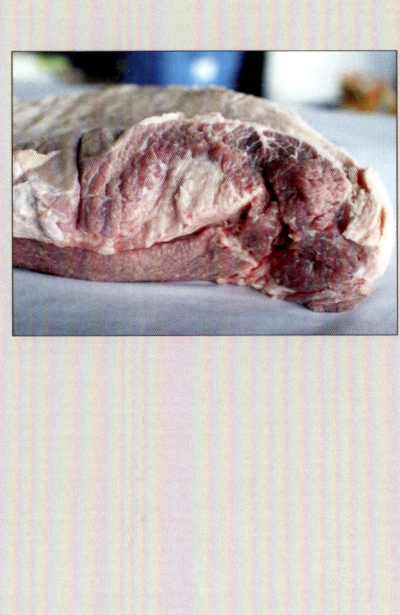

Füllen Sie die Tortillas mit je etwa 3 Esslöffeln der Fleisch-mischung und legen sie in die Auflaufformen. Begießen Sie die Tortillas mit der restlichen Enchilada-Zwiebel-Mischung und streuen Sie großzügig den Käse darüber.

Bedecken Sie das Ganze mit Alufolie und geben es für 30 bis 45 Minuten in den auf 180 °C vorgeheizten Backofen. Wenn Sie Auflaufformen aus Glas verwenden, reduziert sich die Backzeit auf 20 bis 35 Minuten oder reduzieren Sie die Hitze auf 160 °C.

GESMOKETE KIRSCH-PRIME-RIBS

Gesmokete Prime Ribs werden bei uns vor allem in den Ferien zubereitet und bei besonderen Gelegenheiten. Zum Würzen können Sie eine Steak-Gewürz-mischung verwenden (z. B. Emeril's Steak Seasoning), anstelle des Rubs. Für eine schöne, dezente Kruste mit Kirscharoma beträufeln Sie das Fleisch während des Smokens hin und wieder mit etwas Kirschsaft.

EMPFOHLENE HOLZSORTEN: Kirsche oder Pekan

Wenn Sie einen Kohle-, Elektro- oder Gas-Smoker verwenden, benötigen Sie ausreichend Holzchips oder -chunks für etwa 4 Stunden.

GARZEIT: 5 Stunden

FÜR 6 PORTIONEN

---

2 kg Prime Rib

2 EL grobes Salz

2 EL grob gemahlener schwarzer Pfeffer

2 EL Knoblauchflocken

1 kleine Zwiebel, fein gehackt

1 EL Chiliflocken

Olivenöl (zum Sprühen)

500 ml Kirschsaft

VORBEREITUNG: Schneiden Sie das Fleisch mit einem scharfen Messer entlang des Knochens ein, ohne es ganz vom Knochen abzutrennen. Umwickeln Sie anschließend das Fleisch längs mit Küchengarn mit einem Abstand von etwa zwei Zentimetern. Dadurch fällt das Fleisch während des Garens nicht auseinander und Sie haben ein nettes Entrée beim Servieren.

Mischen Sie in einer kleinen Schüssel Salz, Pfeffer, Knoblauchflocken, Zwiebel und Chiliflocken zu einem Rub. Beträufeln Sie das Fleisch mit etwas Olivenöl, damit die Gewürze besser haften, und verteilen Sie den Rub darüber. Lassen Sie das Fleisch für 30 bis 45 Minuten bei Zimmertemperatur ruhen, während Sie den Smoker auf 105–115 °C anheizen.

SMOKEN: Legen Sie das Fleisch auf den Grillrost und besprenkeln Sie es jede Stunde mit etwas Kirschsaft. Stecken Sie nach zwei Stunden ein digitales Kernthermometer in den dicksten Teil des Fleisches. Prime Rib sollte englisch serviert werden, also achten Sie darauf, das Fleisch aus dem Smoker zu nehmen, sobald es eine Kerntemperatur von 55 °C erreicht hat.

Sobald Sie das Fleisch aus dem Smoker genommen haben, legen Sie es in eine Schüssel und bedecken Sie es mit Alufolie, bis es serviert wird. Bedenken Sie, dass die Fleischtemperatur innerhalb von 30 Minuten noch einmal um mehr als 10 °C steigt.

(FORTSETZUNG AUF SEITE 132)

GESMOKETE KIRSCH-PRIME-RIBS (FORTSETZUNG)

Entfernen Sie vor dem Servieren das Garn, trennen Sie das Fleisch vom Knochen und schneiden Sie es in zwei Zentimeter dicke Scheiben. Sofort servieren.

TIPPS FÜR DAS SMOKEN VON FISCH UND MEERESFRÜCHTEN

Über das Smoken von Fisch könnte man ein eigenes Buch schreiben. Doch ein paar Grundkenntnisse möchte ich Ihnen an dieser Stelle an die Hand geben. Und wer weiß? Vielleicht schreibt ja schon bald jemand ein Buch über das Smoken von Fisch.

FISCHSORTEN

Fetthaltige Fische wie Lachs, Forelle und Seewolf eignen sich am besten zum Smoken. Magerer Fisch neigt dazu, während des Smokens trocken und zäh zu werden. Natürlich können Sie auch solche Fische smoken – aber ich habe Sie gewarnt.

Welchen Fisch Sie auch immer zubereiten, vergewissern Sie sich, dass er so frisch wie möglich ist und aus einer zuverlässigen Quelle stammt.

HOLZSORTEN

Die besten Resultate beim Smoken von Fisch erhält man mit Erle, Eiche, Apfel, Pekan oder anderen milden Holzsorten.

4

FISCH &
MEERESFRÜCHTE

BRINEN UND TROCKNEN

Ich rate Ihnen, sowohl ganzen Fisch wie auch Filets vor dem Smoken zu brinen – durch die Reaktion von Salz und Zucker mit dem Fischfleisch wird dieses wesentlich saftiger und aromatischer. Die folgenden Rezepte enthalten detaillierte Anweisungen zum Brinen.

Bei Fischfilets ist das Trocknen für den Geschmack ebenso wichtig wie das Brinen. Die Fette bleiben im Fisch und der Saft kann nicht austreten. Während dieses Prozesses bekommt der Fisch eine glänzende Oberfläche, die sich klebrig anfühlt. Diese ist auch bekannt als Pellikel (Belag) und es kann ein bis zwei Stunden dauern, bis sie sich bildet. Legen Sie den Fisch während des Trocknens in eine flache Schüssel in den Kühlschrank.

NICHT ZU HEISS, NICHT ZU KALT

Hot Smoking bedarf einer Temperatur von 95–120 °C, Kalträuchern oder auch Cold Smoking geschieht bei weniger als 30 °C. Die besten Ergebnisse erzielt man beim Smoken von Fisch mit einer Temperatur, die irgendwo dazwischen liegt, also bei etwa 65–80 °C bei Filets und bei 105 °C bei einem ganzen Fisch.

Bei fettreichen Fischfilets wie Lachs sollten Sie Ihren Smoker auf 65–70 °C anheizen. Es ist wichtig, in diesem Temperaturbereich zu bleiben, damit das weiße Fett nicht austreten kann. Smoken Sie den Fisch zunächst bei 65 °C und heizen Sie zum Schluss noch einmal auf 70 °C hoch. Sobald der dickste Teil des Fisches aufzuplatzen beginnt, ist er gar. Fettarme Fische wie Goldmakrele oder ganze Fische wie Forellen können Sie bei einer Temperatur von 100–105 °C smoken.

Legen Sie den Fisch mit der Hautseite auf den Grillrost. Damit er nicht festbackt, können Sie auch ein Pergament- oder Backpapier darunterlegen.

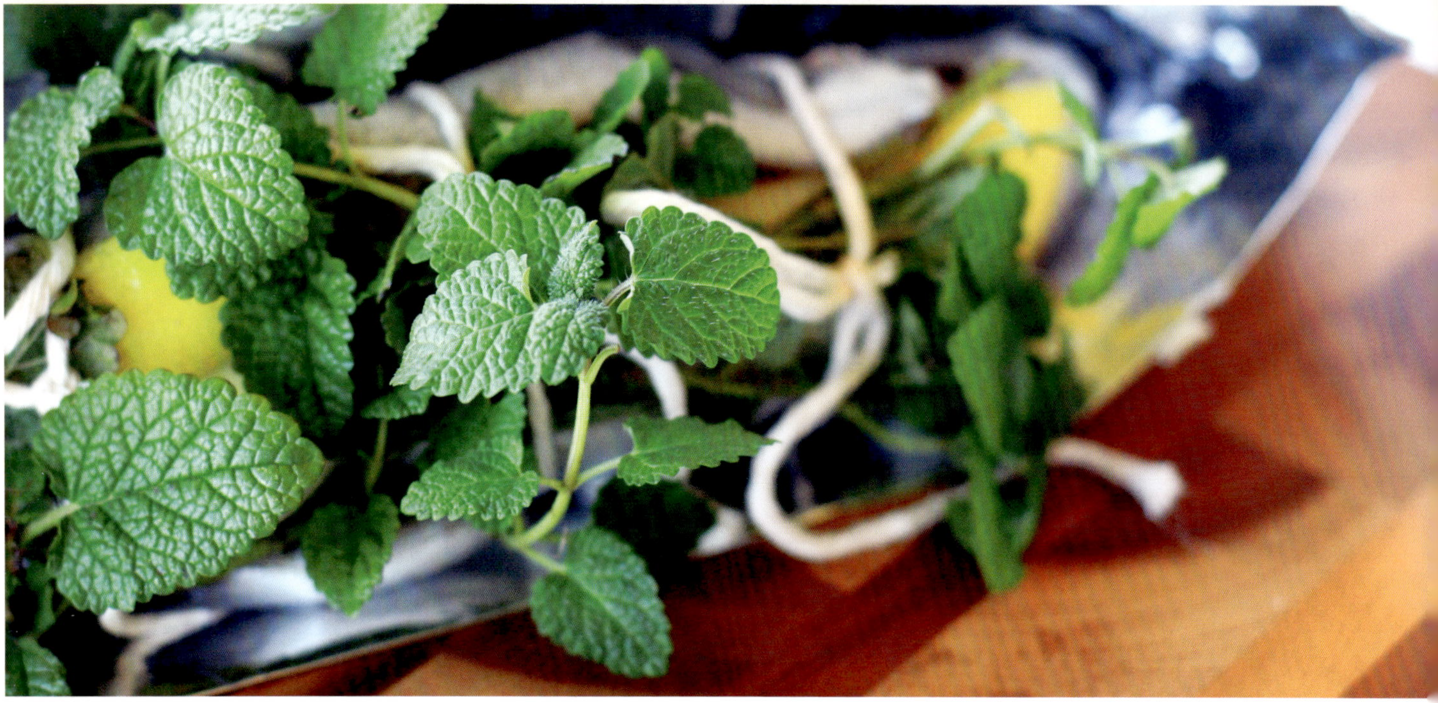

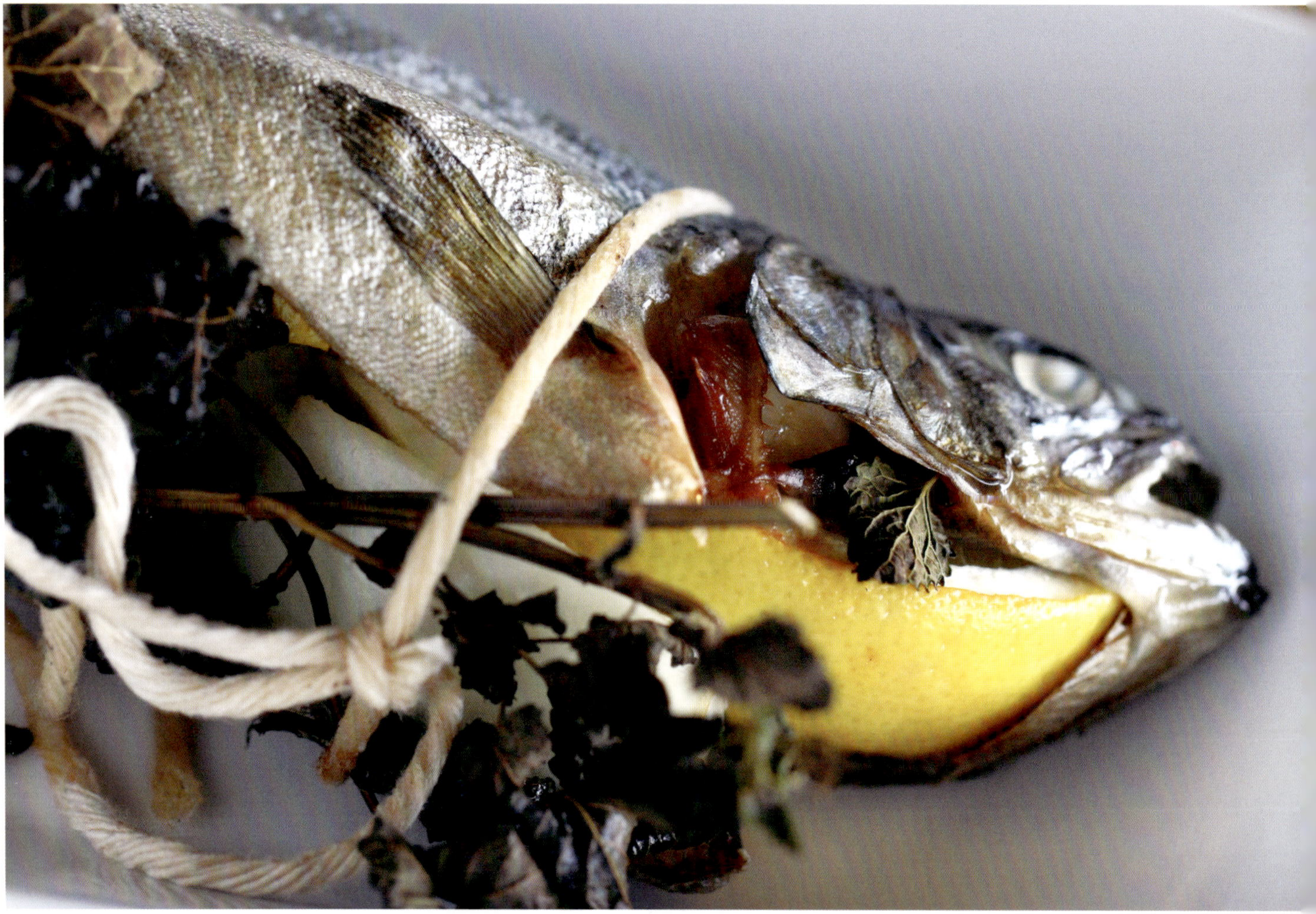

ZITRONEN-ZWIEBEL-FORELLE

Wenn ich an das Smoken von Fisch denke, habe ich immer Forellen im Sinn. Der Rauch des Apfelholzes, das ich üblicherweise verwende, ist das Sahnehäubchen bei diesem wunderbaren Mahl.

EMPFOHLENE HOLZSORTEN: Apfel
oder Erle

Wenn Sie einen Kohle-, Elektro- oder
Gas-Smoker verwenden, benötigen
Sie ausreichend Holzchips oder
-chunks für etwa 1 ½ Stunden.

GARZEIT: 2 Stunden

FÜR 4 PORTIONEN

BRINE

3,8 l kaltes Wasser

180 g grobes Salz

130 g brauner Zucker

2 Knoblauchzehen, gehackt
(optional)

2 EL frisch gepresster Zitronensaft
(Saft von etwa 1 Zitrone)

FISCH

4 ganze Forellen
(etwa 500 g pro Fisch)

1 EL grobes Salz

1 EL grob gemahlener
schwarzer Pfeffer

60 g Butter, in vier längliche
Stücke geteilt

2 Knoblauchzehen, halbiert

½ kleine Zwiebel, in Spalten
geschnitten

1 Zitrone, in Spalten geschnitten

3–4 Zweige Zitronenmelisse
(optional)

VORBEREITUNG: Geben Sie für die Brine das Wasser in eine große Plastikschüssel. Fügen Sie das Salz hinzu und rühren Sie so lange, bis das Salz aufgelöst ist und das Wasser wieder klar wird. Rühren Sie den Zucker ein, bis er sich aufgelöst hat und fügen Sie dann den Knoblauch und den Zitronensaft hinzu.

Legen Sie die Forellen in eine ausreichend große Glasschüssel oder Plastikschale und gießen Sie die Brine darüber, sodass die Fische vollständig mit der Flüssigkeit bedeckt sind. Lassen Sie die Forellen für zwei Stunden im Kühlschrank.

Nehmen Sie die Forellen aus der Brine, waschen Sie sie mit kaltem Wasser ab und tupfen Sie sie anschließend mit einem Küchenpapier trocken. Salzen und pfeffern Sie die Forellen innen.

Füllen Sie die Forellen nun mit je einem Stück Butter, einer Knoblauchhälfte, Zwiebeln, Zitronenspalten und Zitronenmelisse. Binden Sie die Fische locker mit etwas Küchengarn zusammen, damit die Füllung während des Smokens nicht herausfällt.

Falten Sie aus Alufolie für jeden Fisch ein „Boot", indem Sie je ein 30 x 30 Zentimeter großes Stück Folie in der Mitte falten, dann noch einmal falten, sodass Sie ein etwa 30 x 8 Zentimeter großes Stück erhalten. Klappen Sie dann die Ränder der Längsseiten etwa zweieinhalb Zentimeter nach außen und ziehen die gefaltete Folie in der Mitte auf, sodass Sie eine Art „Boot" erhalten. Legen Sie jeden Fisch in eines der Folienboote, während Sie den Smoker auf 100–110 °C anheizen.

SMOKEN: Sobald der Smoker die gewünschte Temperatur erreicht hat, legen Sie die Fische in der Folie auf den Grillrost. Stecken Sie nach einer Stunde ein digitales Kernthermometer in einen der Fische. Nehmen Sie die Fische aus dem Smoker, sobald sie eine Temperatur von etwa 63 °C erreicht haben bzw. der Fisch aufplatzt und die Haut opak ist (das sollte nach etwa zwei Stunden der Fall sein). Entfernen Sie das Küchengarn und servieren Sie die Fische in ihren Folienbooten.

GESMOKETER LACHS

*Auch wenn ich mich selbst nicht als Experte für das Smoken von Fisch betrachte,
den Lachs habe ich gemeistert. Zuhause bereiten wir ihn recht häufig zu und für
gewöhnlich steht dann die ganze Familie am Küchentresen und pflückt sich Stücke
vom gesmoketen Fisch. Wenn der Rauch mild und die Hitze niedrig ist, wird der Lohn
ein breites Grinsen auf Ihrem Gesicht sein, sobald Sie das Ergebnis gekostet haben.*

EMPFOHLENE HOLZSORTEN: Apfel
oder Erle

Wenn Sie einen Kohle-, Elektro- oder
Gas-Smoker verwenden, benötigen
Sie ausreichend Holzchips oder
-chunks für etwa 2 Stunden.

GARZEIT: 4 bis 5 Stunden

FÜR 4 BIS 6 PORTIONEN

BRINE

4 l kaltes Wasser

180 g grobes Salz

130 g brauner Zucker

4 Knoblauchzehen, gehackt

FISCH

etwa 1 ½–2 kg Lachsfilet

VORBEREITUNG: Geben Sie das Wasser zum Brinen in eine
große Plastikschüssel. Fügen Sie das Salz hinzu und rühren
Sie so lange, bis das Salz aufgelöst ist und das Wasser wieder
klar wird. Rühren Sie den braunen Zucker ein, bis er sich aufgelöst hat. Legen Sie die Lachsfilets in eine Glas- oder Plastikschüssel und gießen Sie die Brine darüber, sodass der Fisch
vollständig mit der Flüssigkeit bedeckt ist. Fügen Sie den Knoblauch hinzu, schließen Sie die Schüssel mit einem Deckel oder
mit Frischhaltefolie und lassen Sie den Fisch für zwei Stunden
im Kühlschrank ziehen.

Nehmen Sie die Filets aus der Brine, waschen Sie sie mit
kaltem Wasser ab und tupfen Sie sie anschließend mit einem
Küchenpapier trocken. Lassen Sie den Fisch trocknen, bis er eine
Pellikel bildet, eine klebrige Oberfläche, die dafür sorgt, dass
die natürliche Saftigkeit des Fisches erhalten bleibt. Da dieser
Prozess bis zu zwei Stunden dauern kann, sollten Sie den Fisch
währenddessen zurück in den Kühlschrank stellen.

Sobald sich die Pellikel gebildet hat, legen Sie den Fisch auf
ein Stück Pergament- oder Backpapier, das etwas größer als der
Fisch ist. Lassen Sie die Filets bei Zimmertemperatur ruhen,
während Sie den Smoker auf 65–70 °C anheizen.

SMOKEN: Sobald der Smoker die gewünschte Temperatur erreicht hat, legen Sie die Fische auf dem Pergament- oder Backpapier auf den Grillrost. Stecken Sie ein digitales Kernthermometer im 45-Grad-Winkel in den dicksten Teil des Fisches.
Lassen Sie den Fisch für etwa vier bis fünf Stunden smoken
bzw. bis er eine Temperatur von 63 °C erreicht hat.

Servieren Sie den Fisch sofort oder lassen Sie ihn abkühlen,
um daraus etwa Abi's Lachs- und Schnittlauchcreme zuzubereiten (Seite 143).

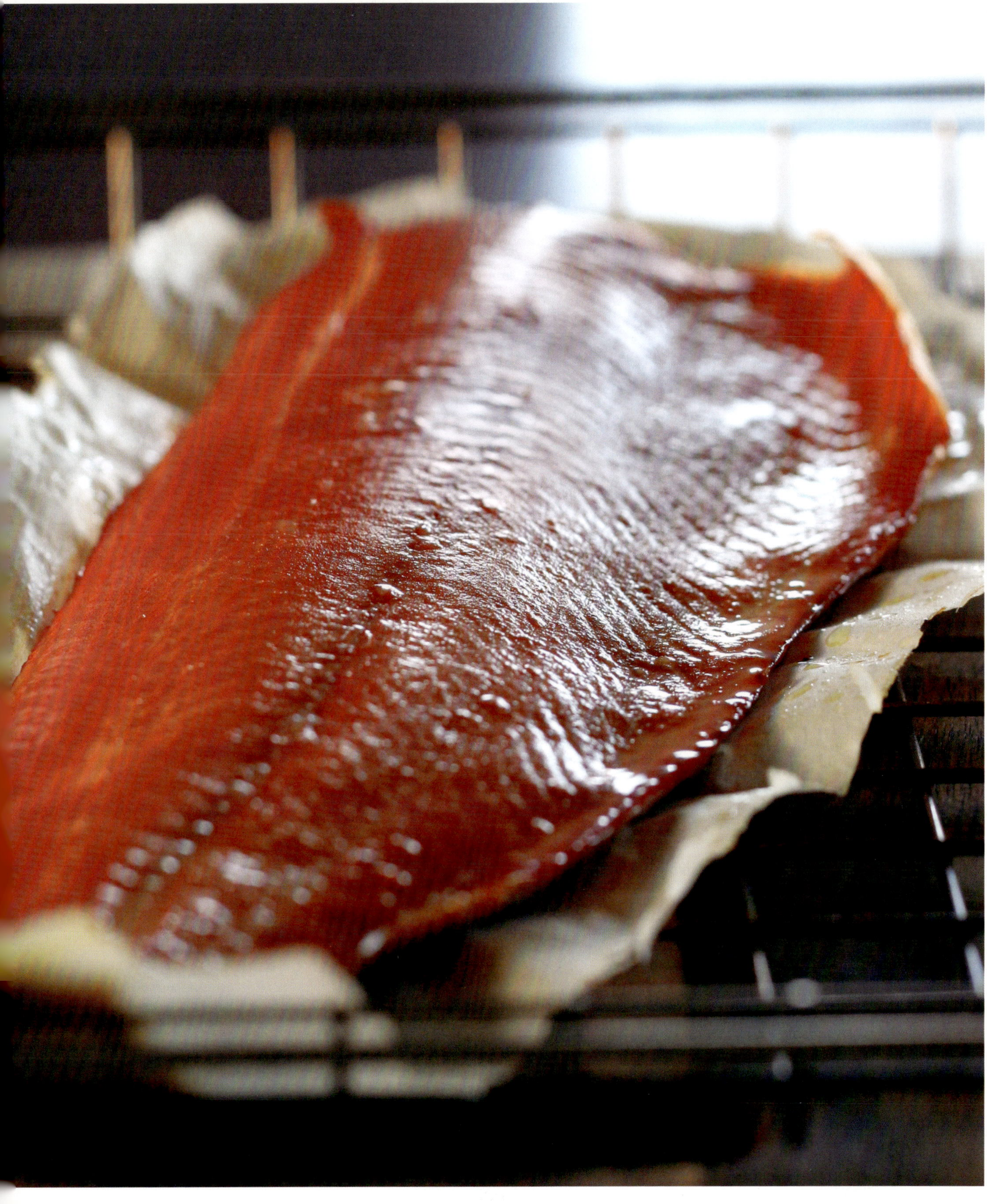

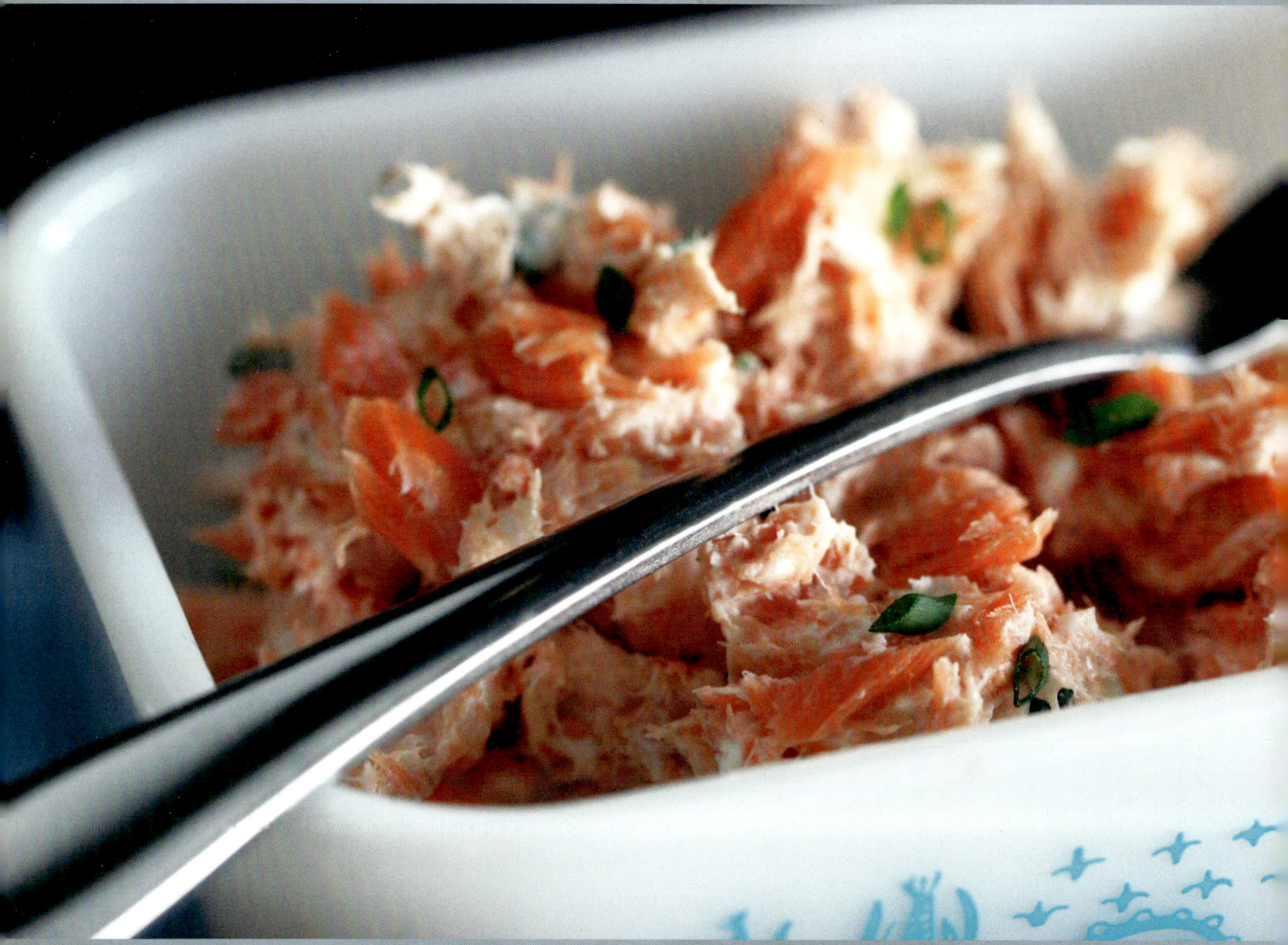

ABI'S LACHS- UND SCHNITTLAUCHCREME

*Dieses Rezept eignet sich hervorragend für die Resteverwertung
von gesmoketem Lachs. Wenn Sie den Lachs vorher nicht
gebrined haben, benötigen Sie noch etwas Salz zum Nachwürzen.
Für eine extra Portion Genuss sollten Sie die Creme auf einem
kleinen Stück Toast Melba probieren – mein persönlicher Favorit!*

ERGIBT etwa 2 Tassen

---

250 g Frischkäse

1 Bund frischer Schnittlauch,
   in feine Röllchen geschnitten

3 EL frischer Zitronensaft
   (Saft von circa einer Zitrone)

1 TL gemahlener Kreuzkümmel

1 Tasse gesmoketer Lachs
   (Seite 140), auseinandergerupft

Geben Sie den Frischkäse, den Schnittlauch, den Zitronensaft
und den Kreuzkümmel in eine kleine Schüssel. Heben Sie den
Lachs unter und servieren Sie die Käsecreme mit Kräckern.

GESMOKETE GOLDMAKRELE

*Wenn ich an Goldmakrele denke, habe ich Hawaii und tropische Aromen
im Sinn, und aus diesem Grund sollte man diesen Fisch, wenn zur Hand,
mit Zitrusholz smoken und mit Ananas-Salsa (Seite 200) servieren.
Für ein optimales Ergebnis sollten Sie den Fisch vor dem Smoken brinen.*

EMPFOHLENE HOLZSORTEN: Orange,
Erle oder Apfel
Wenn Sie einen Kohle-, Elektro- oder
Gas-Smoker verwenden, benötigen
Sie ausreichend Holzchips oder
-chunks für etwa 1 Stunde.
GARZEIT: 2 Stunden
FÜR 4 PORTIONEN

BRINE

4 l kaltes Wasser

180 g grobes Salz

135 g brauner Zucker

50 g Ananas, sehr klein geschnitten
(frisch oder aus der Dose)

3 Knoblauchzehen, gehackt

FISCH

1 kg Goldmakrelenfilets

1 EL grob gemahlener Pfeffer

60 ml Ananas-Salsa (Seite 200)

VORBEREITUNG: Geben Sie das Wasser für die Brine in eine große Plastikschüssel. Fügen Sie das Salz hinzu und rühren Sie so lange, bis das Salz aufgelöst ist und das Wasser wieder klar wird. Rühren Sie den braunen Zucker ein, bis er sich aufgelöst hat.

Legen Sie den Fisch in eine Glas- oder Plastikschüssel und gießen Sie die Brine darüber, sodass der Fisch vollständig mit der Flüssigkeit bedeckt ist. Fügen Sie die Ananasstückchen und den Knoblauch hinzu, schließen Sie die Schüssel mit einem Deckel oder mit Frischhaltefolie und lassen Sie den Fisch für zwei Stunden im Kühlschrank ziehen.

Nehmen Sie die Filets aus der Brine, waschen Sie sie gründlich mit kaltem Wasser ab und tupfen Sie sie anschließend mit einem Küchenpapier trocken. Lassen Sie den Fisch trocknen, bis er eine Pellikel bildet, eine klebrige Oberfläche, die dafür sorgt, dass die natürliche Saftigkeit des Fisches erhalten bleibt. Da dieser Prozess bis zu zwei Stunden dauern kann, sollten Sie ihn währenddessen zurück in den Kühlschrank stellen.

Sobald sich die Pellikel gebildet hat, pfeffern Sie den Fisch und legen Sie ihn in eine flache Pfanne. Lassen Sie die Filets bei Zimmertemperatur ruhen, während Sie den Smoker auf 100–110 °C anheizen.

SMOKEN: Sobald der Smoker die gewünschte Temperatur erreicht hat, stellen Sie den Fisch in der Pfanne auf den Grillrost. Stecken Sie ein digitales Kernthermometer im 45-Grad-Winkel in den dicksten Teil des Fisches. Lassen Sie den Fisch für etwa zwei Stunden smoken bzw. bis er eine Temperatur von 63 °C erreicht hat.

Schneiden Sie die Filets in acht gleich große Stücke und geben Sie die Ananas-Salsa kurz vor dem Servieren darüber.

GESMOKETE CAJUN-FROSCHSCHENKEL

Ich weiß, dieses Rezept mag etwas ungewöhnlich sein, aber ich habe zu verschiedenen Gelegenheiten Froschschenkel gesmoked und sie sind sehr delikat. Legen Sie die Schenkel vor dem Smoken über Nacht in Milch, um den strengen Geschmack zu mildern. Auch wenn für dieses Rezept Cajun-Gewürze verwendet werden, können Sie die Schenkel auch lediglich leicht mit Salz und Pfeffer würzen und mit Butter bestreichen, damit sie saftig bleiben.

EMPFOHLENE HOLZSORTEN: Apfel, Erle oder Pekan

Wenn Sie einen Kohle-, Elektro- oder Gas-Smoker verwenden, benötigen Sie ausreichend Holzchips oder -chunks für etwa 1 ½ Stunden.

GARZEIT: 2 Stunden

FÜR 4 PORTIONEN

---

1 ½ kg Froschschenkel

1 l Vollmilch

60 ml Olivenöl, extra vergine

2 EL Cajun-Gewürze (z. B. Tony Chachere's Original Creole Seasoning)

60 g Butter, zerlassen

VORBEREITUNG: Weichen Sie die Froschschenkel für mindestens 24 Stunden in der Milch ein, um den strengen Geschmack zu mildern. Waschen Sie die Schenkel anschließend mit klarem Wasser ab und tupfen Sie sie mit einem Küchenpapier trocken.

Legen Sie die Schenkel mit einem Abstand von etwa einem Zentimeter zueinander in eine entsprechend große Aluminiumpfanne oder auf ein Backblech. Geben Sie großzügig Olivenöl darüber und würzen Sie die Schenkel mit der Cajun-Gewürzmischung. Lassen Sie die Froschschenkel bei Zimmertemperatur ruhen, während Sie den Smoker auf 105–115 °C anheizen.

SMOKEN: Sobald der Smoker die gewünschte Temperatur erreicht hat, legen Sie die Froschschenkel auf dem Blech oder in der Pfanne auf den Grillrost. Bepinseln Sie die Schenkel nach etwa einer Stunde Garzeit mit der zerlassenen Butter. Smoken Sie die Schenkel insgesamt etwa 2 Stunden bzw. bis sie zart sind und sich das Fleisch leicht vom Knochen lösen lässt.

Sofort servieren.

TIPPS FÜR EIN FANTASTISCHES AROMA

WARUM MAN SAUCEN, MARINADEN, BRINES UND RUBS VERWENDET

Was wäre gesmoketes Fleisch ohne all die Saucen und Rubs? Ich kenne viele Leute, die behaupten, wenn man Saucen für das Fleisch brauche, sei es nicht richtig gesmoked oder gegart. Nun gut, auch wenn das Fleisch für sich allein schon schmecken sollte, so mag ich es persönlich, wie ergänzende Barbecue-Saucen und Rubs den speziellen Geschmack von Ribs, Brisket, Steaks und sogar Fisch und Geflügel unterstreichen können.

Ich denke, wir sind uns alle einig, dass das Ertränken von Fleisch in Barbecue-Sauce nicht wirklich etwas mit Barbecue zu tun hat. Ich habe so etwas in Restaurants erlebt, und am liebsten hätte ich den anderen Gästen zugerufen: „Das ist ein Schwindel. Gehen Sie, solange Sie noch können!" Okay, man hält mich für verrückt, aber ich bin nicht halb so verrückt wie die, die denken, dass nur richtiger Rauch und richtige Hitze allein schon ein Barbecue ausmachen. Barbecue meint eine bestimmte Methode, Fleisch zu garen und mit Rauch zu aromatisieren, und zwar in einem langsamen Prozess mit wenig Hitze. Keine noch so große Menge an Saucen oder Rubs kann diesen magischen Prozess ersetzen.

Da wir das geklärt hätten ...

In der Smoker-Küche haben alle möglichen Sorten von Saucen, Marinaden, Brines und Rubs ihren Platz, und in diesem Kapitel werde ich Ihnen zeigen, wie diese wunderbaren Mischungen etwas Simples in etwas richtig Fantastisches verwandeln können!

5

DIE BESONDERE
WÜRZE

EIGENE SAUCEN & RUBS

Sie können Ihre eigenen Saucen und Rubs zubereiten und sich für immer von dem gekauften Zeug verabschieden, dem einfach dieser spezielle und individuelle Geschmack fehlt. Dieses Kapitel enthält Rezepte, die ich selbst ausprobiert und für gut befunden habe, aber ich ermutige Sie, erfinderisch zu werden und mit verschiedenen Zutaten zu experimentieren, um Ihre eigene Hausmarke herzustellen. Nichts wird Sie stolzer machen, als wenn jemand Ihre Kreation probiert und sagt: „Mann, Du solltest das Zeug in Flaschen füllen und verkaufen!"

Bei Saucen sollten Sie mit einer Flasche Ketchup oder Dosentomaten starten und Ihre eigenen Gewürze hinzufügen, die Sie gern mögen oder deren Namen gut klingen. Schreiben Sie alles in einem kleinen Buch auf. Wenn Sie Ihre Kreation dann auf einem Stück Fleisch probieren, werden Sie vielleicht zu der Ansicht kommen, dass Sie weniger Sirup, aber mehr Tabasco-Sauce nehmen sollten, und das sollten Sie in Ihrem Notizbuch festhalten. Mit der Zeit, wenn Sie Ihr Rezept immer weiter verfeinern, wird automatisch eine wirklich leckere Sauce dabei herauskommen.

Das Gleiche gilt für Rubs. Beginnen Sie mit Zutaten wie braunem Zucker, verschiedenen gemahlenen Pfeffersorten, Paprika, Kreuzkümmel, Zimt, Salz etc. zu unterschiedlichen Anteilen. Schmecken Sie ab und justieren Sie, bis Sie mit dem Ergebnis zufrieden sind. Seien Sie sparsam mit dem Salz, nehmen Sie nur so viel, um das Aroma der anderen Gewürze zur Geltung zu bringen.

Ich werde es Ihnen aber auch nicht übel nehmen, wenn Sie fertige Saucen oder Rubs verwenden. Es gibt unendlich viele davon und ich empfehle Ihnen, seien Sie abenteuerlustig und probieren Sie verschiedene Produkte aus, bis Sie Ihre Lieblinge herausgefunden haben.

TROCKENER, KLUMPIGER BRAUNER ZUCKER

Brauner Zucker ist eine wesentliche Zutat vieler Rubs, doch wenn der Zucker hart und klumpig aussieht, werfen Sie ihn nicht weg! Legen Sie ihn für zehn bis 15 Sekunden in die Mikrowelle, prüfen Sie seine Konsistenz und wiederholen Sie den Vorgang, bis er wieder feinkrümelig ist.

DAS LAGERN TROCKENER RUBS

Trockene Rubs können in einem verschließbaren Plastikbeutel im Gefrierfach für bis zu zwölf Monate aufbewahrt werden. Dadurch bleiben die Zutaten frisch, bis Sie sie wieder brauchen. Für größere Mengen können Sie auch eine fest verschließbare Gefrierdose verwenden.

DAS AUFTRAGEN VON RUB AUF FLEISCH

Früher habe ich den Rub über das Fleisch verteilt, indem ich ihn gleichmäßig durch meine Finger auf das Fleisch rieseln ließ, aber es gibt eine sehr viel einfachere Methode. Geben Sie den Rub in ein Plastikdöschen mit großen Löchern (wie man sie für rote Chiliflocken verwendet) und schütteln Sie es gleichmäßig über dem Fleisch. Da selbstgemachter Rub kein Siliziumdioxid oder Rieselhilfen enthält, müssen Sie die Flasche wahrscheinlich hin und wieder an die Tischkante schlagen, damit der Rub wieder feinkrümelig wird.

Eine gute Methode, um kleinere Fleischstücke mit Rub zu würzen, ist, den Rub mit der gleichen Menge Raps- oder Olivenöl in einen verschließbaren Plastikbeutel zu geben, das Fleisch hinzuzufügen und zu kneten, bis das Fleisch mit dem Rub bedeckt ist. Bei Fleisch mit Haut (z. B. Geflügel) gelangt der Rub dadurch auch unter die Haut und man kann auf den Senf als Hafthilfe verzichten.

SLIM'S SWEET & STICKY BARBECUE-SAUCE

Das Rezept für diese Sauce hat mir Slim auf www.smokingmeatforums.com zugesandt. Sie ist ideal zu Ribs, Brisket oder als Dip für Chicken Nuggets, wenn Sie so etwas mögen. Für dieses Rezept nimmt man am besten Dave's Sauce, Sie können aber auch eine andere süße und/oder pikante Fertigsauce nehmen und noch weitere Zutaten hinzufügen, um sie etwas aufzupeppen.

GARZEIT: 15 Minuten

ERGIBT etwa 1 Liter

250 ml Famous Dave's Sweet &
   Zesty BBQ-Sauce oder eine
   andere süß-pikante Sauce
250 ml Honig
110 g Butter
120 ml Ketchup
60 ml Orangensaft
50 g brauner Zucker
3 EL Dijon-Senf
2 EL heller Essig
2 EL Sojasauce
2 EL grob gemahlener
   schwarzer Pfeffer
1 EL Chilipulver
1 EL Knoblauchpulver

Geben Sie die Zutaten in eine mittelgroße Pfanne und erhitzen Sie das Ganze bei mittlerer Hitze. Lassen Sie die Sauce unter häufigem Rühren leise köcheln.

Wenn Sie die Sauce nicht sofort verwenden, füllen Sie sie in ein Marmeladenglas oder ein anderes luftdicht verschließbares Gefäß und bewahren Sie sie im Kühlschrank auf. Verbrauchen Sie die Sauce innerhalb von drei bis vier Wochen, dann schmeckt sie am besten.

MEMPHIS BARBECUE-SAUCE NR. 1

Ein wenig süß und ein wenig pikant, mit einem Hauch von Barbecue-Gewürzen, kann diese Sauce 30 Minuten vor Ende der Garzeit auf die Ribs gepinselt oder warm dazu serviert werden. Sie schmeckt auch sehr gut zu Pulled-Pork-Sandwiches oder als Dip für Hähnchenfleisch. Sie können den flüssigen Smoke auch weglassen oder die Sauce noch würziger machen, indem Sie etwas schwarzen Pfeffer oder Cayennepfeffer zufügen, wie im Rezept beschrieben. Mein Dank geht an Blake McCloud (smokeys my pet) auf www.smokingmeatforums.com, der das Rezept beigesteuert hat.

GARZEIT: 20 Minuten

ERGIBT etwa 600 ml

1 EL Butter

1 kleine Zwiebel, fein gehackt

350 ml Ketchup

60 ml Chilisauce (ich empfehle
   Heinz Chili Sauce)

3–4 EL brauner Zucker

3–4 EL Zuckerrübensirup

2 EL Senf

1 EL frischer Zitronensaft
   (Saft von etwa ½ Zitrone)

1 EL Worcestershire-Sauce

1 EL flüssiger Hickory Smoke
   (optional)

1 TL Chilipulver

½ TL Knoblauchpulver
   (oder Knoblauchgranulat)

½ TL Salz

½ TL grob gemahlener schwarzer
   Pfeffer (oder nach Geschmack)

1 Prise Cayennepfeffer
   (oder nach Geschmack)

Zerlassen Sie die Butter in einer mittelgroßen Pfanne bei mittlerer Hitze. Geben Sie die gehackte Zwiebel hinzu und braten Sie sie glasig an. Fügen Sie die restlichen Zutaten hinzu und lassen Sie das Ganze 15 Minuten bei niedriger Hitze simmern. Die Sauce sollte nicht kochen.

Sollten Sie die Sauce nicht sofort verwenden, geben Sie sie in ein luftdicht verschließbares Gefäß und bewahren Sie sie im Kühlschrank auf. Verbrauchen Sie die Sauce innerhalb von drei bis vier Wochen, dann schmeckt sie am besten.

MEMPHIS BARBECUE-SAUCE NR. 2

Hier finden Sie ein weiteres großartiges Rezept für eine Sauce im Memphis-Style, die jedes Smokerherz höher schlagen lässt. Das Geheimnis dieses Rezeptes besteht darin, verschiedene Zuckersorten zu verwenden, um das Aroma gesmoketer Speisen zur Geltung zu bringen. Das Rezept verlangt geradezu nach etwas flüssigem Smoke-Aroma, wenn Sie es nicht mögen, können Sie es aber auch weglassen. Mein Dank für dieses Rezept geht an Kurt Huhner (khuhner) auf www.smokingmeatforums.com.

GARZEIT: 1 Stunde

ERGIBT etwas mehr als 1 Liter

500 ml Ketchup

250 ml Wasser

125 ml Apfelessig

5 EL Zucker

3 EL hellbrauner Zucker

2 EL Vollrohrzucker

1 EL frischer Zitronensaft
   (Saft von etwa ½ Zitrone)

1 EL Worcestershire-Sauce

1 EL flüssiger Hickory Smoke
   (optional)

½ EL grob gemahlener weißer Pfeffer

½ EL Zwiebelpulver

½ EL Senfpulver

Geben Sie alle Zutaten in eine Pfanne, schließen Sie den Deckel und kochen Sie das Ganze bei mittlerer Hitze auf. Reduzieren Sie die Hitze und lassen Sie die Sauce für eine Stunde simmern, bis sie eingedickt ist.

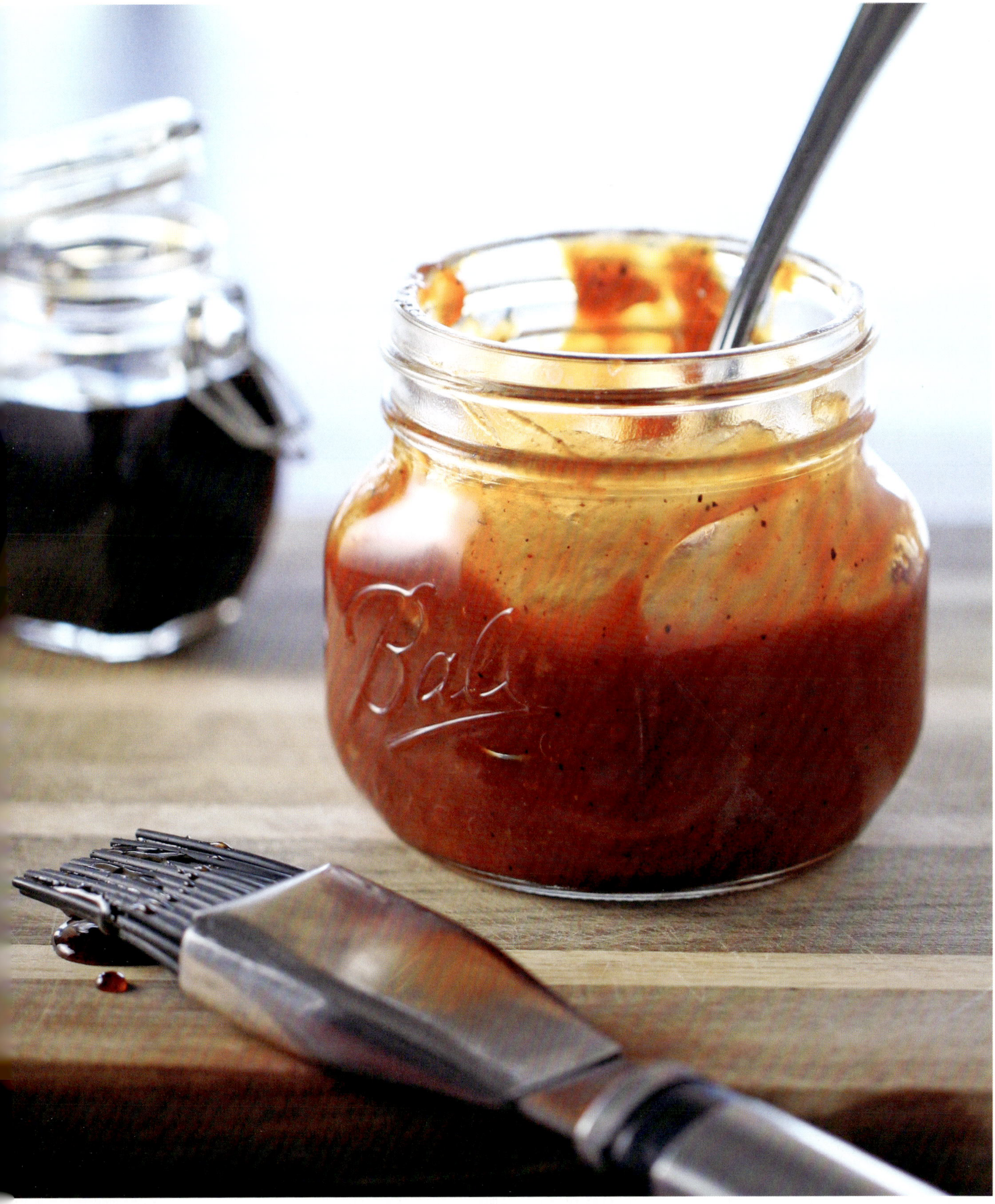

JEFF'S MOJO

Ich hatte schon von der berühmten kubanischen Mojo-Variante gehört. Sie wird zum Fleisch serviert wird, um dessen spezielle Aromen besser hervorzuheben. Aber ich hatte sie noch nie probiert, bis ich mich selbst an die Zubereitung wagte. Ich wusste, dass die meisten Mojo-Rezepte in vielerlei Hinsicht einzigartig sind, aber einige immer gleiche Zutaten enthalten. Nach zahlreichen Versuchen bin ich zum folgenden Rezept gelangt. Als erstes habe ich sie mit Wachteln probiert, und es war superb. Später habe ich sie mit Beef Ribs versucht, mit dem gleichen Ergebnis – und schließlich fand ich meine Mojo! Ich bin froh, dieses Rezept mit Ihnen teilen zu können, und ich hoffe aufrichtig, dass es Ihnen genauso schmeckt wie meiner Familie und mir.

GARZEIT: 5 Minuten

ERGIBT etwa 350 ml

---

80 ml Olivenöl, extra vergine

6 Knoblauchzehen, gehackt

½ Zwiebel, gehackt

60 ml frischer Orangensaft
(Saft einer mittelgroßen Orange)

2 EL frischer Zitronensaft
(Saft einer Zitrone)

2 EL frischer Limettensaft
(Saft einer Limette)

1 EL Honig

1 EL Worcestershire-Sauce

1 EL Jalapeño-Pepper-Gelee

1 Jalapeño-Schote, fein gehackt

1 TL rote Pfefferflocken

1 TL Kreuzkümmel, gemahlen

1 TL grobes Salz

1 TL grob gemahlener
schwarzer Pfeffer

Erhitzen Sie das Öl in einer etwa ein bis zwei Liter fassenden Pfanne bei mittlerer Hitze. Geben Sie den gehackten Knoblauch hinzu und braten Sie ihn für etwa 30 Sekunden an. Fügen Sie die restlichen Zutaten hinzu und lassen Sie das Ganze aufkochen. Nehmen Sie die Pfanne vom Herd, stellen Sie sie beiseite und lassen Sie die Sauce abkühlen. Wenn Sie die Sauce nicht sofort verwenden, können Sie sie auch für mehrere Tage luftdicht verschlossen im Kühlschrank aufbewahren.

ASIAN-SAUCE

Diese asiatisch inspirierte Sauce wurde speziell für Al's 3-2-1-Asian-Ribs (Seite 97) kreiert, und das Rezept hierfür kommt von Al (FM Cowboy) auf www.smokingmeatforums.com. Sie kann aber selbstverständlich auch für Hähnchen oder sogar für Schweinesteaks verwendet werden, um etwas asiatisches Flair auf den Tisch zu bringen. Dieses Rezept wird mit Sriracha-Sauce zubereitet, die in zahlreichen asiatischen Restaurants auf dem Tisch steht – in roten Flaschen mit grünem Deckel. Man kann sie aber auch in Supermärkten oder im Asialaden kaufen.

ERGIBT 1 Portion

180 ml Hoisin-Sauce
4 EL Honig
1 TL Sriracha-Sauce

Geben Sie alle Zutaten in eine kleine Schüssel und mischen Sie sie gut mit einer Gabel oder einem Schneebesen durch. Gut verschlossen hält sich die Sauce im Kühlschrank aufbewahrt für drei bis vier Monate.

BASIS-RUB

Lassen Sie sich von der Kürze der Zutatenliste nicht beirren und denken Sie nicht, dass es mit dem Aroma dieses Rubs somit auch nicht weit her sein könne. Manchmal sind die einfachsten Dinge im Leben die besten. Das gilt auch für die Kombination dieser drei Zutaten, die hier verwendet werden. Versuchen Sie den Rub mit Hähnchen, Prime Rib, Schweinekoteletts, Steaks, Burgern – also mit allem, was einen kleinen Aromakick vertragen kann. Machen Sie gleich mehrere Portionen, sodass Sie immer etwas zur Hand haben, sobald Sie es brauchen.

ERGIBT 1 Portion

2 EL grobes Salz
2 EL grob gemahlener schwarzer Pfeffer
2 EL Knoblauchpulver

Geben Sie die Zutaten in einen kleinen, verschließbaren Plastikbeutel und schütteln Sie den Beutel, bis alle Zutaten gut vermischt sind. Verwahren Sie stets etwas auf Vorrat, sodass Sie die Mischung immer zur Hand haben, wenn Sie sie brauchen. Informationen zur Anwendung finden Sie auf den Seiten 44–45.

RAY'S WILD-RUB

*Mein Freund Ray (Silverwolf636) auf www.smokingmeatforums.com
liebt die Jagd. Obwohl dieser Rub besonders gut zu seinem gesmoketen
Wildfleisch schmeckt, passt er auch richtig gut zu Ribs, Hähnchenbrust
und sogar zu Bratkartoffeln oder Popcorn. Diese Kombination von
Gewürzen und anderen Zutaten verwandelt auf magische Weise
gewöhnliches Essen in etwas ganz Besonderes. Mein besonderer Dank
geht an Ray für das Beisteuern dieses Rezepts.*

ERGIBT 1 Portion

2 EL Paprikapulver

1 EL grobes Salz

1 EL Zucker

1 EL Chilipulver

1 EL Kreuzkümmel, gemahlen

1 EL Knoblauchgranulat

½ EL Senfpulver

½ EL grob gemahlener
   schwarzer Pfeffer

½ EL Cayennepfeffer

¼ TL Zimt

Geben Sie die Zutaten in eine Schüssel und mischen Sie das
Ganze mit der Hand oder mit einer Gabel. Informationen zur
Anwendung finden Sie auf den Seiten 44–45.

BIG BALD BBQ-RUB

*Was soll ich sagen – dieses Rezept stammt von meinem Freund Todd
(BigBaldBBQ) auf www.smokingmeatforums.com, einem großen (big),
glatzköpfigen (bald) Kerl. Todd hat viel Zeit damit zugebracht, diesen Rub
zu kreieren und zu verfeinern, damit er richtig gut wird. Er hat mir
erzählt, dass diesem Rub lange Zeit immer etwas zu fehlen schien, bis er
eines Tages Zitronenpfeffer zugefügt hat. Zum ersten Mal war er perfekt.*

ERGIBT 1 Portion

200 g Zucker

85 g Paprikapulver

2 EL grob gemahlener
   schwarzer Pfeffer

2 EL Zitronenpfeffer

2 EL grobes Salz

2 EL Chilipulver

2 EL Knoblauchpulver

2 EL Zwiebelpulver

2 EL Cayennepfeffer

Geben Sie die Zutaten in eine Schüssel und mischen Sie das
Ganze mit der Hand oder mit einer Gabel. Informationen zur
Anwendung finden Sie auf den Seiten 44–45.

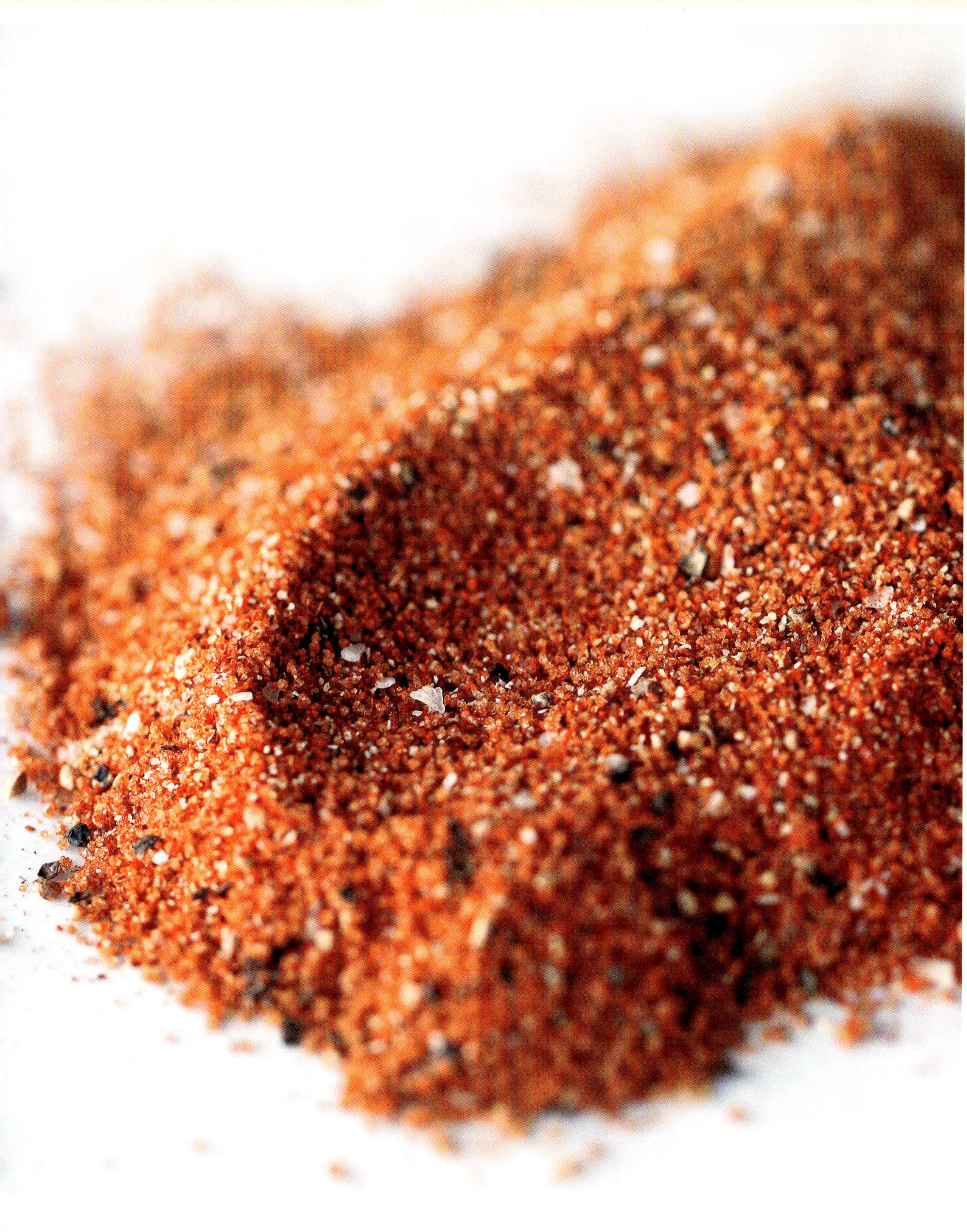

CHEECH'S HÄHNCHEN-RUB JAMAIKANISCHER ART

Cheech von www.smokingmeatforums.com hat dieses Rezept geschickt. Aus eigener Erfahrung kann ich Ihnen versichern, dass dieser Rub Ihrem Hähnchen einen außergewöhnlichen Geschmack verleiht. Ich empfehle ihn zu Hähnchenkeulen oder -flügeln. Geben Sie das Hähnchenfleisch in einen verschließbaren Plastikbeutel, fügen Sie den Rub hinzu und schütteln Sie alles gut durch.

ERGIBT 1 Portion

2 EL grobes Salz

1 EL Zucker

2 TL Cayennepfeffer

2 TL Zwiebelgranulat

1 TL Knoblauchgranulat

1 TL gemahlener Piment

1 TL geriebener Ingwer

1 TL grob gemahlener
   schwarzer Pfeffer

½ TL Zimt

¼ TL gemahlene Nelken

¼ TL geriebene Muskatnuss

Geben Sie die Zutaten in eine Schüssel und mischen Sie das Ganze mit der Hand oder mit einer Gabel. Informationen zur Anwendung finden Sie auf den Seiten 44–45.

ASIAN-RUB

*Dieser Rub wurde ebenfalls speziell für Al's 3-2-1-Asian-Ribs erfunden
(Seite 97), schmeckt aber ebenso gut zu Hähnchen oder Beef Ribs.
Verwenden Sie den Rub großzügig. Sie können die Zutatenmengen
einfach verdoppeln, falls Sie eine größere Portion brauchen.*

ERGIBT 1 Portion

2 EL brauner Zucker

1 EL Chinesisches Fünf-
Gewürze-Pulver

2 TL geriebener Ingwer

1 TL Knoblauchpulver

1 TL Zwiebelpulver

1 TL grobes Salz

½ TL grob gemahlener
schwarzer Pfeffer

¼ TL Cayennepfeffer

Geben Sie die Zutaten in eine Schüssel und mischen Sie das
Ganze mit einer Gabel oder mit einem Schneebesen gut durch,
bis der Zucker klumpfrei ist. Informationen zur Anwendung
finden Sie auf den Seiten 44–45.

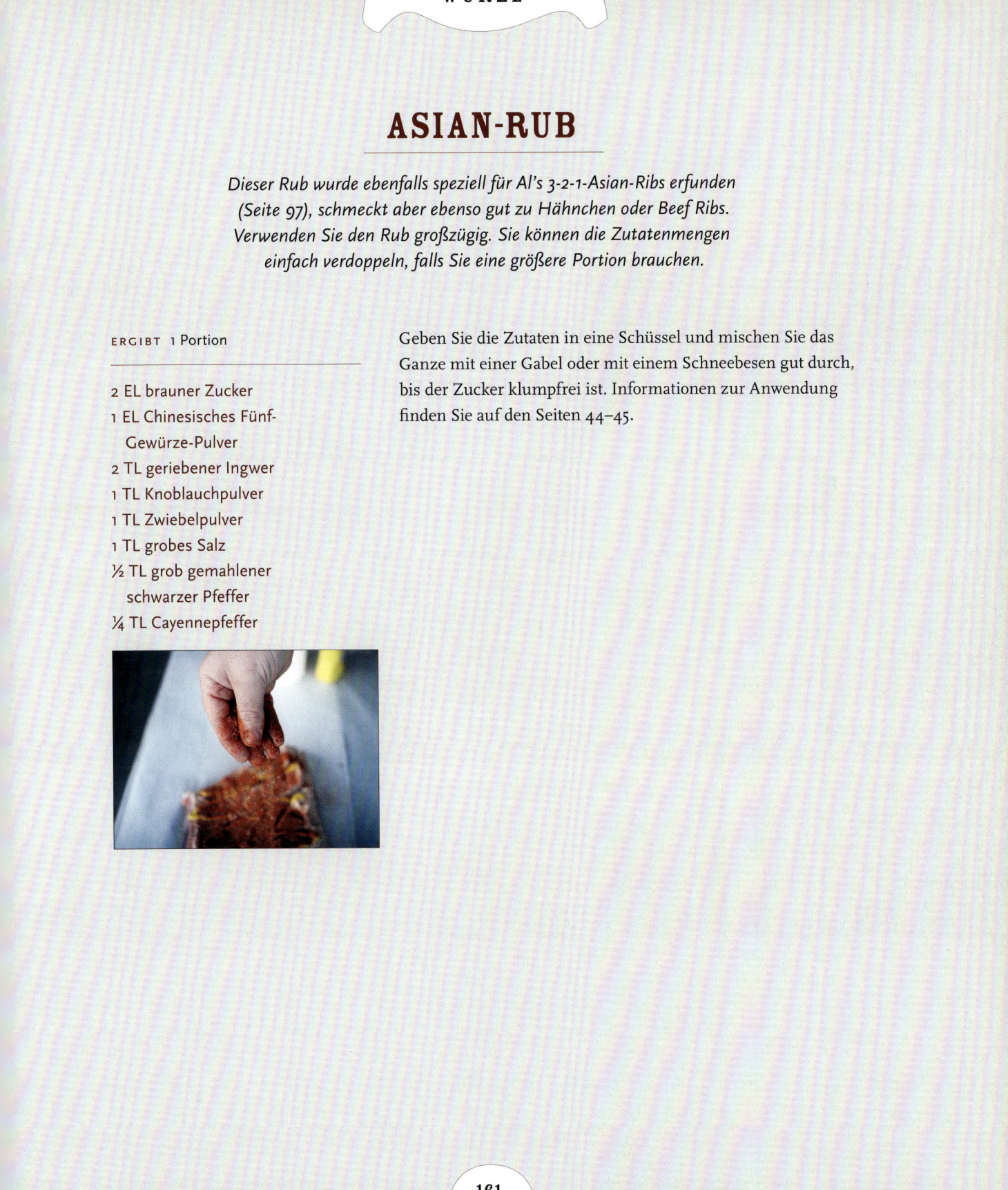

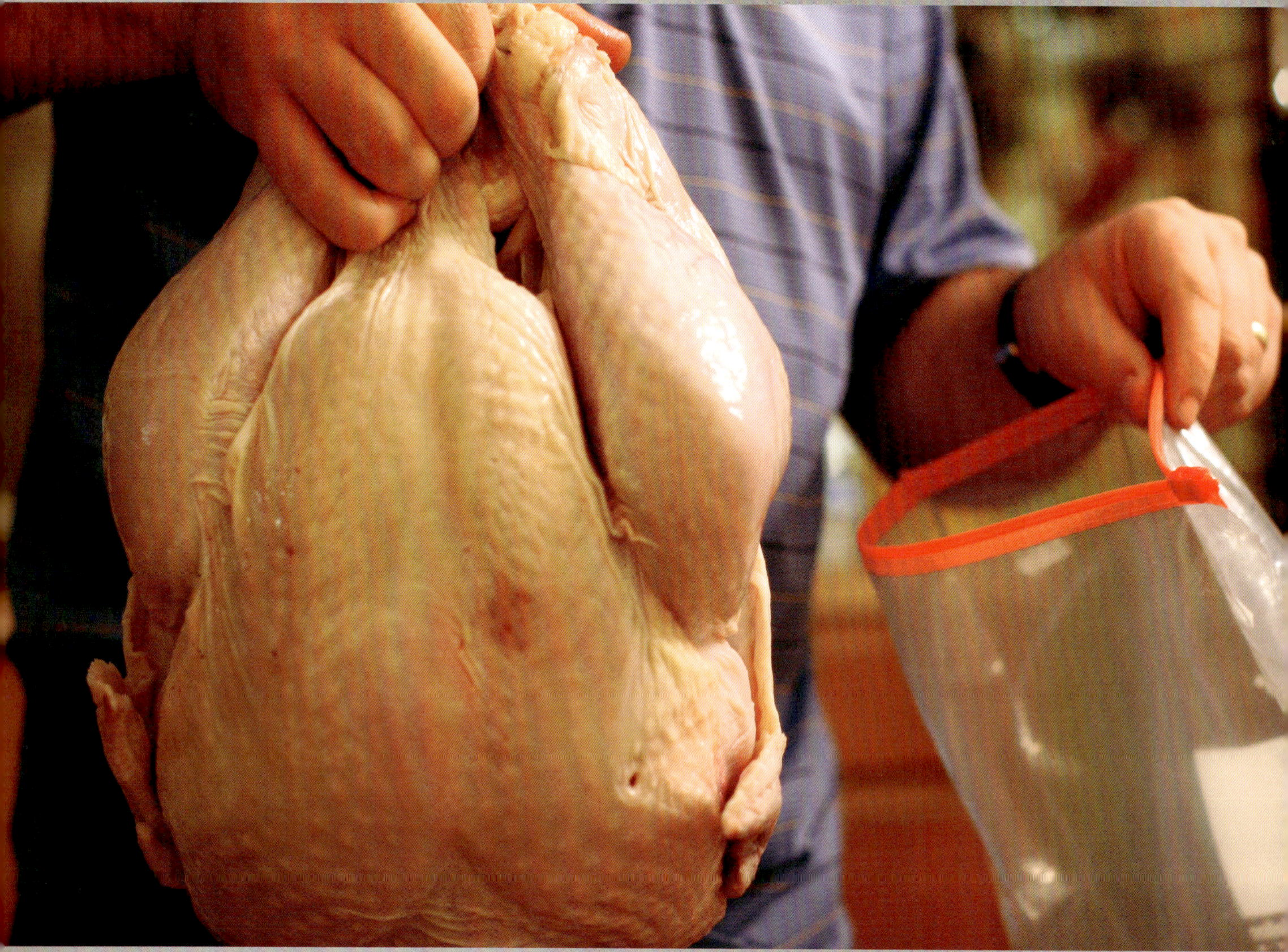

SPECIAL TURKEY-BRINE

Die Cajun-Gewürze geben dieser Brine den richtigen Kick. Crab Boil ist eine in kleinen Flaschen oder in Tüten abgefüllte Gewürzmischung für Meeresfrüchte wie Krabben, Shrimps und Langusten. Sie ist optional, aber sie fügt der Brine etwas von diesem würzigen und wunderbaren Louisiana-Aroma hinzu. In den Südstaaten ist sie einfach zu bekommen, sie kann aber auch über das Internet bezogen werden.

GARZEIT: 20 Minuten

ERGIBT etwa 4 Liter

4 l Wasser

200 g grobes Salz

220 g Zucker

3 EL Ahornsirup

2 EL Tony Chachere's Original
Creole Seasoning (oder eine
andere Cajun-Gewürzmischung)

1 EL Zatarain's Concentrated
Shrimp and Crab Boil (optional)

Geben Sie das Wasser und das Salz in einen großen Topf und erhitzen das Ganze bei mittlerer Hitze, bis sich das Salz aufgelöst hat und das Wasser wieder klar wird.

Fügen Sie die restlichen Zutaten hinzu und bringen Sie sie zum Kochen. Reduzieren Sie die Hitze und lassen Sie die Brine 15 Minuten köcheln. Nehmen Sie den Topf vom Herd, lassen Sie die Brine abkühlen und stellen Sie sie anschließend in den Kühlschrank, bis sie auf 4 Grad abgekühlt ist. Informationen zum Brinen finden Sie auf den Seiten 47–50.

JEFF'S CAJUN-GEFLÜGEL-BRINE

*Ich liebe diese Basis-Brine und ihren Duft, wenn sie auf dem Herd leise
köchelt. Dieses Rezept ist das Ergebnis meiner Bemühungen, mal etwas
anderes auszuprobieren. Ich verwende Zatarain's Concentrated Shrimp
and Crab Boil, wenn mir nach einem Truthahn nach Cajun-Art ist.*

GARZEIT: 20 Minuten

ERGIBT etwa 9 Liter

8 l Wasser

420 g grobes Salz

630 g Zucker

60 ml Zatarain's Concentrated
Shrimp and Crab Boil (optional)

20 g grob gemahlener
schwarzer Pfeffer

1 EL getrockneter Rosmarin

1 EL getrockneter Thymian

60 ml Zuckerrübensirup

60 ml Weißwein (kein Kochwein)

60 ml Worcestershire-Sauce

Geben Sie das Wasser und das Salz in einen großen Topf, der
mindestens 12 Liter Wasser fasst, und erhitzen Sie das Ganze
bei mittlerer Hitze, bis sich das Salz aufgelöst hat und das
Wasser wieder klar wird.

Fügen Sie die restlichen Zutaten hinzu und lassen Sie die
Brine 15 Minuten bei geringer Hitze köcheln. Nehmen Sie den
Topf vom Herd, lassen Sie die Brine auf Zimmertemperatur
abkühlen und stellen Sie sie anschließend in den Kühlschrank,
bis sie auf 4 Grad abgekühlt ist. Informationen zum Brinen
finden Sie auf den Seiten 47–50.

JEFF'S TURKEY LEG-BRINE

*Dieses Rezept habe ich speziell für Truthahnkeulen kreiert.
Die roten Pfefferflocken, die Cajun-Gewürze und die Tabasco-Sauce
geben ihnen einen speziellen Geschmack und ein ganz besonderes
Aroma. Durch das Köcheln treten die aromatischen Öle aus den
roten Pfefferflocken. Wenn Sie ein besonders kräftiges Aroma haben
möchten, lassen Sie die Brine einfach länger köcheln.*

GARZEIT: 20 Minuten
ERGIBT etwa 4 Liter

---

4 l Wasser
220 g grobes Salz
160 g brauner Zucker
2 EL Knoblauchpulver
2 EL Zwiebelpulver
2 EL rote Pfefferflocken
2 EL Cajun-Gewürze (z. B. Tony
   Chachere's Original Creole
   Gewürzmischung)
2 EL Tabasco-Sauce
1 EL Hähnchen-Gewürzmischung

Geben Sie das Wasser in einen großen Topf und erhitzen Sie es bei mittlerer Hitze. Fügen Sie das Salz hinzu und rühren Sie, bis sich das Salz aufgelöst hat und das Wasser wieder klar wird.

Fügen Sie die restlichen Zutaten hinzu und kochen Sie die Brine auf. Reduzieren Sie die Hitze und lassen Sie die Brine 15 Minuten bei geringer Hitze köcheln. Nehmen Sie den Topf vom Herd, lassen Sie die Brine auf Zimmertemperatur abkühlen und stellen Sie sie anschließend in den Kühlschrank, bis sie auf 4 Grad abgekühlt ist. Informationen zum Brinen finden Sie auf den Seiten 47–50.

MOPP FÜR RIND- ODER SCHWEINEFLEISCH

*Viele Menschen denken, es nütze nichts, während des Smokens einen Mopp
auf das Fleisch zu spritzen, aber ich habe meine eigenen Erfahrungen damit
gemacht. Einiges von der Zuckermischung haftet auf dem Fleisch und
karamellisiert in der Hitze, sodass ein zusätzliches Aroma entsteht. Verteilen
Sie den Mopp zügig und höchstens einmal pro Stunde auf dem Fleisch, sodass
Sie die Klappe des Smokers nicht länger als unbedingt nötig öffnen müssen.*

ERGIBT etwa 500 ml

240 ml Dr.-Pepper-Limonade
160 ml milde Sojasauce
80 ml Olivenöl, extra vergine

Geben Sie die Zutaten in eine Sprühflasche und besprühen Sie
das Fleisch jedes Mal, wenn Sie den Smoker öffnen, bzw. etwa
einmal in der Stunde – einige Spritzer wirken Wunder an Brisket,
Ribs, Schweineschulter und anderen Fleischsorten. Schütteln
Sie die Flasche vor jedem Gebrauch gut durch, damit sich das
Öl mit den anderen Zutaten vermischt. Lagern Sie den übrig
gebliebenen Mopp im Kühlschrank und verbrauchen Sie ihn
innerhalb von sieben Tagen.

APFEL-BUTTER-MOPP

*Mit Apfelsaft aromatisierte Butter, die auf das Fleisch gespritzt wird, während es gart –
das klingt nicht nur gut, es schmeckt auch großartig. Sie können den Mopp in eine kleine
Sprühflasche geben, um ihn leichter auf dem Fleisch zu verteilen, oder Sie bestreichen
das Fleisch mit einem Pinsel etwa einmal in der Stunde oder jedes Mal, wenn Sie
die Klappe des Smokers öffnen, um Holz nachzulegen oder um das Fleisch zu wenden.
Dieser Mopp schmeckt besonders gut zu Ribs oder gesmoketer Hähnchenbrust.*

ERGIBT etwa 350 ml

115 g Butter
250 ml Apfelsaft (oder Apfelcidre)

Zerlassen Sie die Butter in der Mikrowelle, geben Sie den Apfelsaft hinzu und verrühren Sie das Ganze. Geben Sie die Mischung
in eine kleine Sprühflasche und besprühen Sie das Fleisch
damit, während es gart. Stellen Sie die Flasche vor jeder Anwendung für einige Sekunden in die Mikrowelle und schütteln
Sie sie anschließend gut durch.

JEFF'S MOPP-WASSER

*Okay, ich gebe zu, dass dies ein seltsamer Name ist, aber so habe
ich die Mischung anfangs genannt und der Name ist geblieben.
Auch wenn er nur aus Wasser, Butter und Gewürzen besteht, dieser Mopp
schmeckt fantastisch zu jedem Rindfleisch — besonders zu Brisket.
Fleisch, das etwa einmal pro Stunde damit besprüht wird, erhält
ein unglaubliches Aroma und bleibt während des Smokens herrlich saftig.
Da die Butter im Wasser schnell wieder fest wird, sollten Sie den Mopp
warmhalten. Oder stellen Sie ihn vor der Anwendung für 20 bis 30 Sekunden
in die Mikrowelle und mischen ihn anschließend gut durch.*

ERGIBT 350 ml

250 ml Wasser
115 g Butter
2 EL Cajun-Gewürzmischung
   (ich empfehle Tony Chachere's
   Original Creole Seasoning)

Geben Sie die Zutaten in ein Gefäß. Stellen Sie es in die Mikrowelle, bis die Butter geschmolzen ist. Halten Sie den Mopp warm und rühren Sie ihn vor jeder Anwendung gut durch. Bestreichen Sie das Fleisch damit während des Smokens von allen Seiten.

Gesmoketes Fleisch ist auf unserem Tisch immer die Hauptattraktion. Aber ein Barbecue wäre nicht dasselbe ohne die leckeren Beilagen, die das Raucharoma perfekt ergänzen. In diesem Kapitel habe ich eine Sammlung der beliebtesten Rezepte meiner Familie und Freunde zusammengestellt.

6

BEILAGEN

ABI'S SOMMER-BOHNENTOPF

*Sobald die Saison beginnt, brät meine Frau jedes Jahr frischen Kürbis und
frische Zucchini. Ihre Großmutter bereitete einfachen Bohneneintopf mit
frischem Mais und Limabohnen zu. Das folgende Rezept ist die herzhaftere
Variante dieses einfachen Gerichts. Der gelbe Kürbis und die Zucchini werden
nicht geschält, also waschen Sie sie gründlich, bevor Sie sie klein schneiden.*

GARZEIT: 20 bis 25 Minuten

FÜR 8 PORTIONEN

4 Scheiben Speck

1 kleine rote Zwiebel, gehackt

2 Knoblauchzehen, gehackt

1 Dose Limabohnen (etwa 450 g)

1 Dose Mais (etwa 450 g;
  oder frischen Mais)

2 kleine gelbe Sommerkürbisse,
  ungeschält, in Medaillons
  geschnitten

1 kleine Zucchini, ungeschält
  und in Scheiben geschnitten

Salz

grob gemahlener schwarzer Pfeffer

Braten Sie den Speck in einer gusseisernen Pfanne bei mittlerer
Hitze knusprig. Nehmen Sie ihn aus der Pfanne und lassen
Sie ihn auf einem Küchenpapier abtropfen. Gießen Sie bis auf
zwei Esslöffel das Fett aus der Pfanne und stellen Sie es beiseite,
falls Sie später noch etwas davon brauchen.

Geben Sie die Zwiebel und den Knoblauch in die Pfanne mit
dem noch heißen Fett und dünsten Sie das Ganze für etwa
drei bis vier Minuten, bis die Zwiebeln glasig sind. Fügen Sie
die Limabohnen, den Mais, den Kürbis und die Zucchini unter
Rühren hinzu. Dünsten Sie das Gemüse für weitere 15 bis
20 Minuten, bis es weich ist. Sie können noch etwas von dem
Speckfett hinzugeben, falls das nötig ist. Würzen Sie das Ganze
mit Salz und Pfeffer und garnieren Sie es mit den knusprigen
Speckscheiben.

IM SMOKER GERÖSTETER SPARGEL

*Ich bin ein großer Spargelfan, sodass ich zumindest ein Spargelrezept
in diesem Buch vorstellen möchte. Balsamico gibt ihm einen feinen
Geschmack, den Sie mit Sicherheit mögen werden. Achten Sie auf den
Spargel während des Smokens, damit er nicht zu weich wird.
Er sollte noch leicht bissfest sein. Eingesandt hat dieses Rezept mein
Freund Rob Wyman (RobInNY) von www.smokingmeatforums.com.*

EMPFOHLENE HOLZSORTE: Pekan
   oder Apfel

Wenn Sie einen Kohle-, Elektro- oder
   Gas-Smoker verwenden, benötigen
   Sie ausreichend Holzchips oder
   -chunks für etwa 1 Stunde.

GARZEIT: 1 Stunde

FÜR 6 PORTIONEN

1–1 ½ kg grüner Spargel

1 EL grobes Salz

Balsamico (genug, um den Spargel
   damit teilweise zu bedecken)

115 g Butter, zerlassen

VORBEREITUNG: Schneiden Sie die faserigen Enden des Spar-
gels ab und legen Sie ihn parallel in eine flache Schale. Würzen
Sie ihn mit Salz und fügen Sie so viel Balsamico hinzu, dass
der Spargel teilweise bedeckt ist.

SMOKEN: Heizen Sie den Smoker auf 105–115 °C an.
   Geben Sie die Schale mit dem Spargel für eine Stunde in
den Smoker. Achten Sie darauf, dass der Spargel nicht zerkocht –
er sollte al dente sein. Schütten Sie den Balsamico aus der
Schale und schwenken Sie den Spargel in der geschmolzenen
Butter.

MIT KÄSE GEFÜLLTE JALAPEÑOS IM SPECKMANTEL

Auf www.smokingmeatforums.com werden diese gefüllten Jalapeños liebevoll
„ABTs" (atomic buffalo turds) genannt, und sie werden so schnell von Ihrem
Tisch verschwinden, wie Sie sie serviert haben. Eine Jalapeño-Schote reicht
nur für ein oder zwei Happen und es ist schwer, die Finger davon zu lassen.
Damit die Jalapeños nicht so scharf sind, können Sie die Kerne und die weißen
Zwischenhäute entfernen und sie für 24 Stunden in Zitronenlimonade einlegen.
Dadurch erhalten Sie den vollen Geschmack bei wesentlich weniger Schärfe.
Verwahren Sie die mit Jalapeños aromatisierte Limonade auf und verwenden
Sie sie als Mopp für Schweinefleisch oder für Brisket.

Wenn etwas Frischkäse übrig bleibt, bestreichen Sie damit einige Tortillas,
geben Sie klein geschnittenes Hähnchenfleisch darauf, rollen Sie sie zusammen
und schneiden Sie sie in kleine Scheiben.

EMPFOHLENE HOLZSORTE: Mesquite, Pekan oder Eiche

Wenn Sie einen Kohle-, Elektro- oder Gas-Smoker verwenden, benötigen Sie ausreichend Holzchips oder -chunks für etwa 3 Stunden.

GARZEIT: 3 Stunden

FÜR 6 BIS 8 PORTIONEN

250 g Frischkäse

110 g Cheddar-Käse (oder Colby-Jack-Käse), gerieben

4 Frühlingszwiebeln, in feine Ringe geschnitten

8 Jalapeño-Schoten, entkernt und längs halbiert

8 dünne Scheiben Speck, halbiert

VORBEREITUNG: Vermengen Sie mit einer Gabel in einer mittelgroßen Schüssel den Frischkäse, den Cheddar und die Frühlingszwiebeln. Füllen Sie die Jalapeño-Schoten mit je zwei Esslöffeln der Käsemischung (oder so viel, wie Sie brauchen, um eine Schote zu füllen) und umwickeln Sie jede mit einer halben Scheibe Speck. Fixieren Sie sie mit einem Zahnstocher und legen Sie sie auf ein Stück Backpapier oder einen Rost.

SMOKEN: Heizen Sie den Smoker auf 105–115 °C an.

Sobald der Smoker die gewünschte Temperatur erreicht hat, legen Sie die gefüllten Jalapeño-Schoten mit etwa einem Zentimeter Abstand zueinander direkt auf den Grillrost. Smoken Sie sie für etwa drei Stunden bzw. bis die Schoten weich sind.

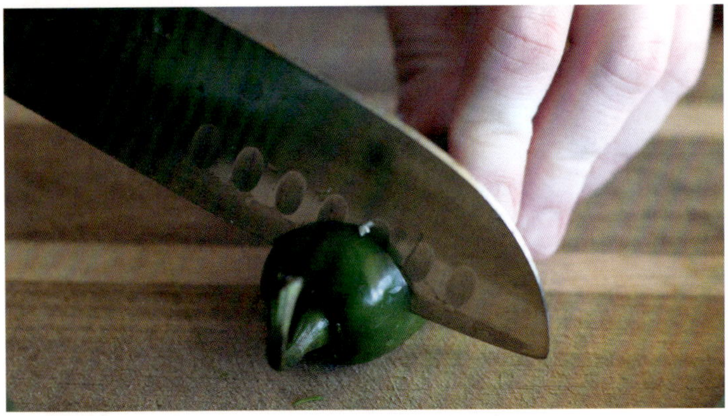
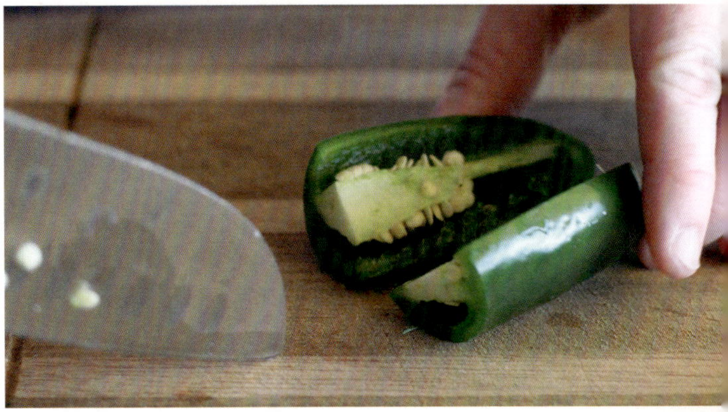
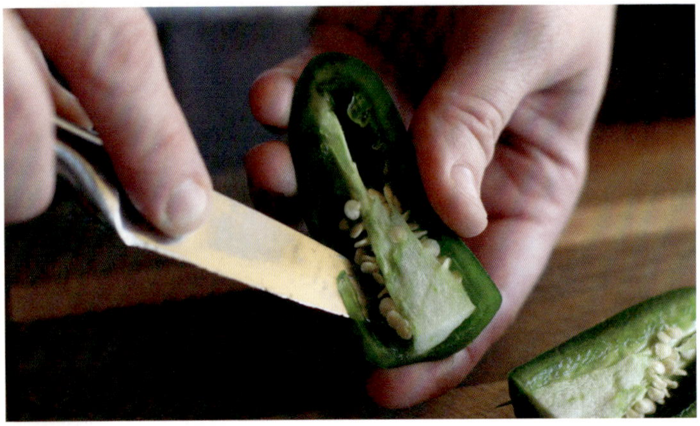
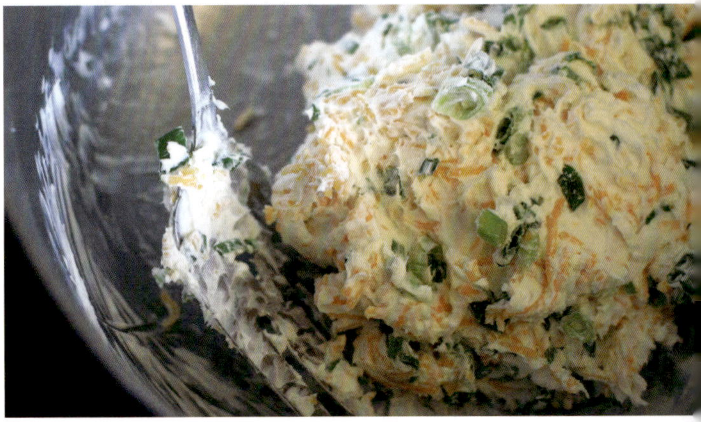
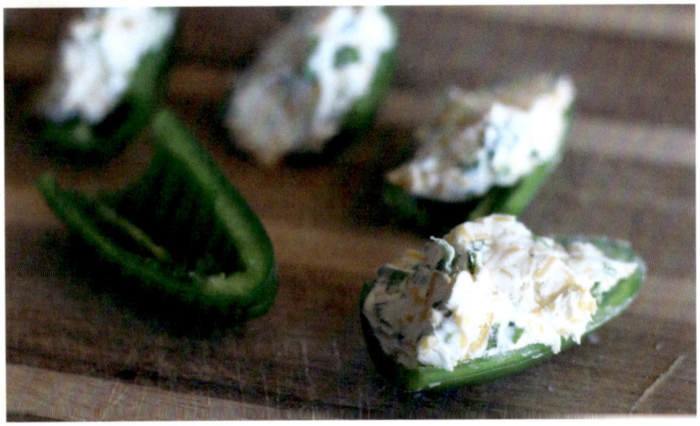
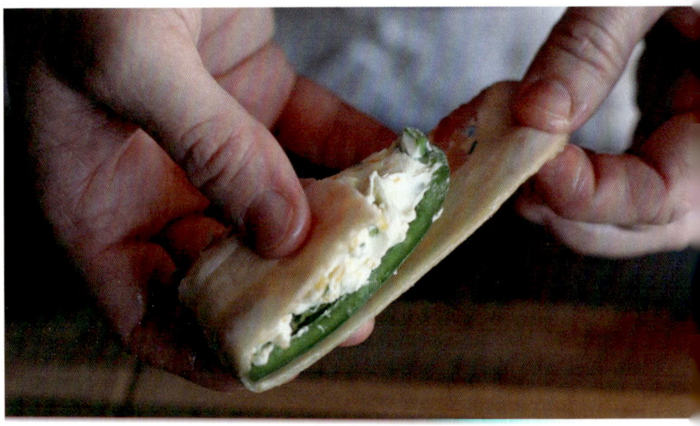
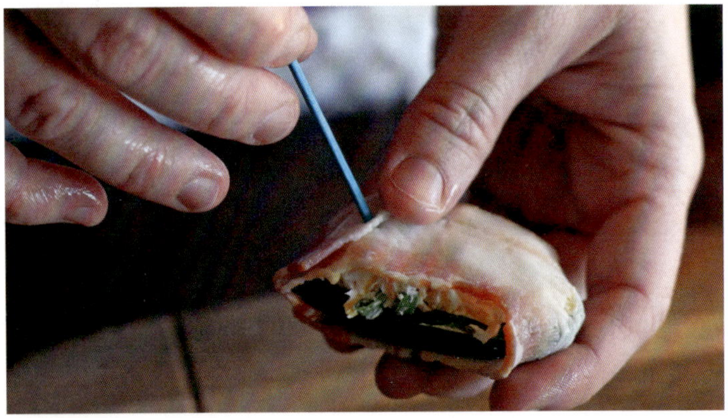
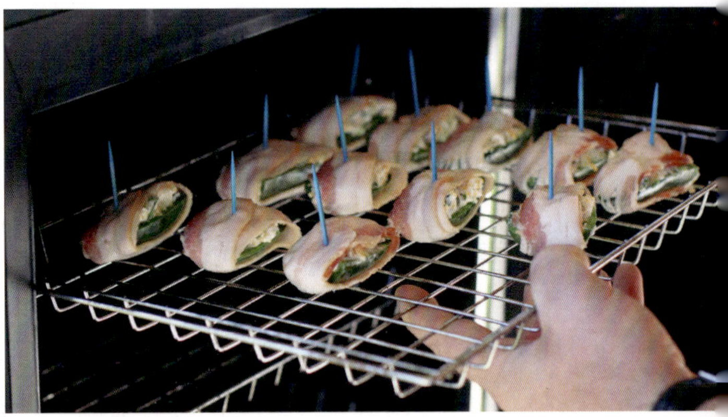

MIT BOUDIN GEFÜLLTE JALAPEÑOS IM SPECKMANTEL

*Meine älteste Tochter findet diese Jalapeño-Schoten unwiderstehlich.
Ich kann ihr nur zustimmen. Smoked Boudin (Seite 109) ist schon leicht
scharf, mit Boudin gefüllte Jalapeños sind es umso mehr. Achten Sie
darauf, dass die gefüllten Schoten fest in den Speck eingewickelt sind,
damit sie während des Garens nicht austrocknen.*

EMPFOHLENE HOLZSORTE: Mesquite,
Pekan oder Eiche

Wenn Sie einen Kohle-, Elektro- oder
Gas-Smoker verwenden, benötigen
Sie ausreichend Holzchips oder
-chunks für etwa 3 Stunden.

GARZEIT: 3 Stunden

FÜR 6 BIS 8 PORTIONEN

400–500 g gesmokete Boudin-
Würstchen (Seite 109)

60 ml Rinderbrühe

4 Frühlingszwiebeln,
in feine Ringe geschnitten

8 Jalapeño-Schoten,
entkernt und längs halbiert

8 dünne Scheiben Speck, halbiert

250 ml Barbecue-Sauce (optional)

VORBEREITUNG: Entfernen Sie die Haut der Boudin-Würstchen und geben Sie die Füllung in eine mittelgroße Schüssel. Zerkleinern Sie das Fleisch mit einer Gabel und geben Sie nach und nach etwas von der Fleischbrühe hinzu, bis Sie eine weiche Masse erhalten. Mischen Sie die Frühlingszwiebeln unter. Füllen Sie je eine Jalapeño-Hälfte mit etwa zwei Esslöffeln der Boudin-Mischung, umwickeln Sie sie mit einer halben Scheibe Speck, fixieren Sie sie mit einem Zahnstocher und legen Sie sie auf ein Stück Backpapier oder einen Rost.

SMOKEN: Heizen Sie den Smoker auf 105–115 °C an. Sobald der Smoker die gewünschte Temperatur erreicht hat, legen Sie die gefüllten Schoten in einem Abstand von etwa einem Zentimeter zueinander direkt auf den Rost. Smoken Sie die Jalapeños für etwa drei Stunden bzw. bis die Schoten weich sind. Zehn Minuten vor Ende der Garzeit können Sie die Jalapeño-Schoten mit Barbecue-Sauce bestreichen, wenn Sie möchten.

MIT TEX-MEX GEFÜLLTE JALAPEÑOS IM SPECKMANTEL

*In diesem Rezept verschmelzen südwestliche Aromen mit
frischem Mais und Koriander. Dieses Rezept passt zum Beispiel
gut zu den Gesmoketen Brisket-Fajitas (Seite 116).*

EMPFOHLENE HOLZSORTE: Mesquite,
Pekan oder Eiche
Wenn Sie einen Kohle-, Elektro- oder
Gas-Smoker verwenden, benötigen
Sie ausreichend Holzchips oder
-chunks für etwa 3 Stunden.

GARZEIT: 3 Stunden

FÜR 6 BIS 8 PORTIONEN

---

250 g Frischkäse

110 g Cheddar-Käse (oder Colby-
Jack-Käse), gerieben

1 Bund frischer Koriander, gehackt

50 g frische Maiskörner, direkt
vom Kolben (oder aus der Dose)

8 Jalapeño-Schoten,
entkernt und längs halbiert

8 dünne Scheiben Speck, halbiert

VORBEREITUNG: Mischen Sie in einer mittelgroßen Schüssel
den Käse, den Koriander und den Mais. Füllen Sie je eine Jalapeño-Hälfte mit etwa zwei Esslöffeln der Mischung (oder so
viel Sie brauchen, um eine Hälfte komplett zu füllen) und
umwickeln Sie sie mit einer halben Scheibe Speck. Fixieren
Sie sie mit einem Zahnstocher und legen Sie sie auf ein Stück
Backpapier oder einen Rost.

SMOKEN: Heizen Sie den Smoker auf 105–115 °C an. Sobald
der Smoker die gewünschte Temperatur erreicht hat, legen
Sie die gefüllten Schoten in einem Abstand von etwa einem
Zentimeter zueinander direkt auf den Rost und smoken sie
für etwa drei Stunden bzw. bis der Speck knusprig und die
Jalapeño-Schoten weich sind.

FEUERMAIS

Dieser cremig-würzige Mais ergänzt Baby Back Ribs oder Brisket wunderbar.
Mein Dank für dieses Rezept gilt Bill (Bill in MN) auf www.somkingmeatforums.com,
in dessen Familie dieses Gericht sehr beliebt ist.

GARZEIT: 40 bis 45 Minuten
FÜR 6 PORTIONEN

60 g Butter, zerlassen
30 g Maismehl
300 g Creamed Corn
300 g Mais aus der Dose
2 Eier, verquirlt
220 g Cheddar-Käse, gerieben
115 g eingelegte grüne Chilis, klein geschnitten (oder, für besondere Schärfe, 30 g klein gehackte Jalapeño-Schoten)
⅛ TL Knoblauchpulver
⅛ TL Cayennepfeffer
¼ TL Salz
½ TL grob gemahlener schwarzer Pfeffer

Geben Sie die zerlassene Butter in eine große Schüssel. Fügen Sie das Maismehl hinzu und verrühren Sie das Ganze zu einer homogenen Masse. Mischen Sie die restlichen Zutaten unter, geben Sie die Masse in eine gefettete, feuerfeste Auflaufform aus Glas und backen Sie den Auflauf ohne Deckel für 40 bis 45 Minuten bei 175 °C im Backofen. Der Auflauf ist fertig, sobald er sich fest anfühlt.

GESMOKETE MAISKOLBEN

In der Schale gesmokete Maiskolben bringen eine rustikale Note
auf den Tisch und durch das Smoken wird der Mais noch süßer.

EMPFOHLENE HOLZSORTE: Hickory, Mesquite oder Pekan

Wenn Sie einen Kohle-, Elektro- oder Gas-Smoker verwenden, benötigen Sie ausreichend Holzchips oder -chunks für etwa 1 ½ Stunden.

GARZEIT: 1 ½ Stunden

FÜR 6 BIS 8 PORTIONEN

6–8 Maiskolben (in Blättern)

60 ml Olivenöl, extra vergine

1 TL grobes Salz

1 TL grob gemahlener schwarzer Pfeffer

115 g weiche Butter

1 TL frischer Schnittlauch, in feine Röllchen geschnitten

VORBEREITUNG: Ziehen Sie die Blätter von den Maiskolben, ohne sie ganz abzulösen. Entfernen Sie so viel von dem Maisbart wie möglich und tauchen Sie die Kolben in einen hohen, mit kaltem Wasser gefüllten Topf, sodass nur die grünen Blätter herausschauen. Lassen Sie die Kolben für zwei Stunden im Wasser ziehen, nehmen Sie sie anschließend heraus und tupfen Sie sie mit Küchenpapier trocken.

Vermischen Sie das Olivenöl mit Salz und Pfeffer. Reiben Sie die Kolben mit der Mischung ein und klappen Sie die Blätter wieder zurück über den Kolben. Es ist nicht schlimm, wenn die Blätter die Kolben nicht mehr ganz umschließen, schließlich soll auch etwas Rauch-Aroma an die Körner dringen.

SMOKEN: Heizen Sie den Smoker auf 105–115 °C an. Sobald der Smoker die gewünschte Temperatur erreicht hat, legen Sie die Maiskolben mit etwas Abstand zueinander direkt auf den Grillrost, damit der Rauch die Kolben von allen Seiten umströmen kann. Mischen Sie nach 30 Minuten Smokezeit die weiche Butter mit dem Schnittlauch und pinseln Sie die Kolben damit ein – so weit wie möglich auch unter den Blättern. Wiederholen Sie dies alle 30 Minuten während der gesamten Garzeit von etwa eineinhalb Stunden.

Nehmen Sie die Kolben aus dem Smoker und servieren Sie sie sofort.

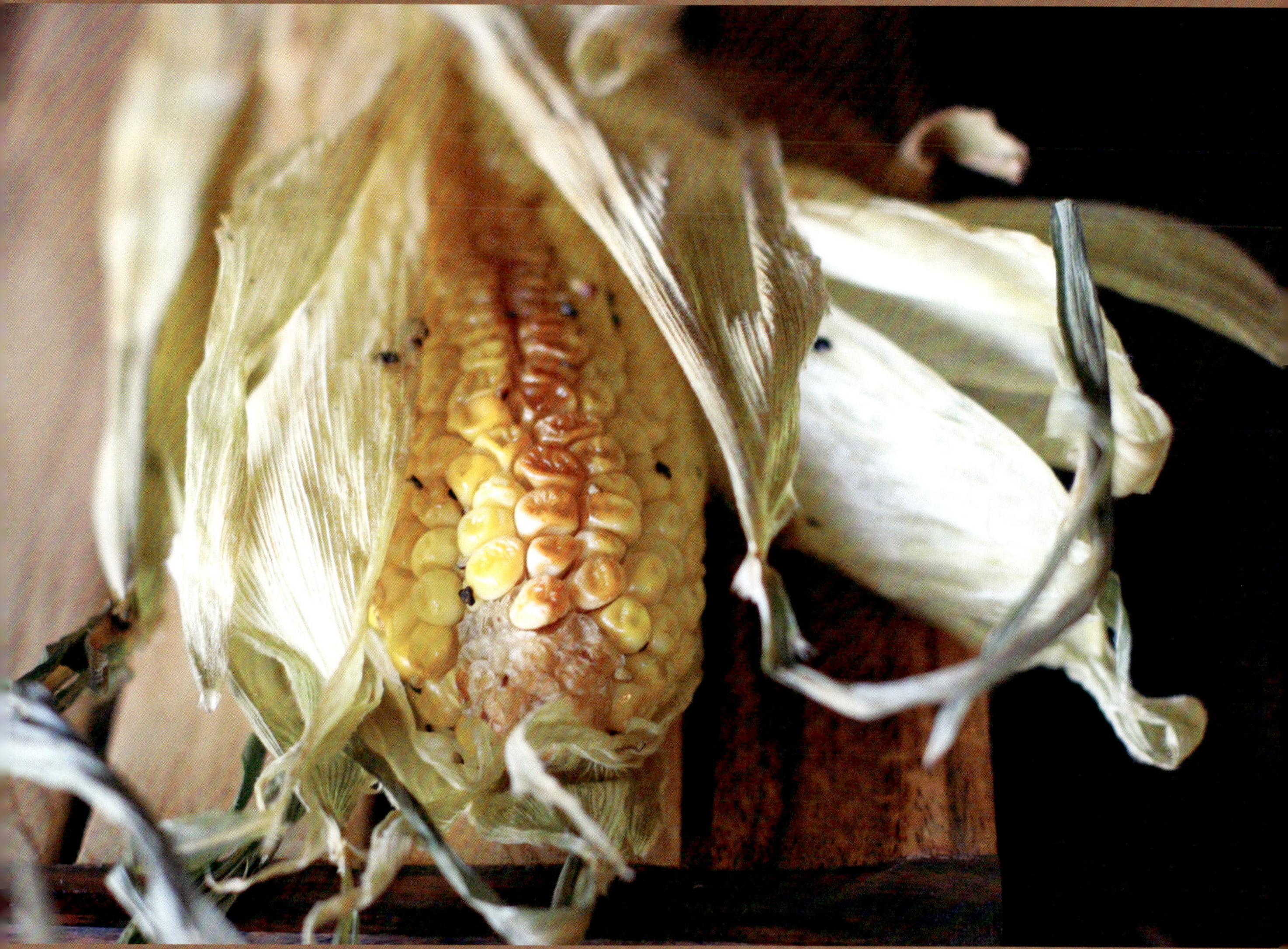

KNOBLAUCH-KARTOFFELBREI

*Meine Frau Abi beherrscht die Kunst, cremigen Kartoffelbrei perfekt
zuzubereiten, ohne dass er zu zähflüssig wird. Sie sagt, das Geheimnis bestehe
darin, die Kartoffeln zu stampfen, solange sie noch richtig heiß sind.
Durch ofengebackene Knoblauchzehen bekommt der Kartoffelbrei ein
wunderbares Knoblaucharoma. Ich garantiere Ihnen, Sie werden ihn lieben!*

GARZEIT: 1 Stunde
FÜR 4 BIS 6 PORTIONEN

1 Knoblauchknolle
Kochspray (oder 1 EL Pflanzenöl)
1,3 kg rote Kartoffeln oder
   Frühkartoffeln, geschält
   und geviertelt
1 TL Salz
60 g Butter
½ TL Salz
½ TL grob gemahlener
   schwarzer Pfeffer
60–80 ml Sahne (35 % Fettanteil)

Stellen Sie den Backofen auf die Grillfunktion ein. Schneiden Sie den oberen Teil der Knoblauchknolle ab, sodass die Zehen sichtbar sind und die Oberfläche eben wird. Besprühen Sie die Knolle mit dem Kochspray bzw. pinseln Sie das Öl darüber, wickeln Sie die Knolle in Alufolie und legen Sie sie auf ein Backpapier. Grillen Sie die Knolle fünf Minuten lang. Entfernen Sie dann die Folie und grillen Sie die Knolle für weitere ein bis zwei Minuten. Nehmen Sie den Knoblauch aus dem Ofen und lassen Sie ihn auf Zimmertemperatur abkühlen.

Geben Sie die Kartoffeln in einen großen Topf und bedecken Sie sie mit kaltem Wasser. Stellen Sie den Topf auf den Herd, geben Sie das Salz hinzu und kochen Sie das Ganze bei mittlerer Hitze auf. Reduzieren Sie die Hitze und lassen Sie die Kartoffeln leise köcheln, bis sie sich leicht mit einer Gabel anstechen lassen (etwa 20 bis 30 Minuten).

Nehmen Sie die Kartoffeln vom Herd und schütten Sie das Wasser ab. Arbeiten Sie schnell, solange die Kartoffeln noch heiß sind. Quetschen Sie die Knoblauchzehen vom unteren Ende der Knolle angefangen über die Kartoffeln. Geben Sie nun die Butter, etwas Salz und Pfeffer hinzu und stampfen Sie die Mischung mit einer Gabel oder einem Kartoffelstampfer, bis alles gut vermischt und die Butter geschmolzen ist. (Verwenden Sie keinen Handmixer oder Schneebesen, vor allem dann nicht, wenn die Kartoffeln schon abgekühlt sind, der Brei wird sonst zäh und pappig.) Kneten Sie nach und nach die Sahne unter, bis der Brei die gewünschte Konsistenz erreicht hat. Sofort servieren.

TRIPLEBQ MASHED POTATOES

*Gewöhnlicher Kartoffelbrei erhält ganz neue Dimensionen, wenn
man ihn mit Barbecue-Gewürzen, knusprigen Speckstückchen und
Knoblauch zubereitet. Probieren Sie dieses Rezept mit Knoblauchscheiben,
Knoblauch-Zwiebel-Brisket (Seite 114) oder Abi's Sommer-Bohnentopf
(Seite 170). Wenn Sie keine KC-Masterlabel-Gewürzmischung finden,
können Sie auch eine andere Barbecue-Gewürzmischung verwenden.
Mein besonderer Dank gilt tripleBQ von www.smokingmeatforums.com,
der dieses Rezept beigesteuert hat.*

GARZEIT: 25 bis 30 Minuten
FÜR 8 PORTIONEN

3 EL + 2 TL Barbecue-
  Gewürzmischung (z. B. KC
  Masterpiece BBQ-Seasoning)
1 ½ kg rote Kartoffeln oder
  Frühkartoffeln, geschält
  und geviertelt
500 g geräucherter Speck, gewürfelt
2 TL Knoblauch, gehackt
115 g Butter
350 ml Vollmilch
grobes Salz und grob
  gemahlener schwarzer Pfeffer
  (nach Geschmack)

Bringen Sie einen großen Topf Wasser mit drei Esslöffeln Barbecue-Gewürzmischung auf hoher Hitze zum Kochen. Fügen Sie die Kartoffeln hinzu und reduzieren Sie die Hitze. Kochen Sie die Kartoffeln für 20 bis 25 Minuten bzw. bis die Kartoffeln gar sind. Schütten Sie das Wasser ab, geben Sie die Kartoffeln in eine Schüssel und zerstampfen Sie sie zügig, solange sie noch heiß sind.

Braten Sie den Speck in einer Pfanne knusprig und lassen Sie ihn anschließend auf Küchenkrepp abtropfen, während die Kartoffeln kochen. Braten Sie den Knoblauch im Speckfett etwa ein bis zwei Minuten an. Nehmen sie den Knoblauch mithilfe eines Schaumlöffels aus der Pfanne und stellen Sie ihn beiseite.

Fügen Sie zu den Kartoffeln die Butter, die Milch und die verbleibenden zwei Teelöffel Barbecue-Gewürzmischung hinzu. Rühren Sie den gebratenen Speck und den Knoblauch unter und schmecken Sie das Ganze mit Salz und Pfeffer ab.

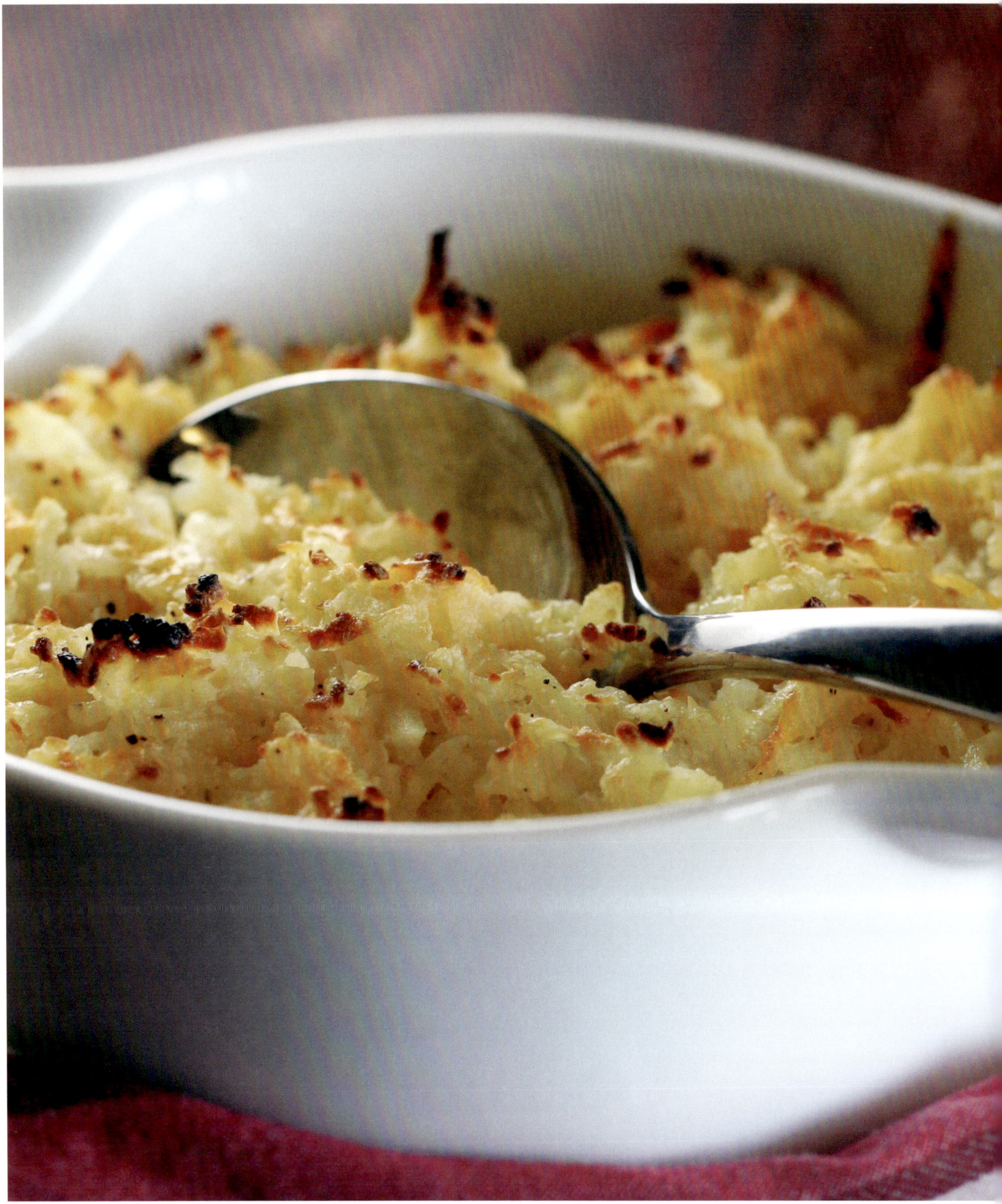

CHRISTI'S KÄSE-KARTOFFELN

*Diese einfache Kartoffelspeise passt besonders gut zu gesmoketem
Hackbraten (Seite 122 und Seite 125). Mein Dank gilt Todd (BigBaldBBQ)
auf www.smokingmeatforums.com, der dieses Rezept beigesteuert hat.*

GARZEIT: 1 bis 1 ½ Stunden

FÜR 8 PORTIONEN

---

700 g Kartoffeln, geschält
  und gerieben
300 ml Hühnercremesuppe
220 g Cheddar-Käse, gerieben
250 ml saure Sahne
115 g Butter
6 EL Zwiebelflocken
1 TL Salz
½ TL grob gemahlener
  schwarzer Pfeffer

Vermischen Sie alle Zutaten gründlich in einer großen Schüssel.
Geben Sie die Mischung in eine etwa 20 x 20 Zentimeter große
Kasserolle oder Auflaufform und backen Sie das Ganze unbedeckt für ein bis eineinhalb Stunden bei 175 °C im Backofen
bzw. bis die Oberfläche Blasen wirft und goldbraun ist.

GESMOKETE POMMES DE TERRE

Es gibt Menschen, die Kartoffeln schon seit Jahren smoken, aber ich habe erst durch Zufall herausgefunden, dass sie wirklich lecker schmecken. Ich habe immer eine kleine Kartoffel auf den Grillrost im Smoker gelegt und ein digitales Kernthermometer hineingesteckt, nur um die Temperatur im Smoker genau kontrollieren zu können. Anschließend habe ich die Kartoffel immer über den Zaun zu den Kühen geworfen. Aber eines Tages habe ich aus einer Laune heraus einen Bissen von der Kartoffel genommen und sie war überraschend gut! Seitdem bereite ich immer einige Kartoffeln im Smoker zu und serviere sie zu den anderen Speisen. Diese spezielle Methode der Zubereitung kommt von meinem Freund Rob Wyman (RobInNY) auf www.smokingmeatforums.com.

EMPFOHLENE HOLZSORTE: Mesquite oder Hickory

Wenn Sie einen Kohle-, Elektro- oder Gas-Smoker verwenden, benötigen Sie ausreichend Holzchips oder -chunks für etwa 3 Stunden.

GARZEIT: 3 Stunden
FÜR 6 BIS 8 PORTIONEN

6–8 sehr mehlige Kartoffeln
60 ml Pflanzenöl

VORBEREITUNG: Waschen Sie die Kartoffeln und reiben Sie die Schale mit dem Öl ein. Stechen Sie mit einer Gabel jede Kartoffel zweimal auf der gleichen Seite an.

SMOKEN: Heizen Sie den Smoker auf 105–115 °C an.

Sobald der Smoker die gewünschte Temperatur erreicht hat, legen Sie die Kartoffeln mit der angestochenen Seite nach oben auf den Grillrost und garen sie, bis sie innen weich und matschig sind. (Das dauert etwa drei Stunden. Sie sollten sich weich anfühlen, wenn Sie sie leicht drücken.) Die Kartoffeln sind sehr heiß, also behandeln Sie sie mit Vorsicht. Servieren Sie sie heiß, entweder im Ganzen oder als „Blume", indem Sie die Schale aufschneiden und das Kartoffelfleisch vom unteren Ende nach oben aus der Schale herausdrücken.

TRADITIONELL GEBACKENE BOHNEN

*Es gibt nichts, was sich mit den guten alten Baked Beans vergleichen
ließe, und weil diese in einem Slow Cooker zubereitet werden, müssen sie
vorher auch nicht eingeweicht werden.*

GARZEIT: 13 bis 14 Stunden
FÜR 6 BIS 8 PORTIONEN

1 ¼ l Wasser
450 g getrocknete kleine weiße
    Bohnen, gewaschen
225 g Speck, in kleine Streifen
    geschnitten
120 ml mild gewürzter
    Zuckerrübensirup
90 g brauner Zucker
1 Zwiebel, klein gehackt
80 ml Ketchup
2 EL Dijon-Senf
½ TL Salz
½ TL flüssiger Hickory Smoke

Vermischen Sie alle Zutaten in einem Slow Cooker. Schließen
Sie den Deckel und lassen Sie das Ganze bei niedriger Einstellung 13 bis 14 Stunden garen bzw. bis die Bohnen weich sind.
Das beste Ergebnis erzielen Sie, wenn Sie die Bohnen während
des Garens zwei- bis dreimal umrühren, aber zügig, damit
möglichst wenig Hitze verloren geht.

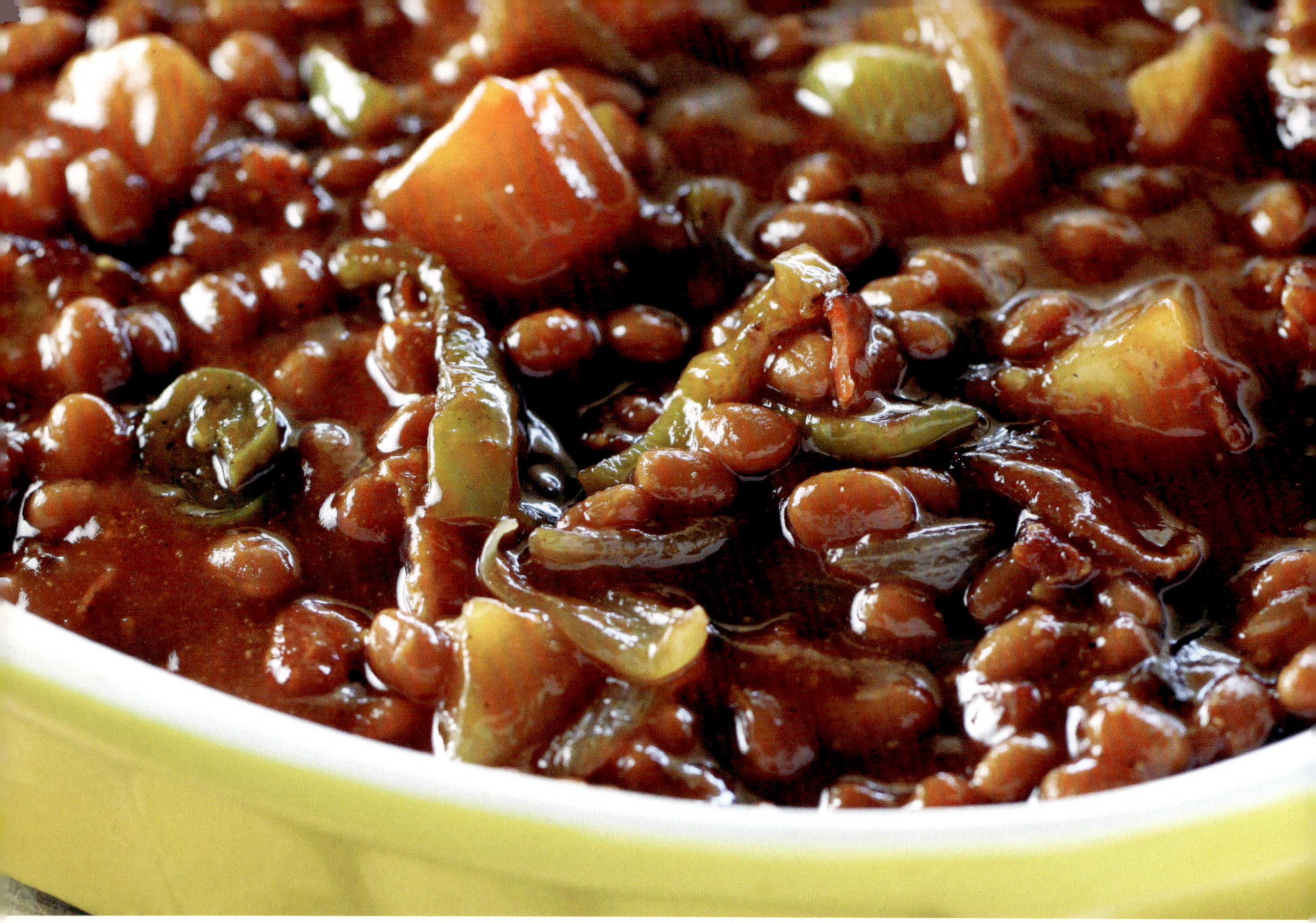
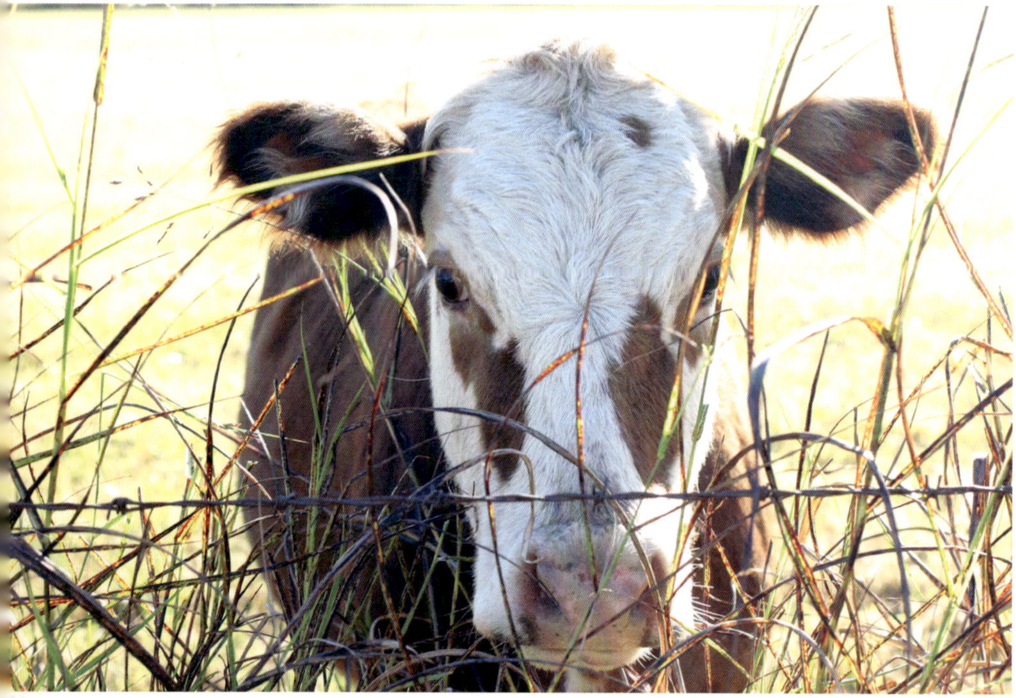
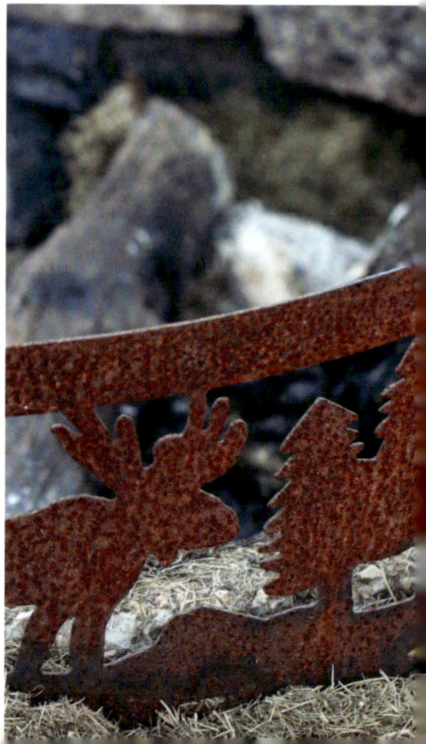

DUTCH'S WICKED BAKED BEANS

Diese Bohnen werden selbst „Chili-Verrückte" glücklich machen. Sie können die Schärfe dieses Gerichtes steigern, indem Sie die Jalapeños samt der Kerne zugeben, aber seien Sie vorsichtig damit, wenn Sie dieses Gericht Menschen mit sensiblem Gaumen vorsetzen, wie Kindern oder älteren Menschen. Um dieses Rezept familienfreundlich zu gestalten, lassen Sie die Jalapeños und das Senfpulver einfach weg. Wenn Sie das Gericht als Beilage zu Gesmoketen Spare Ribs servieren möchten, sollten Sie mit dem Garen der Bohnen beginnen, wenn die Rippchen noch drei Stunden im Smoker schmoren müssen. Die Fleischlappen der Ribs können Sie für ein bis eineinhalb Stunden mitsmoken und danach in Würfel schneiden und unter die Bohnen rühren, bevor Sie sie in den Smoker geben.

EMPFOHLENE HOLZSORTE: Mesquite, Pekan oder Eiche

Wenn Sie einen Kohle-, Elektro- oder Gas-Smoker verwenden, benötigen Sie ausreichend Holzchips oder -chunks für etwa 3 Stunden.

GARZEIT: 2 ½ bis 3 Stunden

FÜR 8 PORTIONEN

6–8 Scheiben Speck, in etwa 1 cm große Stücke geschnitten

½ mittelgroße Zwiebel, gewürfelt

½ grüne Paprika, gewürfelt

1–2 Jalapeño-Schoten, entkernt und in Würfel geschnitten

ca. 1 ½ kg Baked Beans

230 g Ananas aus der Dose, abgetropft und klein geschnitten

180 g brauner Zucker

250 ml Ketchup

1 EL Senfpulver

VORBEREITUNG: Braten Sie die Speckstreifen bei mittlerer Hitze in einer Pfanne, bis sie knusprig sind. Nehmen Sie den Speck mithilfe eines Schaumlöffels aus der Pfanne. Geben Sie die Zwiebel, die Paprika und die Jalapeño-Schoten in die Pfanne und dünsten Sie sie im Speckfett für etwa fünf Minuten, bis sie weich sind.

Geben Sie die restlichen Zutaten in eine große Schüssel und fügen Sie den Speck und das Gemüse hinzu. Falls die Mischung zu trocken sein sollte, geben Sie noch ein wenig Ketchup dazu. Gießen Sie das Ganze in eine ausreichend große (etwa 20 x 30 Zentimeter) Auflaufform.

SMOKEN: Heizen Sie den Smoker auf 105–120 °C an.

Sobald der Smoker die gewünschte Temperatur erreicht hat, stellen Sie die Bohnen in der Auflaufform auf den Grillrost und garen Sie das Ganze für zweieinhalb bis drei Stunden. (Alternativ können Sie die Bohnenmischung auch mit Alufolie bedecken und für eine Stunde bei 175 °C im Backofen zubereiten.) Wenn Sie Ribs oder anderes Fleisch oberhalb der Bohnen smoken, sodass der leckere Fleischsaft über die Bohnen fließen kann, platzieren Sie ein Thermometer in den Bohnen, ohne dass dieses die Auflaufform berührt. Die Bohnen sollten eine Temperatur von mindestens 70 °C erreichen.

GARY'S BERÜHMTE AUSTERN-MUFFINS

*Es ist eine clevere Art und Weise, individuelle Portionen mit Austern
gefüllter Muffins an Thanksgiving zu servieren (oder zu einer anderen Zeit,
wenn Ihnen der Sinn nach Truthahn, Füllung und Cranberry-Sauce steht).
Mein besonderer Dank für diese exzellente Kreation geht an meinen
Freund Gary (iGolf2) auf www.smokingmeatforums.com.*

GARZEIT: 45 Minuten
FÜR 10 BIS 12 PORTIONEN

1 EL Butter

1 Stange Staudensellerie,
  fein gehackt

½ große Zwiebel, fein gehackt

6 Scheiben Weißbrot, getoastet
  und in Würfel geschnitten

6 Scheiben Vollkornbrot, getoastet
  und in Würfel geschnitten

180 ml Hühnerbrühe

1 Ei

½ TL Knoblauchpulver

1 TL grobes Salz

1 TL grob gemahlener
  schwarzer Pfeffer

12 frische Austern, ausgelöst

Schmelzen Sie die Butter in einer kleinen Pfanne. Fügen Sie den Sellerie und die Zwiebel hinzu und dünsten Sie beides, bis es weich ist.

Vermischen Sie in einer großen Schüssel die Brotwürfel, das gedünstete Gemüse, die Hühnerbrühe, das Ei, das Knoblauchpulver, Salz und Pfeffer. Fügen Sie weitere Brotwürfel oder Hühnerbrühe hinzu, bis die Masse eine breiige, aber nicht zu flüssige Konsistenz erreicht hat.

Fetten Sie die Muffinförmchen ein und heizen Sie den Ofen auf 175 °C vor.

Füllen Sie die Muffinförmchen bis zu zwei Dritteln mit der Masse. Drücken Sie mit dem Daumen eine Kuhle in die Teigmasse und füllen Sie in jede Kuhle das Fleisch einer Auster. Füllen Sie die Förmchen mit der restlichen Teigmasse auf.

Garen Sie die gefüllten Muffins für 45 Minuten im Backofen bzw. bis die Muffins goldbraun sind.

MOINK BALLS

Manchmal sind die tollsten Dinge die einfachsten – wie diese schmackhaften und leicht zuzubereitenden Häppchen. Ein Teil Rindfleisch (muh!), ein Teil Schweinefleisch (oink!) und der Name „Moink Balls" war geboren. Larry Gaian von TheBbqGrail.com hat dieses Gericht für eine Hochzeit erfunden und es ist der letzte Schrei. Wenn Sie es eilig haben, können Sie auch eine tiefgefrorene Fertigmischung oder italienische Fleischklößchen nehmen.

EMPFOHLENE HOLZSORTE: Mesquite, Pekan oder Eiche

Wenn Sie einen Kohle-, Elektro- oder Gas-Smoker verwenden, benötigen Sie ausreichend Holzchips oder -chunks für etwa 2 Stunden.

GARZEIT: 2 Stunden

FÜR 8 PORTIONEN

---

900 g Rinderhackfleisch (Ground Chuck oder Ground Beef, Seite 113)

2 Scheiben Weißbrot, klein geschnitten

2 Eier

1 EL grobes Salz

1 EL grob gemahlener schwarzer Pfeffer

½ EL Knoblauchpulver

3 EL Worcestershire-Sauce

1 EL Frank's RedHot Original Cayenne Pepper-Sauce

450 g dünn geschnittene Speckscheiben, halbiert

Jalapeño- oder Habañero-Pepper-Gelee oder Barbecue-Sauce (optional)

VORBEREITUNG: Vermischen Sie das Rinderhackfleisch in einer großen Schüssel gründlich mit dem Brot, den Eiern, Salz, Pfeffer, Knoblauchpulver, Worcestershire-Sauce und Frank's RedHot-Sauce. Formen Sie mit den Händen 24 etwa zweieinhalb Zentimeter große Fleischklößchen.

Wickeln Sie um jeden Kloß eine Speckscheibenhälfte und stechen Sie einen Zahnstocher hindurch.

SMOKEN: Heizen Sie den Smoker auf 105–115 °C an.

Sobald der Smoker die gewünschte Temperatur erreicht hat, legen Sie die Fleischklößchen direkt auf den Grillrost. Smoken Sie sie für zwei Stunden bzw. bis der Speck knusprig ist. Bestreichen Sie die Fleischklößchen 30 Minuten vor Ende der Garzeit mit etwas Hot-Pepper-Jelly oder Ihrer Lieblings-Barbecue-Sauce. Sofort servieren.

ABI'S KLASSISCHER KARTOFFELSALAT

*Dieses Rezept stammt von meiner Frau und ist eine glückliche Verbindung
von traditionellem amerikanischen Kartoffelsalat und dem deutschen
Kartoffelsalat ihrer Großmutter. Er passt hervorragend zu Gesmoketen
Spare Ribs (Seite 89) oder zu Gesmoketen Hähnchenschenkeln (Seite 69).
Wir servieren ihn auch gerne zu Gesmoketer Hähnchen-Gumbo mit
Andouille-Wurst (Seite 85) im echten Cajun-Style: Geben Sie einen Klecks
des Kartoffelsalats in eine Schüssel und eine Portion Gumbo darüber.*

GARZEIT: 30 Minuten
FÜR 12 PORTIONEN

225 g Speckscheiben
1 kg Kartoffeln, geschält und in etwa
   1 cm große Würfel geschnitten
3 hartgekochte Eier, klein geschnitten
6 eingelegte Dillgurken,
   klein geschnitten
150 g grüne Oliven, klein geschnitten
   (optional)
1 große rote Zwiebel, fein gehackt
125 ml Mayonnaise
2 EL Senf
Salz und grob gemahlener schwarzer
   Pfeffer nach Geschmack

Braten Sie den Speck in einer Pfanne bei mittlerer Hitze knusprig. Nehmen Sie ihn mit einem Schaumlöffel aus der Pfanne und lassen Sie ihn auf Küchenpapier abtropfen und abkühlen. Zerbröseln Sie ihn und stellen Sie ihn beiseite.

Kochen Sie in einem großen Topf leicht gesalzenes Wasser auf. Fügen Sie die Kartoffeln hinzu, reduzieren Sie die Hitze und lassen Sie die Kartoffeln etwa 20 Minuten köcheln, bis sie weich, aber nicht matschig sind. Gießen Sie das Wasser ab und lassen Sie die Kartoffeln abkühlen. Geben Sie die Kartoffeln in eine große Schüssel und heben Sie die Eier, die Gurken, die Oliven (optional) und die Zwiebel vorsichtig unter, ohne die Kartoffeln zu zerdrücken.

Verrühren Sie in einer weiteren Schüssel die Mayonnaise mit dem Senf und heben Sie die Mischung unter die Kartoffeln. Schmecken Sie das Ganze mit Salz und Pfeffer ab. Vor dem Servieren mit dem Speck garnieren.

MEXIKANISCHER MAIS-SALAT

*Dieses Rezept stammt von meiner Schwägerin J. P. und ist ein
hervorragender Begleiter zu gesmoketem Fisch oder Hähnchen.
Die Southwestern-Aromen kommen am besten zur Geltung, wenn
Sie nur frische Zutaten verwenden. Wenn Sie frischen Mais einsetzen,
pellen Sie die Körner vom Kolben und blanchieren Sie diese für etwa
fünf Minuten, bevor Sie sie in den Salat geben. Guten Appetit!*

FÜR 6 PORTIONEN

2 Dosen Mais (je ca. 300 g
  Abtropfgewicht), abgetropft
1 halbreife Tomate, klein geschnitten
½ rote Zwiebel, fein gehackt
1 Bund frischer Koriander,
  fein gehackt
Salz und grob gemahlener schwarzer
  Pfeffer nach Geschmack

Vermischen Sie die Zutaten in einer großen Schüssel und
stellen Sie sie vor dem Servieren für mindestens zwei Stunden
in den Kühlschrank.

KLASSISCH CREMIGER KRAUTSALAT

Dies ist ein weiteres Rezept meiner Frau. Das Gericht passt
großartig zu Gesmoketem Pork Butt (Seite 92).

FÜR 8 PORTIONEN

DRESSING

125 ml Mayonnaise

2 EL Sahne (35 % Fettanteil)

1 TL frischer Zitronensaft

¼ TL Selleriesamen (optional)

1 TL Zucker

¼ TL Meersalz

¼ TL grob gemahlener schwarzer
 Pfeffer

KRAUTSALAT

400 g Weißkohl, geraspelt

4 Karotten, geraspelt

50 g Rotkohl, geraspelt (optional)

Verrühren Sie die Mayonnaise, die Sahne, den Zitronensaft, die Selleriesamen (optional), den Zucker und den Pfeffer in einer kleinen Schüssel und schmecken Sie das Ganze mit Salz ab.

Mischen Sie den Weißkohl und die Karotten in einer großen Schüssel. Rühren Sie anschließend das Dressing unter den Salat, bedecken Sie die Schüssel und stellen Sie sie für mindestens zwei Stunden in den Kühlschrank. Falls Sie Rotkohl verwenden, geben Sie diesen erst kurz vor dem Servieren zu dem Salat, ansonsten wäre der ganze Salat rot eingefärbt.

PIKANTER KLASSISCH CREMIGER KRAUTSALAT

Der klassisch cremige Krautsalat bekommt einen besonderen
Kick durch weitere Gewürze und Pfeffersorten.

1 kleine Zwiebel, gerieben

2 Jalapeño-Schoten, entkernt
 und klein gehackt

2 EL gemahlener Kreuzkümmel

½ TL Tabasco-Sauce

¼ TL Cayennepfeffer

Vermischen Sie die Zutaten mit dem Klassisch cremigen Krautsalat (siehe oben).

SCHARFER KRAUTSALAT

*Manche Menschen mögen Krautsalat eher süß, während andere wiederum
die scharfe Variante bevorzugen. Wenn Sie zu Letzteren gehören, wird Ihnen
die folgende Zubereitung zusagen. Kapern geben dem Gericht ein Aroma,
das Ihre Sinne verzaubern wird – und das sagt viel über ein Gericht aus, das
selten im Mittelpunkt der Aufmerksamkeit steht.*

FÜR 8 PORTIONEN

DRESSING
180 ml Mayonnaise
1 TL Weißweinessig
¼ TL Meersalz
½ TL grob gemahlener
   schwarzer Pfeffer

KRAUTSALAT
400 g Weißkohl, geraspelt
4 Karotten, geraspelt
1 kleine Vidalia-Zwiebel, gerieben
3 EL Kapern

Verrühren Sie Mayonnaise, Weißweinessig, Salz und Pfeffer.
Vermischen Sie das Gemüse in einer großen Schüssel und
rühren Sie das Dressing unter, bis das Gemüse ganz damit
überzogen ist. Stellen Sie den Salat vor dem Servieren in den
Kühlschrank.

RANGECOP'S ROTER KRAUTSALAT MIT MARINIERTEN ROTEN ZWIEBELN

*Dieser würzige Krautsalat, beigesteuert von Rangecop, einem Mitglied auf
www.smokingmeatforums.com, ist der perfekte Begleiter zu gesmokter Ente mit
Wein-Butter-Sauce (Seite 78). Sie werden einen Teil der Zwiebeln übrig behalten,
die Sie aufheben können, wenn Sie noch mehr Krautsalat machen, einen
Hamburger damit belegen oder sie einfach so essen möchten, wenn Sie ebenso
ein Hardcore-Zwiebel-Fan sind wie ich.*

FÜR 8 PORTIONEN

MARINIERTE ZWIEBELN

60 ml Apfelessig

1 EL frischer Estragon, gehackt
   (oder 1 TL getrockneter Estragon)

¼ TL Meersalz

grob gemahlener schwarzer Pfeffer
   nach Geschmack

125 ml Rapsöl

2 große rote Zwiebeln,
   in feine Ringe geschnitten

KRAUTSALAT

400 g Rotkohl, geraspelt

8 Karotten, geraspelt

3 EL süße, eingelegte Gewürzgurken,
   klein geschnitten

DRESSING

80 ml Apfelweinessig

125 ml Rapsöl

2 EL Zucker

1 TL Creole-Senf (oder körniger Senf)

½ TL Meersalz

grob gemahlener schwarzer Pfeffer
   nach Geschmack

Für die marinierten Zwiebeln vermischen Sie in einer kleinen
Schüssel Essig, Estragon, Salz und Pfeffer. Rühren Sie das Öl
unter, geben Sie die Mischung über die Zwiebelringe und stellen
Sie das Ganze in einem verschließbaren Glasgefäß über Nacht
in den Kühlschrank.

Vermischen Sie für den Krautsalat Kohl, Karotten, Gewürzgurken und ein Viertel der marinierten Zwiebeln in einer großen
Schüssel.

Geben Sie für das Dressing Essig, Öl, Zucker und Senf in
eine kleine Pfanne und kochen Sie das Ganze bei mittlerer
Hitze auf. Nehmen Sie die Pfanne vom Herd und begießen Sie
den Salat damit, solange das Dressing noch heiß ist. Stellen Sie
den Salat für einige Stunden in den Kühlschrank und schmecken
Sie ihn vor dem Servieren mit Salz und Pfeffer ab.

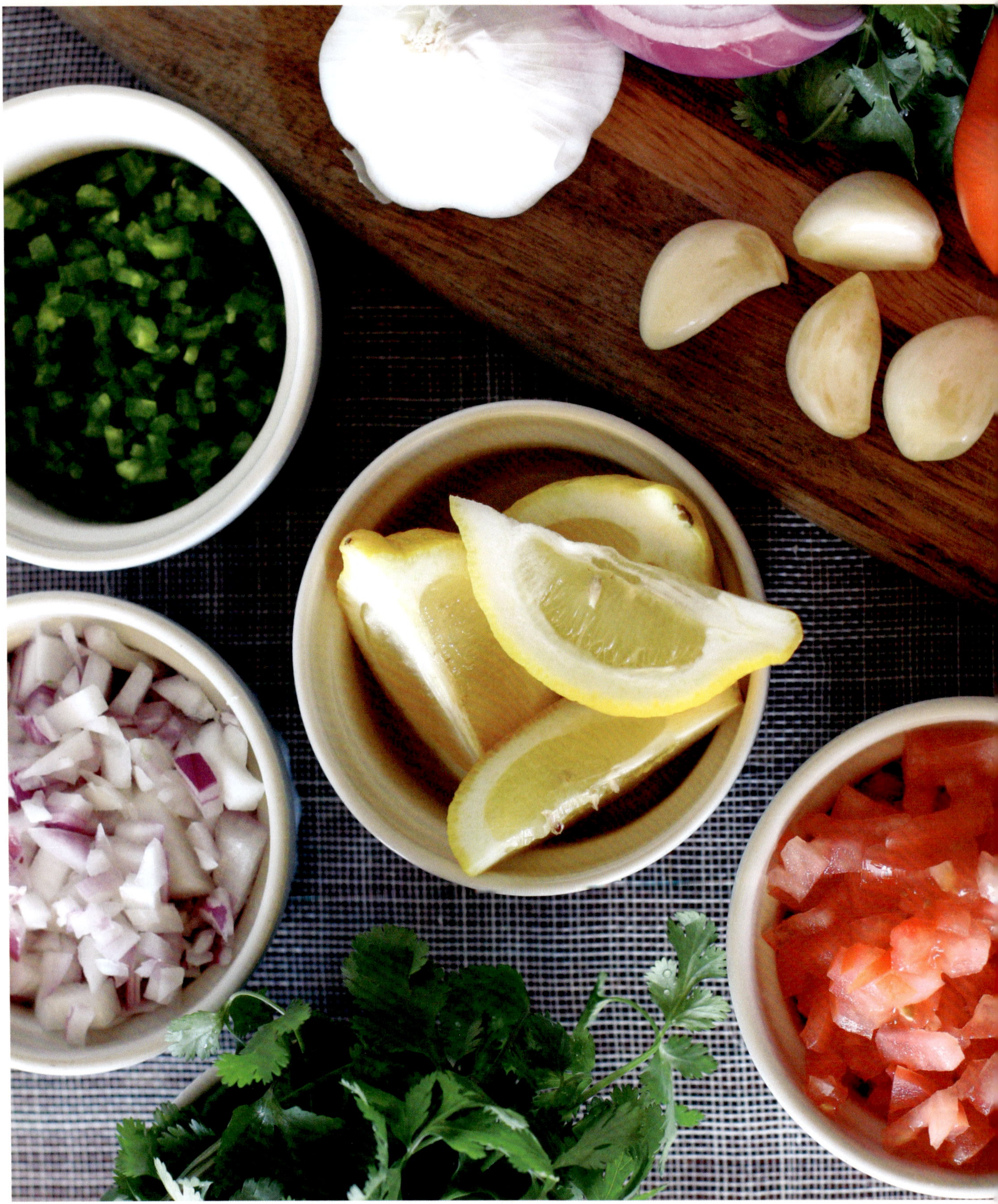

PERFECT PICO DE GALLO

Dieses Rezept sollten Sie am besten im Hochsommer zubereiten, sobald die Tomaten reif und aromatisch sind. Und wenn diese dann noch aus Ihrem eigenen Garten kommen, wird die Pico de Gallo umso besser schmecken.

ERGIBT etwa 3 ½ Portionen

5 frische Tomaten, klein geschnitten

1 kleine Zwiebel, fein gehackt

1 Knoblauchzehe, fein gehackt

1–2 Jalapeño-Schoten, entkernt und klein gehackt

1 Bund frischer Koriander, gehackt

1 EL frischer Zitronen- oder Limettensaft (Saft etwa ½ Zitrone bzw. Limette)

¼ TL Salz (bzw. nach Geschmack)

Vermischen Sie die Tomaten, die Zwiebel, den Knoblauch, die Jalapeño-Schoten und den Koriander. Beträufeln Sie die Mischung mit dem Zitronen- bzw. Limettensaft und verrühren Sie das Ganze. Servieren Sie die Pico de Gallo mit Tortillachips.

PERFECT GUACAMOLE

*Diese einfache Guacamole verschwindet immer sehr zügig von unserem
Tisch. Sie können eine beliebige Menge davon zubereiten, indem Sie einen
Teil Perfect Pico de Gallo (Seite 199) und zwei Teile Avocadomus nehmen.
Am besten bereiten Sie dieses Rezept kurz vor dem Servieren zu.*

ERGIBT 1 Portion

4 Avocados, geschält, entkernt
   und zerdrückt
1 Portion Perfect Pico de Gallo
   (Seite 199)
Salz zum Abschmecken

Vermischen Sie in einer Schüssel die Avocado mit der Pico de
Gallo. Mit Salz abschmecken (probieren Sie dabei die Creme
immer mit Tortillachips, damit Sie sie nicht übersalzen) und
direkt servieren.

ANANAS-SALSA

*Versuchen Sie diese süße, würzige Salsa nicht nur zu Chips,
sie passt auch hervorragend zu Gesmoketer Goldmakrele (Seite 144).
Nehmen Sie nach Möglichkeit frische Ananas.*

ERGIBT 1 l

1 kleine frische Ananas,
   in Würfel geschnitten
2 Roma-Tomaten
1 kleine rote Zwiebel, fein gehackt
1 kleine Jalapeño-Schote,
   entkernt und fein gehackt
1 Knoblauchzehe, fein gehackt
1 Bund frischer Koriander,
   gewaschen, getrocknet und
   fein gehackt
1 Limette
Meersalz zum Abschmecken

Vermischen Sie die Ananas, die Tomaten, die Zwiebel, die
Jalapeño-Schote, den Knoblauch und den Koriander in einer
Schüssel und geben Sie den Saft der Limette darüber. Ver-
mengen Sie das Ganze und schmecken Sie es mit Salz ab.

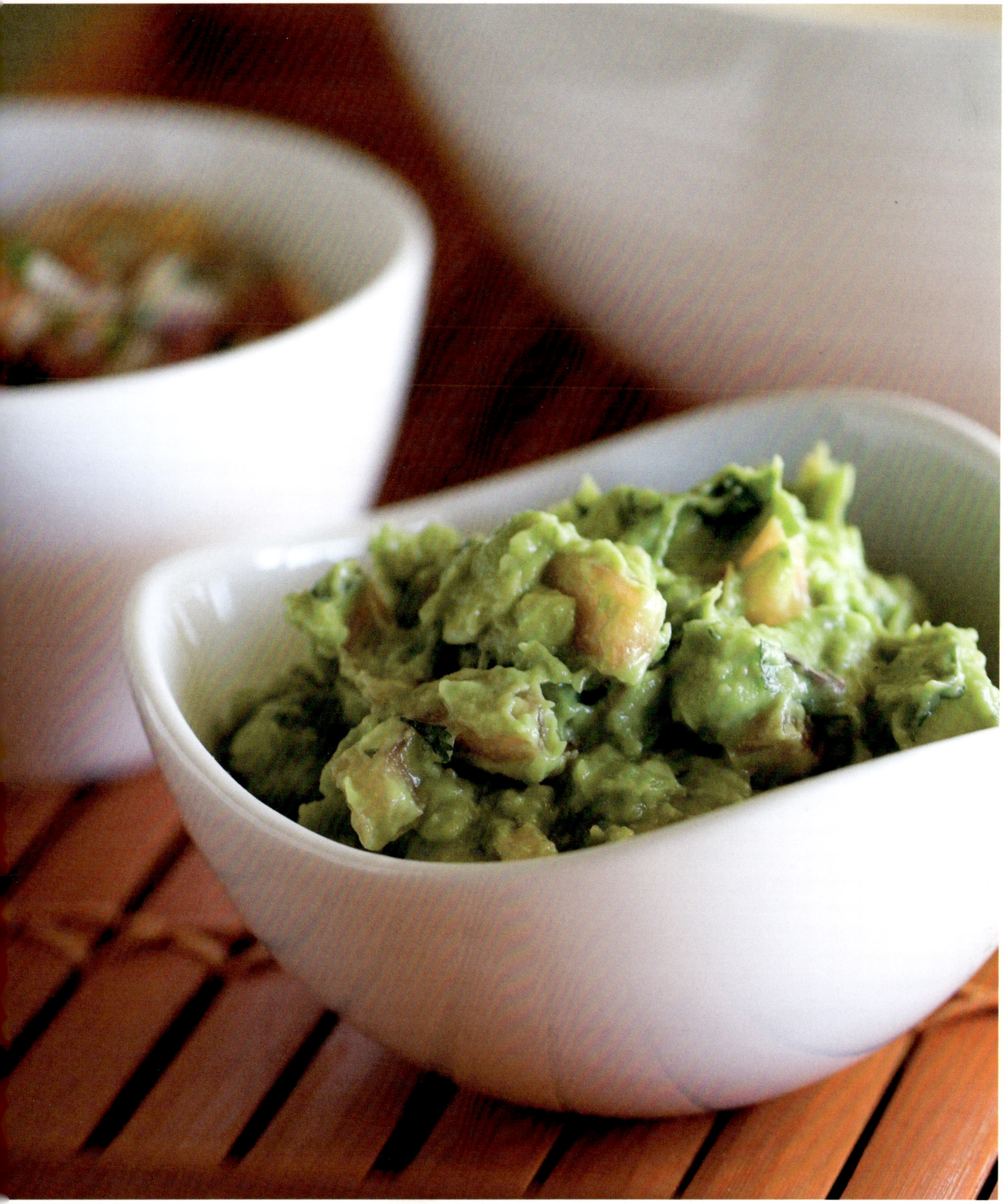

Manche von Ihnen mögen sich wundern, was Desserts mit Outdoor-Smoken zu tun haben – ich muss sagen, dass Sie sich zum Teil zu Recht wundern. Aber einige wenige Desserts kann man tatsächlich im Smoker zubereiten, diese möchte ich Ihnen nicht vorenthalten. Darüber hinaus enthält das Kapitel auch Desserts, die nichts mit Smoken zu tun haben, aber ich konnte einfach nicht widerstehen, diese Rezepte mit Ihnen zu teilen.

7

DESSERTS

GESMOKETER APFELKUCHEN

Dieses Rezept werden Sie entweder lieben oder hassen. Ein gesmoketer Apfelkuchen sieht fast genauso aus wie einer, der im Backofen zubereitet wurde. Aber wenn Sie ihn kosten, werden Sie einen Hauch von „Smokiness" entdecken, als ob er auf offenem Feuer oder in einem gemauerten Holzofen zubereitet worden wäre. Besonders gut schmeckt der Kuchen, wenn Sie etwas Vanilleeis darüber geben, solange er noch warm ist.

EMPFOHLENE HOLZSORTE: Apfel oder Erle

Wenn Sie einen Kohle-, Elektro- oder Gas-Smoker verwenden, benötigen Sie ausreichend Holzchips oder -chunks für etwa 30 Minuten.

ZUBEREITUNGSZEIT: 1 ½ bis 3 Stunden

FÜR 4 PORTIONEN

Teig für 4 Pasteten, aus der Tiefkühltruhe (aufgetaut)

4 Äpfel, mit Schale, entkernt und in Würfel geschnitten

4 TL frischer Zitronensaft (Saft von etwa einer halben Zitrone)

230 g Butter, zerlassen

240 g brauner Zucker

1 TL Zimt

60 ml fettarme Milch

VORBEREITUNG: Nehmen Sie die Törtchen aus der Verpackung und kneten Sie diese jeweils zu einer Kugel. Teilen Sie die Kugeln in zwei gleiche Hälften. Formen Sie diese Hälften wiederum zu einer Kugel und rollen Sie den Teig auf einer bemehlten Arbeitsfläche etwa einen halben Zentimeter dick aus. Kleiden Sie den Boden und die Ränder einer kleinen Auflaufform (etwa zehn Zentimeter im Durchmesser) mit einem der Teigstücke aus. Schneiden Sie das zweite Teigstück mit einem Teig- oder Pizzamesser in etwa ein Zentimeter breite Streifen. Wiederholen Sie den Vorgang mit den drei weiteren Pastetentörtchen.

Vermischen Sie in einer kleinen Schüssel die Apfelwürfel mit dem Zitronensaft. Geben Sie die geschmolzene Butter, den Zucker und den Zimt in eine weitere Schüssel. Verrühren Sie die Mischung gründlich mit den Äpfeln. Füllen Sie die Pasteten in den Auflaufformen gleichmäßig mit der Mischung und belegen Sie jede gitterartig mit den Teigstreifen.

Drücken Sie die Enden der Teigstreifen fest an den Rand der Auflaufform. Schneiden Sie eventuell überstehenden Teig mit einem Messer ab und bestreichen Sie die Küchlein mit der Milch, damit sie schön braun werden.

SMOKEN: Heizen Sie den Smoker auf 135 °C an. Sobald der Smoker die gewünschte Temperatur erreicht hat, stellen Sie die Apfelküchlein direkt auf den Grillrost und smoken sie, bis die Äpfel weich sind. Prüfen Sie die Konsistenz mithilfe eines Zahnstochers nach eineinhalb Stunden, es kann jedoch bis zu drei Stunden dauern, bis die Küchlein die gewünschte Konsistenz erreicht haben. Warm mit einer Kugel Vanilleeis servieren.

GESMOKETER APFELKUCHEN MIT CHEDDAR-KÄSE

*Ein mit Cheddar-Käse gekrönter Apfelkuchen ist ein wenig
speziell, aber ich bin überzeugt, dass Sie ihn sehr lecker finden werden
und ihn immer wieder essen möchten. Wenn es schnell gehen soll,
kann der Kuchen ebenso gut im Backofen zubereitet werden.*

EMPFOHLENE HOLZSORTE: Apfel
Wenn Sie einen Kohle-, Elektro- oder
Gas-Smoker verwenden, benötigen
Sie ausreichend Holzchips oder
-chunks für etwa 30 Minuten.
GARZEIT: 1 ½ bis 3 Stunden
FÜR 4 PORTIONEN

4 Apfelküchlein (Seite 204)
4 dicke Scheiben (etwa ½ cm dick)
  scharfer Cheddar-Käse

VORBEREITUNG: Bereiten Sie die Törtchen nach der Anleitung
auf Seite 204 vor.

SMOKEN: Heizen Sie den Smoker auf 135 °C an. Sobald der
Smoker die gewünschte Temperatur erreicht hat, stellen Sie
die Küchlein direkt auf den Grillrost und smoken sie, bis die
Äpfel weich sind. Prüfen Sie die Konsistenz mithilfe eines
Zahnstochers nach eineinhalb Stunden – es kann jedoch bis
zu drei Stunden dauern, bis die Apfelküchlein die gewünschte
Konsistenz erreicht haben. Geben Sie 15 Minuten vor Ende der
Garzeit auf jedes Törtchen eine Scheibe Käse. Bis zum Servieren
sollten Sie die Küchlein warm stellen.

GESMOKETE BANANEN

Mit diesem Gericht habe ich zunächst eine Zeit lang experimentiert, bis ich herausfand, wie es mir am besten schmeckt. Mit einem Hauch von Rauch und dem Karamellaroma des braunen Zuckers und des Honigs ist dies ein Dessert, das Sie so schnell nicht vergessen werden. Sie können die Bananen auch für ein Banana Split verwenden.

EMPFOHLENE HOLZSORTE: Apfel
Wenn Sie einen Kohle-, Elektro- oder Gas-Smoker verwenden, benötigen Sie ausreichend Holzchips oder -chunks für etwa 15 bis 20 Minuten.
GARZEIT: 1 Stunde
FÜR 4 PORTIONEN

2 reife Bananen
4 EL Honig
90 g brauner Zucker
60 g Butter

VORBEREITUNG: Halbieren Sie die Bananen längs, ohne die Schale zu entfernen, sodass Sie vier Bananenboote erhalten.

SMOKEN: Heizen Sie den Smoker auf 95 °C an. Legen Sie die Bananen mit der Schale nach unten auf den Grillrost und smoken Sie sie für eine Stunde. Nehmen Sie die Bananen aus dem Smoker, entfernen Sie die Schale, legen Sie sie auf ein eingefettetes Backblech und schalten Sie die Grillfunktion Ihres Backofens ein.

ZUM SCHLUSS: Bepinseln Sie jede Banane mit so viel Honig, dass die Oberfläche vollständig bedeckt ist, und streuen Sie anschließend je zwei Esslöffel Zucker darüber. Geben Sie nun Butterflöckchen auf die Bananen und grillen diese für etwa vier Minuten im Backofen, bis der Honig, der Zucker und die Butter karamellisiert sind.

Mit Vanilleeis sofort servieren. Geben Sie für zusätzliches Aroma und zusätzliche Textur noch gehackte Mandeln oder Pekannüsse darüber.

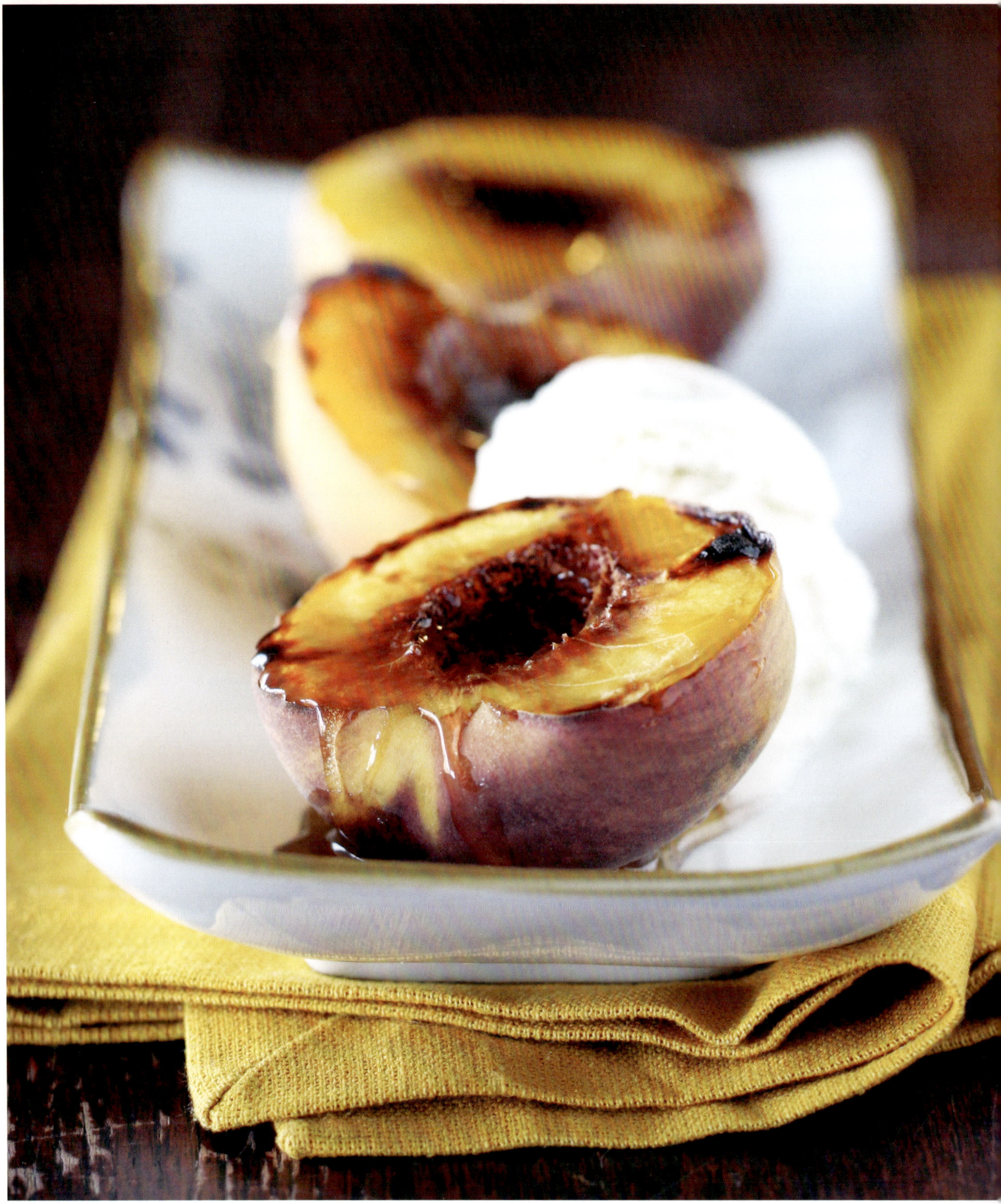

DON'S APFEL-GESMOKETER PFIRSICH MIT VANILLEEIS

Mein lieber Freund Don Meadows hat mir dieses Rezept geschickt und er hat nicht zu viel versprochen: Es ist köstlich bis auf den letzten Bissen. Pfirsiche, Honig und Eiscreme – was wollen Sie mehr? Das Holzbrett, das in diesem Rezept verwendet wird, sollte erst in Wasser getränkt werden, bevor es in den Smoker kommt, und es sollte nicht über einem heißen Grillfeuer verwendet werden.

EMPFOHLENE HOLZSORTE: Apfel oder Zeder (für das Holzbrett), Apfel oder Pfirsich (zum Smoken) Wenn Sie einen Kohle-, Elektro- oder Gas-Smoker verwenden, benötigen Sie ausreichend Holzchips oder -chunks für etwa 30 Minuten.

GARZEIT: 30 Minuten

FÜR 6 PORTIONEN

250 ml Honig
60 g brauner Zucker
6 frische Pfirsiche, entsteint und halbiert

VORBEREITUNG: Vermischen Sie den Honig und den Zucker und stellen Sie die Mischung beiseite. Legen Sie die Pfirsichhälften auf das Holzbrett und beträufeln Sie sie großzügig mit der Honig-Zucker-Mischung.

SMOKEN: Heizen Sie den Smoker auf 120 °C an. Sobald der Smoker die gewünschte Temperatur erreicht hat, legen Sie das Holzbrett mit den Pfirsichen auf den Grillrost und smoken sie etwa 30 Minuten. Warm und mit Vanilleeis servieren.

JEFF'S GANACHE-INJECTED SCHOKOLADENKUCHEN

Einen Fleischinjektor bei der Zubereitung eines Desserts zu verwenden mag keine wirklich neue Idee sein, aber das Ergebnis ist ein herrlich saftiger, köstlicher Kuchen – geradezu eine Sünde. Ganache ist so leicht selbst zuzubereiten, dass Sie bestimmt nie wieder eine Fertigglasur verwenden werden, sobald Sie einmal wissen, wie es geht. Den Teig mache ich in der Regel nicht selbst, denn ich habe festgestellt, dass die fertigen Teigmischungen heutzutage sehr gut sind und mir das Leben sehr viel leichter machen, wenn mich die Lust nach etwas Süßem überkommt. Mit ein wenig Kreativität können Sie dieses Rezept übrigens auch für Cupcakes verwenden.

GARZEIT: 30 Minuten
FÜR 12 PORTIONEN

1 Packung Teigmischung für Schokoladenkuchen
350 g weiße Schokoladenkuvertüre, klein gehackt oder geraspelt
750 ml süße Sahne (35 % Fett)
350 g dunkle Schokoladenkuvertüre, klein gehackt oder geraspelt

Backen Sie den Kuchen entsprechend der Zubereitungsanleitung auf der Verpackung. Er sollte jedoch nicht zu lange gebacken werden – ich nehme den Kuchen immer fünf Minuten vor Ende der angegebenen Backzeit aus dem Ofen, da der Kuchen danach noch etwas weiter gart.

Während der Kuchen im Backofen ist, geben Sie die weißen Schokoladenstückchen in eine kleine Rührschüssel. Erhitzen Sie die Hälfte der süßen Sahne in einer etwa zwei Liter fassenden Pfanne auf hoher Flamme und lassen Sie sie unter gelegentlichem Umrühren aufkochen. Sobald die Sahne kocht und der Schaum bis zum Rand der Pfanne steigt, nehmen Sie sie vom Herd und gießen sie über die weiße Schokolade. Lassen Sie die Mischung etwa 30 Sekunden lang ruhen, bevor Sie sie mit einem Handmixer auf mittlerer Stufe verrühren, bis die Mischung weich und geschmeidig ist. Nun haben Sie eine weiße Schokoladen-Ganache.

Wiederholen Sie das Ganze mit der dunklen Schokolade. Stellen Sie beides beiseite.

Sobald Sie den Kuchen aus dem Ofen genommen haben, verwenden Sie einen 25-ml-Injektor (Seite 46–47), um die weiße Ganache im Abstand von zweieinhalb Zentimetern von oben in den Kuchen zu injizieren. Halten Sie den Injektor dabei in einem 45-Grad-Winkel, führen Sie ihn tief in den Kuchen ein und drücken Sie sachte, bis die Ganache aus dem Loch he-

(FORTSETZUNG AUF SEITE 212)

JEFF'S GANACHE-INJECTED SCHOKOLADENKUCHEN (FORTSETZUN

rauszufließen beginnt. Verwenden Sie so viel von der Ganache wie möglich. Machen Sie sich keine Sorgen, wenn es dabei eine kleine Schweinerei gibt – die Löcher werden im nächsten Schritt mit der dunklen Ganache verschlossen.

Wenn Sie die weiße Ganache aufgebraucht haben, begießen Sie den Kuchen mit der dunklen Ganache und lassen diese abkühlen. Lassen Sie den Kuchen dann vor dem Servieren weitere fünf bis sechs Stunden ruhen. In dieser Zeit härtet die dunkle Ganache aus und die weiße Ganache hat genügend Zeit, den Kuchen zu durchtränken. Übriggebliebenen Kuchen können Sie in einer verschlossenen Keksdose aufbewahren.

„NO-BAKE"-SCHOKOLADEN-COOKIES

Diese Kekse sind bei uns zu einem Grundnahrungsmittel geworden, sodass ich mich verpflichtet fühle, das Rezept in diesem Buch aufzunehmen. Sie sind eine herrlich süße Leckerei nach jedem Mahl, als Snack oder für die Zeit während des Smokens. Gewöhnlich habe ich einen ganzen Stapel davon bei mir, zusammen mit einer großen Tasse Milch, wenn ich mein Brisket über Nacht smoke. Folgen Sie den Anweisungen im Rezept sorgfältig und schlecken Sie auf jeden Fall die Schüssel aus, wenn Sie fertig sind!

GARZEIT: 10 Minuten

ERGIBT etwa 24 Kekse

---

225 g Schmelz-Haferflocken (mit anderen wird es nicht funktionieren)

8 EL Erdnussbutter

115 g Butter

450 g Zucker

3 EL Kakaopulver

125 ml Voll- oder Magermilch

1 TL Vanilleextrakt

Legen Sie zwei lange Streifen Backpapier auf den Tisch.

Geben Sie die Butter in eine schwere Pfanne, fügen Sie den Zucker, den Kakao und die Milch hinzu und lassen Sie das Ganze bei mittlerer Hitze und unter gelegentlichem Umrühren mit einem Holz- oder Plastikkochlöffel schmelzen. Sobald alles geschmolzen ist, lassen Sie die Mischung aufkochen und für weitere zwei Minuten unter häufigem Rühren weiterkochen. Verwenden Sie eine Küchenuhr, um sicherzustellen, dass das Ganze für volle zwei Minuten kocht.

Nehmen Sie die Pfanne vom Herd, rühren Sie die Erdnussbutter und das Vanilleextrakt unter die Mischung. Heben Sie nun die Haferflocken unter, bis sie gleichmäßig mit der Schokolade bedeckt sind. Geben Sie den Teig mit einem großen Löffel portionsweise auf das Backpapier. (Wenn Sie genau sein möchten, nehmen Sie einen etwa 60 ml fassenden Messlöffel für mittelgroße Kekse.) Vor dem Servieren abkühlen lassen.

Um Käse zu smoken, müssen Sie Rauch erzeugen, aber gleichzeitig die Temperatur so niedrig halten, dass der Käse nicht schmilzt. Das ist eine echte Herausforderung, wenn Sie nicht das richtige Equipment haben, aber ich habe auf den Seiten 56–57 ein paar Tipps zusammengestellt, die Ihnen dabei helfen können.

Die folgenden Rezepte enthalten Anweisungen für das Smoken von drei verschiedenen Käsesorten, aber Sie können diese auch bei anderen Käsesorten anwenden.

8

KÄSE

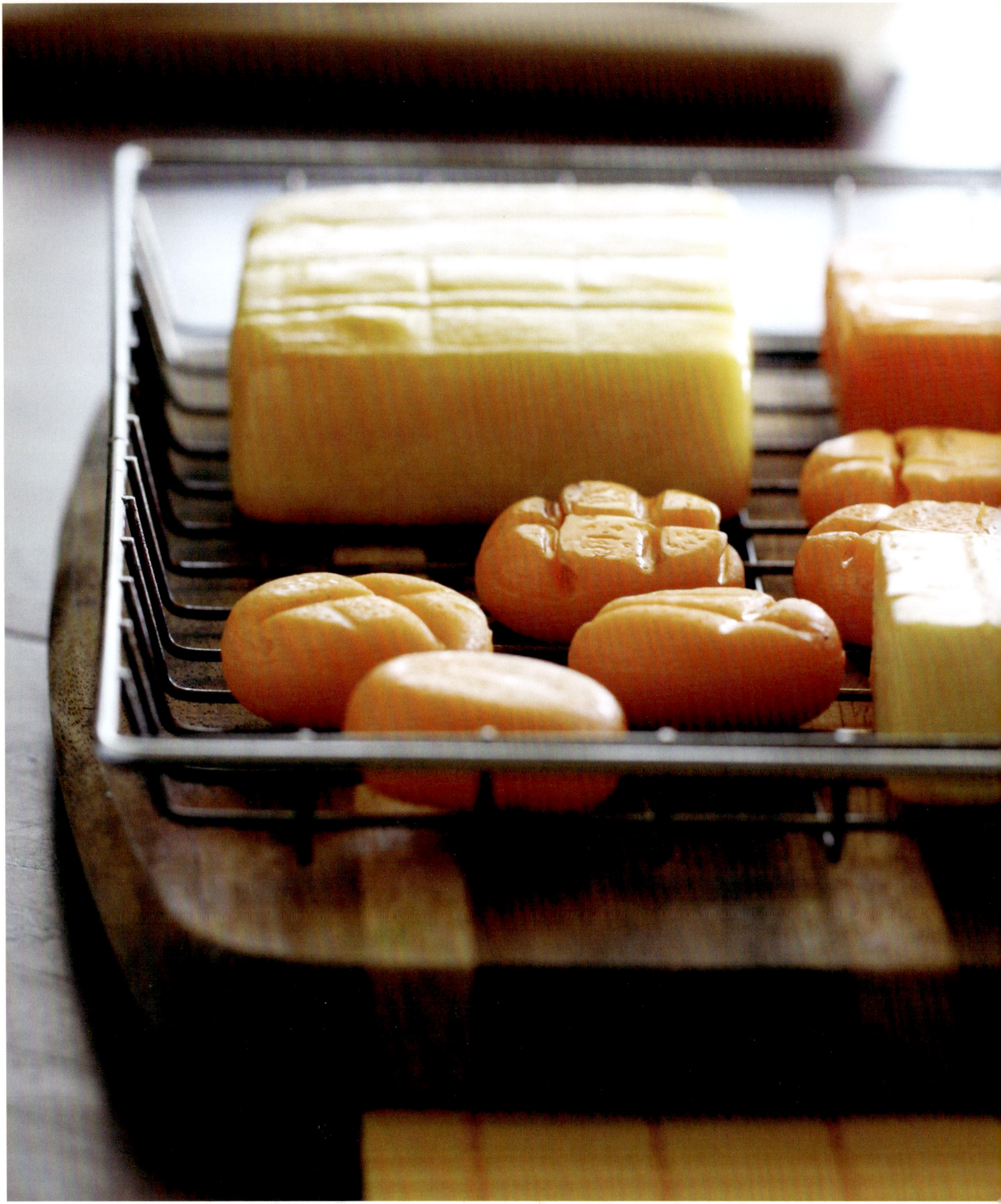

GESMOKETER CHEDDAR

*Unter allen gesmoketen Käsesorten ist der Cheddar definitiv mein
Favorit. Wenn Sie einmal die selbst gesmokete Version probiert haben,
werden Sie mit der gekauften Ware nichts mehr anfangen können.
Gouda, Munster, Edamer, Mozzarella, Schweizer und Pepper-Jack
können ebenso gut für dieses Rezept verwendet werden.*

EMPFOHLENE HOLZSORTE: Apfel, Erle
oder Kirsche

GARZEIT: 4 Stunden

2 Stücke Cheddar-Käse, je etwa 250 g

Gehen Sie nach einer der Methoden für das kalte Smoken auf
den Seiten 56–57 vor und heizen Sie Ihren Smoker auf etwa
30 °C an.

Legen Sie die Käsestücke direkt auf den Grillrost und sorgen
Sie über vier Stunden für ein leichtes Smoke-Aroma. Nehmen
Sie den Käse nach der Garzeit aus dem Smoker, verschließen
Sie ihn in einem Plastikbeutel und legen Sie ihn für zwei Wochen
in den Kühlschrank, damit das Smoke-Aroma den ganzen Käse
durchdringen kann.

GESMOKETER FRISCHKÄSE

Wären Sie auf die Idee gekommen, Frischkäse zu smoken?
Für etwas Neues in Sachen Dessert oder als Aufstrich oder Dip wird
Ihnen dieser leicht gesmokete Käse auf jeden Fall zusagen.

EMPFOHLENE HOLZSORTE: Apfel, Erle
oder Kirsche

GARZEIT: 2 Stunden

500 g Frischkäse

Gehen Sie nach einer der Methoden für das kalte Smoken auf den Seiten 56–57 vor. Geben Sie den Käse in eine flache Kuchen- oder Auflaufform und legen Sie ihn auf den Grillrost. Lassen Sie über zwei Stunden leichten Rauch hinzuströmen und stellen Sie sicher, dass die Temperatur im Smoker 25–30 °C nicht übersteigt, denn Frischkäse schmilzt sehr schnell.

Sobald Sie den Käse aus dem Smoker genommen haben, verrühren Sie ihn mit einem Löffel, damit sich das Smoke-Aroma verteilen kann, und formen Sie anschließend zwei Blöcke daraus. Am besten schmeckt der Käse, wenn Sie ihn in eine verschließbare Plastiktüte geben und vier bis zehn Tage im Kühlschrank ruhen lassen.

GESMOKETE KÄSESTICKS

*Käsesticks können Sie aus Cheddar, Pepper-Jack, Mozzarella oder
anderen Käsesorten herstellen. Smoken Sie sie wie jeden anderen Käse
auch, wickeln Sie die Sticks dann portionsweise in Plastikfolie oder
kleine Plastikbeutel als handlichen Snack für Jung und Alt.*

EMPFOHLENE HOLZSORTE: Apfel, Erle,
Kirsche oder Eiche

GARZEIT: 1 Stunde

24 Käsestücke

Gehen Sie nach einer der Methoden für das kalte Smoken auf
den Seiten 56–57 vor. Legen Sie die Käsesticks auf den Grillrost
mit einem Zentimeter Abstand zueinander, damit der Rauch
alle Sticks rundherum umströmen kann. Lassen Sie für etwa
eine Stunde leichten Rauch hinzuströmen und stellen Sie
sicher, dass die Temperatur nicht mehr als 25–30 °C beträgt,
damit der Käse nicht schmilzt.

Nehmen Sie die Käsesticks aus dem Smoker, geben Sie sie
in einen verschließbaren Plastikbeutel und legen Sie sie für
vier bis zehn Tage in den Kühlschrank, damit das Smoke-Aroma
sich im Käse gleichmäßig verteilen kann.

BEZUGSQUELLEN

DEUTSCHLAND

Barbequer	www.barbequer.de
BBQ24	www.bbq24.de
BBQ-Heaven	www.bbq-heaven.de
Der BBQ Laden	www.bbq-laden.de
BBQ-Profi	www.bbq-profi.de
Fleischerei und Hausschlachtebedarf	www.hausschlachtebedarf.de
GrillArena	www.amgrill.de
DIE-GRILLOASE	www.die-grilloase.de
Karl-Heinz Häussler GmbH	www.backdorf.de
Jean Hommel GmbH	www.hommel-shop.de
Muenkel.eu GmbH	www.muenkel.eu
Ramster Holzbackofen	www.holzbackofen.de
RUMO BBQ Ltd.	www.rumobbq.de
Santos Grills GmbH	www.santosgrills.de
Texas BBQ	www.texas-bbq.net
Venatus	www.venatus.de
Zahlreiche Tipps gibt auch der Deutsche Grillsportverein unter	www.grillsportverein.de

ÖSTERREICH

Barbecue Point e. U.	www.barbecue-point.at
Madlener GmbH	www.grillshop.at

SCHWEIZ

Grill-Sheriff GmbH	www.grill-sheriff.ch

INDEX

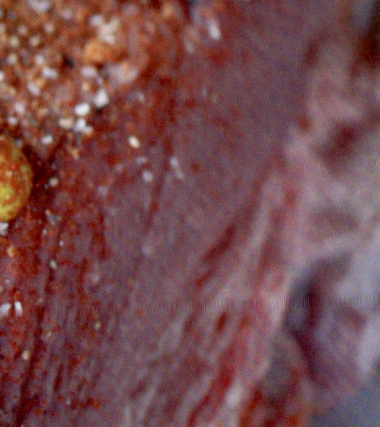